अनुक्रमणिका

वस्तुनिष्ठ प्रश्नावली

❋❋❋❋❋

आर॰ गुप्ता® कृत

हिमाचल प्रदेश वस्तुनिष्ठ सामान्य ज्ञान

- 2000 से अधिक अध्यायवार वस्तुनिष्ठ प्रश्नों का एक अनूठा संग्रह
- पिछली परीक्षाओं में पूछे गए प्रश्न-उत्तर सहित

RPH संपादक मंडल

द्वारा संपादित

2020
EDITION

रमेश पब्लिशिंग हाउस, नई दिल्ली

प्रकाशकः ओ॰पी॰ गुप्ता, रमेश पब्लिशिंग हाउस

प्रशासनिक कार्यालयः

12-H, न्यू दरियागंज रोड, ऑफिसर्स मेस के सामने,
नई दिल्ली-110002 ☎ 23261567, 23275224, 23275124
E-mail: info@rameshpublishinghouse.com
Website: www.rameshpublishinghouse.com

विक्रय केन्द्रः

● बालाजी मार्किट, नई सड़क, दिल्ली-6 ☎ 23253720, 23282525
● 4457, नई सड़क, दिल्ली-6, ☎ 23918938

Book Code: R-1581

ISBN: 978-93-87604-16-2

HSN Code: 49011010

व्यक्ति परिचय

हिमाचल प्रदेश मंत्रिमंडल

मुख्यमंत्री
जय राम ठाकुर

राज्यपाल	मुख्यमंत्री
बंडारू दत्तात्रेय	जय राम ठाकुर

कैबिनेट मंत्री

जय राम ठाकुर	मुख्यमंत्री, वित्त, गृह, योजना, सामान्य प्रशासन, कार्मिक तथा वह सभी विभाग जो अन्य मंत्रियों को आवंटित नहीं किए गए हैं।
महेंद्र सिंह	सिंचाई एवं जनस्वास्थ्य, बागवानी, सैनिक कल्याण विभाग।
सुरेश भारद्वाज	उच्च शिक्षा, प्राथमिक शिक्षा, कानून और संसदीय मामले का विभाग।
सरवीण चौधरी	शहरी विकास, टाउन एंड कंट्री प्लानिंग, हाउसिंग।
रामलाल मारकन्डा	कृषि, जनजातीय विकास, सूचना एवं प्रौद्योगिकी।
विपिन सिंह परमार	स्वास्थ्य एवं परिवार कल्याण, चिकित्सा शिक्षा, आयुर्वेद, विज्ञान एवं प्रौद्योगिकी।
वीरेंद्र कंवर	ग्रामीण विकास व पंचायती राज, पशुपालन और मछली पालन।
बिक्रम सिंह	उद्योग, श्रग एवं रोजगार, तकनीकी शिक्षा, व्यापसायिक एवं औद्योगिक प्रशिक्षण।
गोविंद सिंह ठाकुर	वन, परिवहन और युवा सेवाएं एवं खेल।
राजीव सैजल	सामाजिक न्याय एवं अधिकारिता, कॉरपोरेशन विभाग।

लोकसभा सदस्य	राज्यसभा सदस्य
1. किशन कपूर (भाजपा)	1. जगत प्रकाश नड्डा (भाजपा)
2. सुरेश कश्यप (भाजपा)	2. आनंद शर्मा (कांग्रेस)
3. अनुराग ठाकुर (भाजपा)	3. विप्लव ठाकुर (कांग्रेस)
4. रामस्वरूप शर्मा (भाजपा)	

हिमाचल प्रदेश के नए मुख्यमंत्री

जय राम ठाकुर

भाजपा नेता जय राम ठाकुर हिमाचल प्रदेश के नए मुख्यमंत्री बन गए हैं। शिमला के ऐतिहासिक रिज मैदान में आयोजित समारोह में 27 दिसम्बर, 2017 को आपने हिमाचल प्रदेश के 14वें मुख्यमंत्री के रूप में शपथ ली। वह राज्य के 14वें मुख्यमंत्री और प्रदेश में इस पद पर आसीन होने वाले छठे व्यक्ति हैं। 52 वर्षीय जय राम ठाकुर भाजपा के युवा मुख्यमंत्रियों में शामिल हो गए हैं। जय राम ठाकुर का जन्म 6 जनवरी, 1965 को मंडी जिले में जंजहैली की मुरहाग पंचायत के तांदी गांव में एक किसान परिवार में हुआ था। आपके पिताजी का नाम जेठू राम व माताजी का नाम बिक्रमू देवी है। जय राम ठाकुर कुल पाँच भाई-बहनें हैं उसमें से आप चौथे नंबर के हैं। आपकी पत्नी का नाम साधना ठाकुर है और वह एक डॉक्टर हैं। आपकी दो बेटियाँ हैं। जय राम ठाकुर के राजनीति की शुरुआत उनके विश्वविद्यालय के दिनों से ही शुरू हो गई थी। अपनी बी.ए. की पढ़ाई करने के दौरान उन्होंने भाजपा की छात्र शाखा अखिल भारतीय विद्यार्थी परिषद से चुनाव लड़ा था और उस चुनाव को जीत लिया था। आप पांच बार विधानसभा चुनाव जीत चुके हैं।

जय राम ठाकुर का राजनीतिक सफर

- 1986 में वह एबीवीपी की प्रदेश इकाई में संयुक्त सचिव बने।
- 1989 से 93 तक एबीवीपी की जम्मू-कश्मीर इकाई में संगठन सचिव रहे।
- 1993 से 95 तक वह भारतीय जनता युवा मोर्चा के प्रदेश सचिव व प्रदेश अध्यक्ष भी रहे।
- 2000 से 2003 तक वह मंडी जिला भाजपा के अध्यक्ष रहे।
- 2004 से 2005 तक भाजपा के प्रदेश उपाध्यक्ष रहे।
- 2006 में भाजपा के प्रदेश अध्यक्ष बने।
- 2007 में बतौर अध्यक्ष पार्टी को सत्ता दिलाई।
- 1993 के विधानसभा चुनाव में पहली बार चच्योट हलके से मैदान में उतरे और कांग्रेस के दिग्गज मोती राम ठाकुर को टक्कर दी पर हार गए।
- 1998 में फिर इसी हलके से मैदान में उतरे और विधायक चुने गए और खाद्य एवं आपूर्ति निगम के उपाध्यक्ष बने।
- 2003 के चुनाव में दूसरी बार जीत हासिल की।
- 2007 में जीत की हैट्रिक बनाई और सरकार में मंत्री बने।
- 2012 में पुनर्सीमांकन के बाद चच्योट हलके का नाम बदलकर सिराज हो गया। यहां से चौथी बार विधायक चुने गए।
- 2017 में कांग्रेस के चेत राम को 11254 मत से पराजित किया।
- 27 दिसम्बर, 2017 को हिमाचल प्रदेश के मुख्यमंत्री बने।

हिमाचल प्रदेश के राज्यपाल

क्र.सं.	नाम	कार्यकाल
1.	एस. चक्रवर्ती	25-01-1971 से 16-02-1977
2.	अमीनुद्दीन खान अहमद	17-02-1977 से 25-08-1981
3.	आलोक नाथ बनर्जी	26-08-1981 से 15-04-1983
4.	होकिशे सेमा	16-04-1983 से 07-03-1986
5.	पी.डी.देसाई	08-03-1986 से 16-04-1986
6.	आर.के.एस. गांधी	17-04-1986 से 15-02-1990
7.	बी. रचैया	16-02-1990 से 19-12-1990
8.	वीरेन्द्र वर्मा	20-12-1990 से 29-01-1993
9.	सुरेन्द्र नाथ	30-01-1993 से 09-02-1993
10.	बलीराम भगत	10-02-1993 से 29-06-1993
11.	गुलशेर अहमद खान	30-06-1993 से 22-11-1993
12.	सुरेन्द्र नाथ	23-11-1993 से 09-07-1994
13.	विश्वनाथ रत्नम	10-07-1994 से 29-07-1994
14.	सुधाकर राव नाइक	30-07-1994 से 10-09-1995
15.	महावीर प्रसाद	11-09-1995 से 16-11-1995
16.	शीला कौल	17-11-1995 से 21-04-1996
17.	महावीर प्रसाद	22-04-1996 से 25-07-1997
18.	श्रीमती वी.एस.रमादेवी	26-07-1997 से 01-12-1999
19.	विष्णुकान्त शास्त्री	02-12-1999 से 23-11-2000
20.	डॉ. सूरजभान	24-11-2000 से 07-05-2003
21.	विष्णु सदाशिव कोकजे	08-05-2003 से 18-07-2008
22.	प्रभा राव	19-07-2008 से 24-01-2010
23.	उर्मिला सिंह	25-01-2010 से 24-01-2015
24.	कल्याण सिंह (अति. प्रभार)	28-01-2015 से 12-08-2015
25.	आचार्य देवव्रत	12-08-2015 से 21-07-2019
26.	कलराज मिश्र	22-07-2019 से 10-09-2019
27.	बंडारू दत्तात्रेय	11-09-2019 से ....

हिमाचल प्रदेश के मुख्यमंत्री

क्र.सं.	नाम	कार्यकाल
1.	डॉ. यशवन्त सिंह परमार	24-03-1952 से 01-10-1956
2.	डॉ. यशवन्त सिंह परमार	01-07-1963 से 14-03-1967
3.	डॉ. यशवन्त सिंह परमार	14-03-1967 से 15-03-1972
4.	डॉ. यशवन्त सिंह परमार	15-03-1972 से 28-01-1977
5.	रामलाल ठाकुर	28-01-1977 से 30-04-1977
6.	शान्ता कुमार	26-06-1977 से 14-02-1980
7.	रामलाल ठाकुर	14-02-1980 से 07-04-1983

8.	वीरभद्र सिंह	08-04-1983 से 08-03-1985
9.	वीरभद्र सिंह	08-03-1985 से 04-03-1990
10.	शान्ता कुमार	05-03-1990 से 03-12-1993
11.	वीरभद्र सिंह	03-12-1993 से 04-03-1998
12.	वीरभद्र सिंह	05-03-1998 से 23-03-1998
13.	प्रेम कुमार धूमल	24-03-1998 से 05-03-2003
14.	वीरभद्र सिंह	06-03-2003 से 29-12-2007
15.	प्रेम कुमार धूमल	30-12-2007 से 24-12-2012
16.	वीरभद्र सिंह	25-12-2012 से 26-12-2017
17.	जय राम ठाकुर	27-12-2017 से . . . . . .

विधानसभा अध्यक्ष

1.	श्री जयवन्त राम	1952-56 तक
2.	श्री कर्म सिंह	1956-62 तक
3.	श्री देश राज महाजन	1963-67 तक
4.	श्री देश राज महाजन	1967-72 तक
5.	श्री कुलतार चन्द राणा	1972-77 तक
6.	श्री श्रवण कुमार	1977-79 तक
7.	श्री ठाकुर सेन नेगी	1979-84 तक
8.	श्रीमती विद्या स्टोक्स	1984-90 तक
9.	श्री ठाकुर सेन नेगी	1990-92 तक
10.	श्री कौल सिंह	1993-97 तक
11.	श्री ठाकुर गुलाब सिंह	1998-2003 तक
12.	श्री गंगू राम मुसाफिर	11.03.2003 से 11.01.2008 तक
13.	श्री तुलसी राम	12.01.2008 से 08.01.2013 तक
14.	श्री बृजबिहारी लाल बुटैल	09.01.2013 से दिसम्बर 2017 तक
15.	श्री राजीव बिंदल	जनवरी 2018 से . . . . . .

विधानसभा उपाध्यक्ष

1.	श्री कृष्ण चन्द	1952-56 तक	10.	श्री कुलदीप कुमार	1993-95 तक
2.	श्री विद्याधर	1956-62 तक	11.	श्री ईश्वर दास	1995 से 1998
3.	श्री तपिन्दर सिंह	1963-67 तक	12.	श्री रामदास मालंगर	1999 से 2003
4.	श्री अमीचन्द	1967-72 तक	13.	श्री धर्मपाल	2003 से 2007
5.	श्री लेखराज ठाकुर	1972-77 तक	14.	श्री खीमी राम	2008 से 2009
6.	श्री रणजीत सिंह वर्मा	1977-82 तक	15.	श्री रिखीराम कौंडल	2009 से 2012
7.	श्री विजय कुमार जोशी	1982-84 तक	16.	श्री जगत सिंह नेगी	2013 से 2017
8.	श्री देवराज नेगी	1985-90 तक	17.	श्री हंसराज	2018 से . . . . . .
9.	श्री रिखीराम कौंडल	1990-92 तक			

प्रदेश के न्यायिक अधीक्षक व मुख्य न्यायाधीश

नाम	वर्ष	पद
1. श्री जे०एन० बैनर्जी	1948-1956	न्यायिक अधीक्षक
2. श्री टी० रामभद्रन (आई०ए०एस०)	1956-1959	न्यायिक अधीक्षक
3. श्री सी०बी० कपूर	1959-1960	न्यायिक अधीक्षक
4. श्री टी० रामभद्रन (आई०ए०एस०)	1960-1963	न्यायिक अधीक्षक
5. श्री ओम प्रकाश	1963-1967	न्यायिक अधीक्षक
6. श्री हमीदुल्ला बेग	1971-1971	मुख्य न्यायाधीश
7. श्री आर०एस० पाठक	1972-1978	मुख्य न्यायाधीश
8. श्री टी०यू०मेहता	1978-1979	मुख्य न्यायाधीश
9. श्री व्यास देव मिश्रा	1979-1983	मुख्य न्यायाधीश
10. श्री पी०डी देसाई	1983-1988	मुख्य न्यायाधीश
11. श्री नरेन्द्र मोहन कासलीवाल	1989-1989	मुख्य न्यायाधीश
12. श्री पी०सी० बालाकृष्णन मेनन	1989-1991	मुख्य न्यायाधीश
13. श्रीमती लीला सेठ	1991-1992	मुख्य न्यायाधीश
14. श्री शशीकांत सेठ	1993-1993	मुख्य न्यायाधीश
15. श्री वी० रतनाम	1994-1994	मुख्य न्यायाधीश
16. श्री गुलाबचन्द गुप्ता	1994-1995	मुख्य न्यायाधीश
17. श्री एस०एन० फुकन	1995-1996	मुख्य न्यायाधीश
18. श्री एम० श्रीनिवासन	1996-1997	मुख्य न्यायाधीश
19. श्री एम०एन० राव	1997-1998	मुख्य न्यायाधीश
20. श्री दोराइस्वामी राजू	1998-2000	मुख्य न्यायाधीश
21. श्री कमलेश शर्मा	2000-2000	कार्यकारी मुख्य न्यायाधीश
22. श्री सी०के० दास ठक्कर	2000-2001	मुख्य न्यायाधीश
23. श्री डब्ल्यू०ए० शिक्षक	2002-2002	मुख्य न्यायाधीश
24. श्री विनोद कुमार गुप्ता	2003-2008	मुख्य न्यायाधीश
25. श्री जगदीश भल्ला	2008-2009	मुख्य न्यायाधीश
26. श्री कुरियन जोसेफ	2010-2013	मुख्य न्यायाधीश
27. श्री अजय माणिकराव खानविलकर	2013-2013	मुख्य न्यायाधीश
28. श्री मंसूर अहमद मीर	2014-2017	मुख्य न्यायाधीश
29. श्री सूर्यकान्त	2018-2019	मुख्य न्यायाधीश
30. श्री वी. रामासुब्रमण्यन	2019-2019	मुख्य न्यायाधीश
31. श्री एल. नारायण स्वामी	06/10/2019-.........	मुख्य न्यायाधीश

विधानसभा चुनाव – 2017

क्रम सं॰	सदस्य	पार्टी	विधानसभा क्षेत्र
1.	किशोरी लाल	भाजपा	अन्नी (अ॰जा॰)
2.	वीरभद्र सिंह	कांग्रेस	अर्की
3.	मुलखराज	भाजपा	बैजनाथ (अ॰जा॰)
4.	इन्द्र सिंह	भाजपा	बल्ह (अ॰जा॰)
5.	सुरेंदर शौरी	भाजपा	बंजार
6.	इंद्र दत्त लखनपाल	कांग्रेस	बड़सर
7.	जियालाल	भाजपा	भरमौर (अ॰ज॰जा॰)
8.	बिक्रम सिंह जरयाल	भाजपा	भटियात
9.	कमलेश कुमारी	भाजपा	भोरंज (अ॰जा॰)
10.	सुभाष ठाकुर	भाजपा	बिलासपुर
11.	पवन नैय्यर	भाजपा	चंबा
12.	बलवीर सिंह	भाजपा	चिंतपूर्णी (अ॰जा॰)
13.	बलवीर सिंह वर्मा	भाजपा	चौपाल
14.	हंसराज	भाजपा	चुराह (अ॰जा॰)
15.	आशा कुमारी	कांग्रेस	डलहौजी
16.	जवाहर ठाकुर	भाजपा	द्रंग
17.	होशयार सिंह	स्वतंत्र	देहरा
18.	महेंद्र सिंह	भाजपा	धर्मपुर
19.	विशाल नैहरिया	भाजपा	धर्मशाला
20.	परमजीत सिंह	भाजपा	दून
21.	सुजान सिंह पठानिया	कांग्रेस	फतेहपुर
22.	राजेश ठाकुर	भाजपा	गगरेट
23.	राजेंदर गर्ग	भाजपा	घुमारवीं
24.	नरिंदर ठाकुर	भाजपा	हमीरपुर
25.	मुकेश अग्निहोत्री	कांग्रेस	हरोली
26.	रीता देवी	भाजपा	इंदौरा (अ॰जा॰)
27.	रविन्द्र कुमार	भाजपा	जयसिंहपुर (अ॰जा॰)
28.	बिक्रम सिंह	भाजपा	जसवा-प्रागपुर
29.	रमेश चंद ध्वाला	भाजपा	ज्वालामुखी
30.	अर्जुन सिंह	भाजपा	ज्वाली
31.	जीत राम कटवाल	भाजपा	झण्डुता (अ॰जा॰)
32.	प्रकाश राणा	स्वतंत्र	जोगिन्दर नगर
33.	नरेंद्र बरागटा	भाजपा	जुब्बल-कोटखाई

क्रम सं॰	सदस्य	पार्टी	विधानसभा क्षेत्र
34.	पवन कुमार काजल	कांग्रेस	कांगड़ा
35.	हीरालाल	भाजपा	करसोग (अ॰जा॰)
36.	राजीव सैजल	भाजपा	कसौली (अ॰जा॰)
37.	अनिरुद्ध सिंह	कांग्रेस	कसुंपटी
38.	जगत सिंह नेगी	कांग्रेस	किन्नौर (अ॰ज॰जा॰)
39.	सुरेंदर सिंह ठाकुर	कांग्रेस	कुल्लू
40.	विरेंदर कंवर	भाजपा	कुटलैहड़
41.	डॉक्टर रामलाल मारकन्डा	भाजपा	लाहौल-स्पीति (अ॰ज॰जा॰)
42.	गोविंद सिंह ठाकुर	भाजपा	मनाली
43.	अनिल शर्मा	भाजपा	मंडी
44.	विनोद कुमार	भाजपा	नाचन (अ॰जा॰)
45.	सुखविन्दर सिंह सुक्खु	कांग्रेस	नादौन
46.	अरूण कुमार	भाजपा	नगरोटा
47.	डॉ. राजीव बिंदल	भाजपा	नाहन
48.	लखविंदर सिंह राणा	कांग्रेस	नालागढ़
49.	राकेश पठानिया	भाजपा	नूरपुर
50.	रीना कश्यप	भाजपा	पच्छाद (अ॰जा॰)
51.	अशीष बुटेल	कांग्रेस	पालमपुर
52.	सुखराम	भाजपा	पांवटा साहिब
53.	नंदलाल	कांग्रेस	रामपुर (अ॰जा॰)
54.	मोहनलाल ब्राक्टा	कांग्रेस	रोहडू (अ॰जा॰)
55.	इंद्र सिंह	भाजपा	सरकाघाट
56.	जय राम ठाकुर	भाजपा	सिराज
57.	सरवीन चौधरी	भाजपा	शाहपुर
58.	हर्षवर्धन चौहान	कांग्रेस	शिलाई
59.	सुरेश भारद्वाज	भाजपा	शिमला
60.	विक्रमादित्य सिंह	कांग्रेस	शिमला ग्रामीण
61.	क. धनीराम शान्डिल	कांग्रेस	सोलन (अ॰जा॰)
62.	रामलाल ठाकुर	कांग्रेस	श्री नैना देवीजी
63.	विनय कुमार	कांग्रेस	श्री रेणुकाजी (अ॰जा॰)
64.	राजेन्द्र राणा	कांग्रेस	सुजानपुर
65.	विपिन सिंह परमार	भाजपा	सुलह
66.	राकेश कुमार	भाजपा	सुंदरनगर
67.	राकेश सिंगा	माकपा	ठियोग
68.	सतपाल सिंह रायजादा	कांग्रेस	ऊना

केन्द्रीय मंत्रिमंडल

✳ **राष्ट्रपति :** श्री रामनाथ कोविंद   ✳ **उपराष्ट्रपति :** श्री एम. वेंकैया नायडू

मंत्रिपरिषद्

नरेन्द्र मोदी : प्रधानमंत्री, कार्मिक, लोक शिकायत और पेंशन, परमाणु ऊर्जा व अंतरिक्ष विभाग एवं वे सभी विभाग जो किसी दूसरे को आवंटित नहीं किए गए हैं।

कैबिनेट मंत्री

- **राजनाथ सिंह :** रक्षा
- **अमित शाह :** गृह
- **नितिन गडकरी :** सड़क, परिवहन एवं राजमार्ग, सूक्ष्म, लघु एवं मध्यम उद्यम
- **डी वी सदानंद गौड़ा :** रसायन एवं उर्वरक
- **निर्मला सीतारमण :** वित्त एवं कार्पोरेट मामले
- **रविशंकर प्रसाद :** विधि एवं न्याय, संचार, इलेक्ट्रॉनिक्स और सूचना प्रौद्योगिकी
- **रामविलास पासवान :** उपभोक्ता मामले, खाद्य एवं सार्वजनिक वितरण
- **नरेंद्र सिंह तोमर :** कृषि एवं किसान कल्याण, ग्रामीण विकास, पंचायती राज
- **हरसिमरत कौर बादल :** खाद्य प्रसंस्करण उद्योग
- **थावरचंद गहलोत :** सामाजिक न्याय एवं अधिकारिता
- **एस जयशंकर :** विदेश
- **रमेश पोखरियाल निशंक :** मानव संसाधन विकास
- **स्मृति ईरानी :** महिला एवं बाल विकास, कपड़ा
- **अर्जुन मुंडा :** आदिवासी मामले
- **डॉ. हर्षवर्धन :** स्वास्थ्य एवं परिवार कल्याण, विज्ञान और प्रौद्योगिकी, पृथ्वी विज्ञान

- **प्रकाश जावड़ेकर :** पर्यावरण, वन एवं जलवायु परिवर्तन, सूचना एवं प्रसारण
- **पीयूष गोयल :** रेलवे, वाणिज्य एवं उद्योग
- **धर्मेंद्र प्रधान :** पेट्रोलियम एवं प्राकृतिक गैस, स्टील
- **मुख्तार अब्बास नकवी :** अल्पसंख्यक मामले
- **प्रह्लाद जोशी :** संसदीय कार्य, कोयला, खनन
- **महेंद्र नाथ पांडेय :** कौशल विकास और उद्यमिता
- **अरविंद सावंत :** भारी उद्योग एवं लोक उद्यम
- **गिरिराज सिंह :** पशुपालन, डेयरी एवं मत्स्य पालन
- **गजेंद्र सिंह शेखावत :** जल शक्ति

राज्यमंत्री (स्वतंत्र प्रभार)

- **संतोष कुमार गंगवार :** श्रम एवं रोजगार
- **इंद्रजीत सिंह राव :** सांख्यिकी एवं कार्यक्रम कार्यान्वनयन, योजना
- **श्रीपद येसो नाइक :** आयुष (स्वतंत्र प्रभार), (आयुर्वेद, योग, प्राकृतिक चिकित्सा, यूनानी, सिद्ध एवं होस्योपैथी), रक्षा राज्यमंत्री
- **डॉ. जितेंद्र सिंह :** पूर्वोत्तर विकास (स्वतंत्र प्रभार), पीएमओ में राज्य मंत्री (कार्मिक, लोक शिकायत और पेंशन, परमाणु ऊर्जा, अंतरिक्ष)
- **किरण रिजिजू :** खेल एवं युवा मामले (स्वतंत्र प्रभार), अल्पसंख्यक मामले के राज्यमंत्री
- **प्रहलाद पटेल :** पर्यटन एवं सांस्कृति
- **राजकुमार सिंह :** ऊर्जा, नवीन और नवीकरणीय ऊर्जा (स्वतंत्र प्रभार), कौशल विकास एवं उद्यमिता राज्यमंत्री

---

* As on November 11, 2019

+ **हरदीप सिंह पुरी** : आवास एवं शहरी विकास, नागरिक उड्डयन (स्वतंत्र प्रभार), वाणिज्य एवं उद्योग राज्यमंत्री
+ **मनसुख मंडाविया** : जहाजरानी (स्वतंत्र प्रभार), रसायन एवं उर्वरक राज्यमंत्री

राज्यमंत्री

+ **फग्गन सिंह कुलस्ते** : इस्पात
+ **अश्विनी कुमार चौबे** : स्वास्थ्य एवं परिवार कल्याण
+ **अर्जुन राम मेघवाल** : संसदीय मामले, भारी उद्योग एवं लोक उद्यम
+ **कृष्णपाल गुर्जर** : सामाजिक न्याय एवं अधिकारिता
+ **जन. (रिटा.) वी.के. सिंह** : सड़क परिवहन एवं राजमार्ग
+ **राव साहेब दानवे** : उपभोक्ता मामले, खाद्य एवं सार्वजनिक वितरण
+ **जी. किशन रेड्डी** : गृह
+ **पुरुषोत्तम रूपाला** : कृषि एवं किसान कल्याण
+ **रामदास अठावले** : सामाजिक न्याय एवं अधिकारिता

+ **साध्वी निरंजन ज्योति** : ग्रामीण विकास
+ **बाबुल सुप्रियो** : पर्यावरण, वन एवं जलवायु परिवर्तन
+ **संजीव बालियान** : पशुपालन, दुग्ध एवं मत्स्य पालन
+ **संजय शामराव धोत्रे** : मानव संसाधन, संचार, इलेक्ट्रॉनिक्स और सूचना प्रौद्योगिकी
+ **अनुराग सिंह ठाकुर** : वित्त एवं कार्पोरेट मामले
+ **सुरेश चन्ना बासप्पा आंगड़ी** : रेलवे
+ **नित्यानंद राय** : गृह
+ **रतन लाल कटारिया** : जल शक्ति, सामाजिक न्याय एवं अधिकारिता
+ **वी. मुरलीधरन** : विदेश, संसदीय कार्य
+ **रेणुका सिंह सरुता** : आदिवासी मामले
+ **सोम प्रकाश** : वाणिज्य एवं उद्योग
+ **रामेश्वर तेली** : खाद्य प्रसंस्करण
+ **प्रताप चंद्र सारंगी** : सूक्ष्म, लघु एवं मध्यम उद्यम, पशुपालन, डेयरी एवं मत्स्य
+ **कैलाश चौधरी** : कृषि एवं किसान कल्याण
+ **देबाश्री चौधरी** : महिला एवं बाल विकास

भारतीय राज्यों के राज्यपाल एवं मुख्यमंत्री

राज्य	राज्यपाल	मुख्यमंत्री
असम	जगदीश मुखी	सर्बानंद सोनोवाल
अरुणाचल प्रदेश	बीडी मिश्रा	पेमा खांडू
आन्ध्र प्रदेश	विश्वभूषण हरिचंदन	वाईएस जगनमोहन रेड्डी
उत्तर प्रदेश	आनंदीबेन पटेल	योगी आदित्यनाथ
उत्तराखंड	बेबी रानी मौर्य	त्रिवेन्द्र सिंह रावत
ओडिशा	प्रो. गणेशी लाल	नवीन पटनायक
कर्नाटक	वजूभाई वाला	बी.एस. येदियुरप्पा
केरल	आरिफ मोहम्मद खान	पिनराई विजयन
गुजरात	आचार्य देवव्रत	विजय रूपानी

राज्य	राज्यपाल	मुख्यमंत्री
गोवा	सत्यपाल मलिक	प्रमोद सावंत
छत्तीसगढ़	अनुसूइया उइके	भूपेश बघेल
झारखण्ड	द्रौपदी मुर्मू	रघुवर दास
नगालैंड	आर. एन. रवि	नेफ्यू रियो
पंजाब	वीपी सिंह बदनौर	अमरिन्दर सिंह
पश्चिम बंगाल	जगदीप धनखड़	ममता बनर्जी
बिहार	फागू चौहान	नीतीश कुमार
मध्य प्रदेश	लालजी टंडन	कमलनाथ
मणिपुर	नजमा हेपतुल्ला	एन. बिरेन सिंह
महाराष्ट्र	भगत सिंह कोश्यारी	—
मिजोरम	पी.एस. श्रीधरन पिल्लई	जोरामथंगा
मेघालय	तथागत रॉय	कोनराड के. संगमा
तमिलनाडु	बनवारी लाल पुरोहित	ई.के. पलानिस्वामी
त्रिपुरा	रमेश बैस	बिप्लब कुमार देब
राजस्थान	कलराज मिश्र	अशोक गहलोत
सिक्किम	गंगा प्रसाद	प्रेम सिंह तमांग
हरियाणा	सत्यदेव नारायण आर्य	मनोहर लाल खट्टर
हिमाचल प्रदेश	बंडारू दत्तात्रेय	जय राम ठाकुर
तेलंगाना	डॉ. टी. सौंदराराजन	के. चन्द्रशेखर राव

केन्द्रशासित प्रदेश, उनके प्रमुख एवं मुख्यमंत्री

प्रदेश	उपराज्यपाल/प्रशासक	मुख्यमंत्री
पुडुचेरी	किरण बेदी (उपराज्यपाल)	वी. नारायणसामी
अंडमान–निकोबार द्वीप समूह	देवेंद्र कुमार जोशी (उपराज्यपाल)	—
दीव व दमन	प्रफुल्ल खोडा पटेल (प्रशासक)	—
दिल्ली	अनिल बैजल (उपराज्यपाल)	अरविंद केजरीवाल
दादरा व नगर हवेली	प्रफुल्ल खोडा पटेल (प्रशासक)	—
लक्षदीप	दिनेश्वर शर्मा (प्रशासक)	—
चण्डीगढ़	वीपी सिंह बदनौर (प्रशासक)	—
जम्मू व कश्मीर	गिरीश चन्द्र मुर्मू (उपराज्यपाल)	—
लद्दाख	राधा कृष्ण माथुर (उपराज्यपाल)	—

समसामयिक घटनाक्रम

हिमाचल प्रदेश : बजट 2019–20

हिमाचल प्रदेश के मुख्यमंत्री जय राम ठाकुर ने 9 फरवरी, 2019 को अपनी सरकार का दूसरा बजट पेश किया। बजट में कोई नया टैक्स नहीं लगाया गया है। 2019-20 के बजट में सरकार ने युवाओं के लिए दर्जन भर योजनाओं से नौकरी, रोजगार और स्वरोजगार प्रदान करने का लक्ष्य निर्धारित किया है। सरकारी और निजी क्षेत्र में करीब 20 हजार नौकरियां और डेढ़ लाख युवाओं को कौशल विकास के लिए प्रशिक्षण दिया जाएगा। करीब तीन हजार युवाओं को पर्यटन परियोजनाओं के लिए प्रशिक्षित किया जाएगा। करुणामूलक आधार पर नौकरी के लिए आयु सीमा 50 के बदले सेवानिवृत्ति तक निर्धारित की जाएगी। सरकार 100 करोड़ रुपये कौशल विकास भत्ते पर व्यय करेगी। वित्त वर्ष 2019-20 के दौरान कुल राजस्व प्राप्तियां ₹ 33,746.95 करोड़ होने की संभावना है। पूंजी लेखे पर कुल प्राप्तियां ₹ 8,357.48 करोड़ होगी, जिसमें से उधार वसूलियां ₹ 26.73 करोड़, लिए गए लोक ऋण ₹ 7,080.75 करोड़ तथा जमा व अग्रिम, विप्रेषण तथा भविष्य निधि इत्यादि ₹ 1,250.00 करोड़ के होंगे। वर्ष में कुल प्राप्तियां ₹ 42,104.43 करोड़ की होंगी। व्यय में, राजस्व व्यय ₹ 36,089.03 करोड़ होगा। पूंजी लेखे पर व्यय ₹ 4,579.89 करोड़ होगा। उधार (अग्रिम) तथा अन्तर्राज्य निपटान सहित लौटाए गए लोक ऋण संबंधी व्यय क्रमशः ₹ 457.06 करोड़ तथा ₹ 3,261.75 करोड़ होगा। कुल व्यय ₹ 44,387.73 करोड़ होगा। वर्ष 2019-20 के बजट अनुमानों के अनुसार आय ₹ 42,104.43 करोड़ तथा व्यय ₹ 44,387.73 करोड़ होने का अनुमान है। वर्ष 2019-20 में राजस्व घाटा ₹ 2,342.08 करोड़ और वित्तीय घाटा ₹ 7,352.30 करोड़ रहने की सम्भावना है।

वार्षिक बजट 2019–20 की प्रमुख विशेषताएँ

➤ आर्थिक रूप से पिछड़े सामान्य वर्ग के युवाओं को नौकरी और शैक्षणिक संस्थानों में 10 प्रतिशत आरक्षण प्रदान किया जाएगा।

➤ 2019-20 के लिये वार्षिक योजना का आकार 7,100 करोड़ होगा।

➤ विधायक प्राथमिकता योजनाओं को नाबार्ड द्वारा वित्तीय पोषण हेतु वर्तमान निर्धारित सीमा 90 करोड़ को बढ़ाकर 105 करोड़ रुपये प्रति विधानसभा चुनाव क्षेत्र किया जाएगा।

➤ माननीय विधायकों की विवेक अनुदान राशि को बढ़ाकर 8 लाख रुपये किया जाएगा।

➤ आपातकाल के दौरान MISA के अन्तर्गत हुई गिरफ्तारियों से प्रताड़ित व्यक्तियों को 11,000 रुपये वार्षिक लोकतंत्र प्रहरी सम्मान राशि प्रदान की जाएगी।

➤ 136 अतिरिक्त G2C सेवाओं को पूर्ण रूप से कम्प्यूटरीकृत कर ई-डिस्ट्रिक्ट पोर्टल से जोड़ा जाएगा।

➤ उच्च और अत्याधुनिक तकनीक से एक राज्य स्तरीय लोक सुरक्षा केन्द्र स्थापित किया जाएगा। प्रदेश में 'मुख्यमंत्री हेल्पलाइन सुविधा' की स्थापना होगी। राज्य सरकार को आम नागरिक के करीब लाने के लिये MyGov पोर्टल शुरू किया जाएगा।

➤ केन्द्र सरकार की ''उज्जवला'' योजना में प्रदेश सरकार अपने संसाधनों से एक सिलेंडर, गैस चूल्हा एवं पाईप देगी।

- ➤ कृषकों द्वारा सिंचाई के लिये बिजली की दर घटाकर 50 पैसे प्रति यूनिट की जाएगी।
- ➤ ''मुख्यमंत्री किसान एवं खेतीहर मजदूर जीवन सुरक्षा योजना'' में मिलने वाली राशि दोगुनी होगी।
- ➤ 150 करोड़ रुपये की 'मुख्यमंत्री नूतन पॉली हाऊस परियोजना'' शुरू की जाएगी। एंटी हेलनेट के तहत बजट को 100 प्रतिशत बढ़ा कर 20 करोड़ रुपये किया जाएगा।

- ➤ ''मुख्यमंत्री खुम्ब विकास योजना'' शुरू की जाएगी।
- ➤ दत्तनगर जिला शिमला एवं चक्कर, जिला मण्डी में 50,000 लीटर प्रतिदिन क्षमता के दूध प्रसंस्करण संयंत्र स्थापित किए जाएंगे।
- ➤ 2019-20 में 100 ट्राउट ईकाईयों की स्थापना होगी तथा कार्प मछली उत्पादन के लिये लगभग 10 हैक्टेयर में नए तालाबों का निर्माण भी किया जाएगा।

विधानसभा उपचुनाव में भाजपा की जीत

हिमाचल प्रदेश में अक्टूबर 2019 में धर्मशाला और पच्छाद विधानसभा क्षेत्र में हुए उपचुनाव में भाजपा ने दोनों सीटें जीत ली। धर्मशाला से विशाल नैहरिया और पच्छाद से रीना कश्यप ने जीत दर्ज की। धर्मशाला से कांग्रेस प्रत्याशी विजय इंद्र करण तीसरे स्थान पर रहे। दूसरे स्थान पर निर्दलीय उम्मीदवार राकेश चौधरी रहे। वहीं पच्छाद से कांग्रेस उम्मीदवार गंगूराम मुसाफिर 2808 वोटों से हार गए। विशाल को 23,498 वोट और रीना कश्यप को 21,167 वोट मिले। धर्मशाला से विधायक रहे किशन कपूर व पच्छाद से विधायक रहे सुरेश कश्यप के सांसद बनने के बाद ये दोनों सीटें खाली हुई थीं। धर्मशाला सीट को भाजपा अब तक 8 बार जीत चुकी है।

हिमाचल की पहली 'मैथ्स ऑन व्हील' लैब शुरू

सरकारी स्कूलों में पढ़ने वाले बच्चों में गणित को रुचिकर बनाने के लिए शिक्षा एवं प्रशिक्षण संस्थान शिमला (डाइट) में हिमाचल प्रदेश की पहली 'मैथ्स लैब ऑन व्हील' लैब तैयार की गई है। 17 अक्टूबर, 2019 को इस लैब का शुभारंभ डाइट के प्रिंसिपल जयदेव नेगी ने किया। इस मौके पर अखिल भारतीय रामानुजन मैथ्स क्लब के चेयरमैन डॉ. चंद्रमोली जोशी, इंडियन मैथ्स गुरू बीएन राव भी मौजूद थे। डाइट के प्रवक्ता डॉ. संजीव कुमार को लैब का संरक्षक नियुक्त किया गया है।

दिल्ली में हिमाचल के राज्य अतिथि गृह को मिली जमीन

नई दिल्ली में द्वारका के सेक्टर-19 में हिमाचल सरकार का राज्य अतिथि गृह बनेगा। दिल्ली विकास प्राधिकरण ने लीज आधार पर 3197.58 वर्ग मीटर भूमि सितम्बर 2019 में राज्य सरकार को दी है। दिल्ली में इलाज करवाने जाने वाले मरीज, उनके तीमारदार और परीक्षा देने जाने वाले छात्रों और कर्मचारियों को राज्य अतिथि गृह में ठहरने की सुविधा मिलेगी।

1911

हिमाचल प्रदेश
वस्तुनिष्ठ सामान्य ज्ञान

हिमाचल प्रदेश : एक दृष्टि में

हिमाचल का शाब्दिक अर्थ : हिमाचल शब्द दो शब्दों 'हिम' तथा 'अचल' से मिलकर बना है। 'हिम' का अर्थ है बर्फ और 'अचल' का अर्थ है पर्वत। इस प्रकार हिमाचल का शाब्दिक अर्थ बर्फ का पर्वत है।

गठन : स्वतंत्रता प्राप्ति के बाद 30 रियासतों को मिलाकर 15 अप्रैल, 1948 को हिमाचल प्रदेश नामक केन्द्र शासित प्रदेश बनाया गया। 1 नवम्बर, 1966 को पंजाब के पुनर्गठन के समय इसके कुछ क्षेत्र इसमें मिला दिए गए। 25 जनवरी, 1971 को इसे पूर्ण राज्य का दर्जा प्रदान किया गया।

स्थिति : भारत की उत्तर पश्चिमी सीमा पर 30° 22' और 30°12' उत्तरी अक्षांश तथा 75°46' तथा 79° 0' पूर्वी देशांतर रेखा पर स्थित है।

क्षेत्रफल : 55,673 वर्ग किमी.

राजधानी : शिमला (वर्ष 2017 में धर्मशाला प्रदेश की दूसरी राजधानी घोषित)

पड़ोसी राज्य : हिमाचल प्रदेश के उत्तर में जम्मू-कश्मीर, पश्चिम में पंजाब, दक्षिण में हरियाणा, दक्षिण-पूर्व में उत्तराखंड और पूर्व में तिब्बत है।

समुद्रतल से ऊंचाई : 350 से 7026 मीटर के मध्य।

जनसंख्या : 2011 की जनगणना के अनुसार जनसंख्या के आंकड़े निम्नलिखित हैं-

कुल जनसंख्या	—	68,64,602
		(ग्रामीण-61,76,050)
		(शहरी-6,88,552)
पुरुषों की जनसंख्या	—	34,81,873
स्त्रियों की जनसंख्या	—	33,82,729

लिंगानुपात *(प्रति १००० पुरुषों पर महिलाओं की संख्या)*	—	972
जनसंख्या घनत्व	—	123 व्यक्ति प्रति वर्ग कि.मी.
साक्षरता दर	—	82.8 प्रतिशत
पुरुष	—	89.5 प्रतिशत
महिलाएँ	—	75.9 प्रतिशत
दशकीय कुल वृद्धि दर (2001-11)	—	12.9 प्रतिशत
पुरुष वृद्धि दर	—	12.59 प्रतिशत
महिला वृद्धि दर	—	13.05 प्रतिशत

प्रशासन : प्रदेश में केवल एक सदनीय विधान मंडल है। इसके सदस्यों की संख्या 68 है।

मण्डल या कमिश्नरी	—	3
जिले	—	12
उपमण्डल (2018)	—	71
तहसीलें (2018)	—	105
उपतहसीलें (2018)	—	64
विकास खण्ड	—	79
गाँव	—	20118
नगर **एवं शहर**	—	59
पंचायत समितियां (2017)	—	77
पंचायतें (2017)	—	3226
राजधानी	—	शिमला *(वर्ष 2017 में धर्मशाला प्रदेश की दूसरी राजधानी घोषित)*
राज्य भाषा	—	हिन्दी
राज्य की प्रमुख भाषाएं	—	हिन्दी, पहाड़ी
राजकीय पशु	—	**बर्फानी चीता** (Snow Leopard)
राजकीय पक्षी	—	**जूजूराना** (Western Tragopan)
हिमाचल दिवस	—	15 अप्रैल
राज्य वृक्ष	—	देवदार
राज्य पुष्प	—	**गुलाबी बुरांश** (Pink Rhododendron)
प्रदेश का राज्यत्व दिवस	—	25 जनवरी
प्रदेश का पहाड़ी दिवस	—	1 नवम्बर

प्राकृतिक बनावट : हिमाचल प्रदेश को निम्नलिखित प्राकृतिक भागों में बांटा जा सकता है—

1. बाह्य हिमालय या शिवालिक श्रेणी   2. निम्नवर्ती हिमालय या मध्य क्षेत्र
3. ऊपरी हिमालय   4. जस्कर श्रेणी

प्रमुख पर्वतीय शिखर व उनकी स्थिति

पर्वतीय शिखर	संबंधित जिला	समुद्रतल से ऊँचाई (फीट)
किन्नर कैलाश	किन्नौर	19,500
शिला	किन्नौर	21,075
शिप्की	किन्नौर	19,824
लियोपारजिल	किन्नौर	20,373
मनी रैंग	लाहौल-स्पीति	19,791
लछालंगला	लाहौल-स्पीति	15,180
मुल किला	लाहौल-स्पीति	19,560
गेफांग	लाहौल-स्पीति	19,200
शिकर बह	लाहौल-स्पीति	18,600
शिगरिला	लाहौल-स्पीति	18,690
श्रृंगला	लाहौल-स्पीति	14,997
हरगारण	लाहौल-स्पीति	11,550
मुकर बह	लाहौल-स्पीति	18,210
शालदू दा पार	लाहौल-स्पीति	16,950
गेफांग गो	लाहौल-स्पीति	18,150
मुरांगला	लाहौल-स्पीति	15,180
सोलांग	कुल्लू	17,925
डिबीवोकरी	कुल्लू	19,200
इन्द्रकिला	कुल्लू	14,820
दियोटिब्बा	कुल्लू	18,003
उमाशिला	कुल्लू	15,882
साचा	कुल्लू	10,620

पर्वतीय शिखर	संबंधित जिला	समुद्रतल से ऊँचाई (फीट)
मेवा कान्दिनू	कुल्लू	17,832
श्रीखंडा	कुल्लू	15,546
परागला	कुल्लू	16,731
शितिधार	कुल्लू	15,870
पतालस	कुल्लू	13,410
पिन पार्वती	कुल्लू	14,400
हनुमान टिब्बा	कुल्लू व कांगड़ा	17,580
घोरा तनतनु	कुल्लू व कांगड़ा	14,680
नरहरि टिब्बा	चम्बा	11,190
कैलाश	चम्बा	16.980
तमसार	चम्बा	15,240
बड़ा खंडा	चम्बा	17,580
गौरी देवी टिब्बा	चम्बा	12,090
पीर पंजाल	चम्बा	17,916
चो लांग	कांगड़ा	9,810
इन्द्रासन	कुल्लू व मनाली	18,660

प्रमुख जोत व संबंधित स्थल

जोत	संबंधित स्थल	समुद्रतल से ऊँचाई (फीट)
हामता	चम्बा, कुल्लू व स्पीति	12.810
रांगछी गलू	कुल्लू	13,620
माकोड़ी	कांगड़ा	15,570
गैरू	कांगड़ा	13,980
तैंतु	कुल्लू व कांगड़ा	15,000
भीम धसूतडी	कांगड़ा व चम्बा	16,320
तोरी	कांगड़ा व चम्बा	13,080
सारी गलू	कुल्लू व कांगड़ा	11,220
बालेणी	कांगड़ा व चम्बा	11,190

जोत	संबंधित स्थल	समुद्रतल से ऊँचाई (फीट)
जालसू	कांगड़ा व चम्बा	10,350
लालुजी	लाहौल-स्पीति	16,320
दुग्गी	लाहौल व भरमौर	15,080
तेम्पो ला	लाहौल-स्पीति	14,670
गुलारी	लाहौल	14,880
खिदाला गलू	चम्बा	14,250
पजानंद गलू	मण्डी व कुल्लू	9,840
शी	कुल्लू	13,590
गदू	कुल्लू	11,190
रसौल	कुल्लू	9,690
खौली गलू	कुल्लू	10,320
चन्द्र खेरनीगलू	कुल्लू	10,800
तैन्ती	कुल्लू	10,800

प्रमुख दर्रे व संबंधित स्थल

लाहौल–स्पीति

संबंधित स्थल	दर्रे	ऊंचाई मीटरों में
लाहौल से स्पीति	कुंजमला	4,551
	ललूणी	5,440
	शिपकीला	4,500
स्पीति से लद्दाख	बारालाचा	4,891
	परांगला	5,548
	कांगला	5,248
लाहौल स्पीति से	छोबिया	4,934
भरमौर (चम्बा)	दुग्गी जोत	5,060
	शिपटिंग	4,980
लाहौल से कुल्लू	रोहतांग	3,978
	हामटाह	4,270

संबंधित स्थल	दर्रे	ऊंचाई मीटरों में
	कुल्लू	
कुल्लू से स्पीति	पिन पार्वती	5,319
कुल्लू से कांगड़ा	कालीहीन	4,680
	तांतु का जोत	5,000
मनाली से कांगड़ा	मनाली दर्रा	4,880
कुल्लू से मण्डी	दुलची	2,788
	भूभू	2,895
कुल्लू से बाहरी सिराज	जलोड़ी	3,125
	किन्नौर	
किन्नौर से तिब्बत	शिपकी	4,500
	बोरसा	5,360
	छरांग	5,266
	लमखागा	5,284
	चम्बा	
भरमौर (चम्बा) से लाहौल	कुमती	4,961
चम्बा से भटियात	बसोदन	2,400
चम्बा से जम्मू कश्मीर	पादरी	3,050
चम्बा से कांगड़ा	चुआड़ी	3,150
	जालसू	3,658
	इन्द्रहारा	4,320
	भीम घसूतड़ी	4,580
चम्बा से पांगी	साच	4,395
	दराटी	4,720
	काली चो	4,729
	शिमला	
शिमला से उत्तराखंड	चांशल	4,267
	कांगड़ा	
कांगड़ा से बड़ा भंगाल	तामसर	4,572

प्रमुख घाटियां

1. **सांगला घाटी :** वृहद् हिमालय क्षेत्र में स्थित। समुद्रतल से न्यूनतम ऊंचाई 1,830 मीटर व अधिकतम ऊंचाई 3,475 मीटर। प्रमुख स्थान- सांगला, नियार, हांगरांग, मुरंग, कामरू आदि।

2. **कांगड़ा घाटी :** निम्न पहाड़ी क्षेत्र शिवालिक में स्थित। अपने ऐतिहासिक किलों, सूक्ष्म चित्रकला तथा खेलों में हैंग-ग्लाइडिंग के लिए विश्व प्रसिद्ध। प्रमुख स्थान - धर्मशाला, नूरपुर, यालमपुर, ज्वालाजी, कांगड़ा, बैजनाथ व गगल।

3. **चम्बा घाटी :** मध्य हिमालय क्षेत्र में स्थित। समुद्रतल से न्यूनतम ऊंचाई 750 मीटर व अधिकतम ऊंचाई 6,025 मीटर। प्रमुख स्थान-डलहौजी, भरमौर, चुवाड़ी, खजियार व बनीखेत।

4. **कुल्लू घाटी :** निम्न हिमालय क्षेत्र में स्थित। कुल्लू घाटी को 'देवघाटी' के नाम से भी जाना जाता है। प्रमुख स्थान - कुल्लू, मनाली, नागर व बंजार आदि।

5. **पौंटा घाटी :** किन्नौर जिले में स्थित। प्रमुख स्थान - नेली खेरा, बाटा घाटी के समीप निचली धारती क्षेत्र, जामुन काला का पूर्वी भाग, टिल्ला गरीबनाथ का पश्चिमी भाग तथा राजवन का दक्षिणी भाग।

6. **बल्ह घाटी :** निम्न हिमालय क्षेत्र में स्थित। यह घाटी प्रदेश का सबसे उपजाऊ क्षेत्र है। प्रमुख स्थान : जिला मंडी आदि।

7. **लाहौल-स्पीति घाटी :** वृहद् हिमालय क्षेत्र में स्थित। समुद्रतल से निम्नतम ऊंचाई 3,000 मीटर व अधिकतम ऊंचाई 6,500 मीटर। प्रमुख स्थान - नाहन, सराहन, राजगढ़, त्रिलोकपुर, पौंटा साहिब आदि।

8. **पब्बर घाटी :** यह घाटी हाटकोटी से लेकर टिकरी तक फैली हुई है। पब्बर नदी ट्राउट प्रजाति की मछली के लिए प्रसिद्ध। प्रमुख स्थान-शिमला जिले का रोहड़ू क्षेत्र आदि।

9. **सतलुज घाटी :** शिरकी से लेकर बिलासपुर तक इस घाटी का निर्माण सतलुज नदी द्वारा किया गया है। प्रमुख स्थान- रामपुर, बिलासपुर व भावा नगर।

प्रमुख नदियाँ

1. रावी : वैदिक नाम परुष्णी तथा संस्कृत नाम इरावती। यह सिन्धु की एक सहायक नदी है जो पीर पंजाल तथा धौलाधार श्रेणियों के मध्य में स्थित बंघाल बेसिन से निकलती है। इस नदी का निर्माण हिमनदों से निकलने वाली 'भादल' और 'हांतगिरी' धाराओं के मिलने से होता है। प्रदेश में 158 किमी. बहकर खेड़ी नामक स्थान पर पंजाब में प्रवेश करती है। चिड़चद, छतराणी, टुण्डैहण, बोढ़िल, बलजेड़ी साल व स्थूहल आदि सहायक नदियां/खड्डे हैं।

2. सतलुज : वैदिक नाम सतुद्री जबकि संस्कृत नाम शुतुद्री है। यह मानसरोवर झील (तिब्बत) के पास रक्षताल से उत्पन्न होती है। शिपंकी (किन्नौर) में हिमाचल में प्रवेश करती है। यह प्रदेश की सबसे लम्बी नदी है। इस पर एशिया का सबसे ऊंचा बांध, भाखड़ा बांध बनाया गया है।

3. चिनाब : इस नदी को हिमाचल प्रदेश में चन्द्रभागा के नाम से जाना जाता है। वैदिक व संस्कृत नाम अस्कनी है। जल की मात्रा की दृष्टि से प्रदेश की सबसे बड़ी नदी। प्रदेश में नदी का प्रवाह क्षेत्र 122 किमी. है। लाहौल-स्पीति के बारालाचा दर्रे (4,891 मीटर) के पास से निकलने वाले चन्द्रा व भागा नाले तांदी नामक स्थान पर मिलकर, चिनाब नदी बनाते हैं।

4. व्यास : वैदिक नाम अर्जिकीय और संस्कृत नाम विपाशा है। यह पीर पंजाल (4062 मीटर ऊंचाई) श्रेणी में रोहतांग दर्रे के पास से निकलती है। हिमाचल प्रदेश में प्रवाह क्षेत्र लगभग 356 किमी. की लम्बाई में है। पार्वती, हुरला, सैंज, उहल, सुकेटी, लूनी, चाकी व बाणगंगा आदि इसकी सहायक नदियाँ हैं।

5. यमुना : वैदिक नाम कालिंदी है। यह नदी उत्तराखंड के उत्तरकाशी क्षेत्र के कालिंद पर्वत के यमुनोत्री नामक स्थान से निकलती है। हिमाचल प्रदेश में इसका कुल जलग्रहण क्षेत्र 2,320 किमी. का है। टौंस, बाट व गिरी इसकी प्रमुख सहायक नदियां है।

विभिन्न जिलों में बहने वाली नदियां व खड्डे

जिला	नदियां व खड्डे
1. शिमला	सतलुज नदी, पब्बर नदी, गिरी नदी
2. कुल्लू	व्यास नदी, सैंज तीर्थन, मलाण नाला खड्डे
3. मंडी	व्यास नदी, घोगड़, सिकन्दरा, जनेत्री, कंढा, शिकारी आदि प्रसिद्ध धाराएं
4. ऊना	सतलुज नदी, स्वां, हटली, लुणखवी खड्डे
5. सोलन	जुग्गा की अश्विनी, अली, गम्भरोला व गम्भर प्रसिद्ध खड्डे
6. कांगड़ा	व्यास नदी, बाणगंगा, न्योगल, बनेर, गज, बिनवा आदि खड्डे
7. हमीरपुर	व्यास नदी, मान, कुणाह प्रसिद्ध खड्डे
8. चम्बा	रावी नदी, चिनाब नदी, बैरा, स्थूल खड्डे
9. सिरमौर	यमुना नदी, टॉस नदी, गिरी नदी, पब्बर नदी, चूड़धार प्रसिद्ध धाराएँ
10. लाहौल-स्पीति	चन्द्रभागा नदी, मालुंग नाला, गोन्दला नाला
11. किन्नौर	सतलुज नदी, भावा नदी, भस्पा नदी
12. बिलासपुर	सतलुज नदी, गाग़र गाग़रोला, आली, सिर, शुक्र व सरहाली खड्डे

महत्वपूर्ण झीलें

1. कृत्रिम झीलें

1. गोविन्द सागर : मानव निर्मित झीलों में सबसे बड़ी यह झील बिलासपुर जिले में स्थित है। इस झील की लम्बाई, लगभग 90 किमी. है।

2. पौंग झील : व्यास नदी पर कांगड़ा में बनी 42 किमी. लम्बी झील है।

3. पंडोह झील : मंडी जिले में 14 किमी. लम्बी पंडोह नामक स्थान पर स्थित है।

2. प्राकृतिक झीलें

झील	क्षेत्र	ऊँचाई
डल	कांगड़ा (धर्मशाला से 11 कि.मी.)	2,500 फीट
कावेरी	कांगड़ा (35 कि.मी.)	3,048 फीट
सरकुंड या दर्शहर	कुल्लू	14,500 फीट
नाको	किन्नौर	4,000 फीट
घदासरू	चम्बा (टीसा से 24 कि.मी.)	3,000 फीट
खजियार	(चम्बा से 45 कि.मी.)	2,500 फीट
लामा	चम्बा	2,700 फीट
कमरवाह	मंडी (40 कि.मी.)	2,500 फीट
पाराशर	मंडी (37 कि.मी.)	3,000 फीट
रिवालसर	मंडी (25 कि.मी.)	3,100 फीट
मणिमहेश	चम्बा	4,700 फीट
महाकाली	चम्बा	3,657 फीट
चन्द्रनहान	शिमला (रोहडू)	4,267 फीट
यूनामत्सो	शिमला (रोहडू)	4,680 फीट
चन्द्रताल	लाहौल-स्पीति	4,883 फीट
सूरजताल	लाहौल-स्पीति	4,000 फीट
रेणुका	सिरमौर (नाहन से 42 कि.मी.)	686 फीट
ढेरकरछोह	लाहौल-स्पीति	3,500 फीट
कमरूनाग	मंडी	3,500 फीट

हिमाचल प्रदेश के प्रसिद्ध हिमनद—

1. **पार्वती हिमनद (कुल्लू) :** ये हिमनद पार्वती नदी को पानी देते हैं तथा इनकी लम्बाई 15 कि.मी. है।

2. **लाहौल का बड़ा शिगड़ी हिमनद :** यह वह हिमनद है जिससे चन्दा नदी को पानी मिलता है। यह सबसे बड़ा हिमनद है जिसकी लम्बाई 25 कि.मी. है।

3. **मियार हिमनद (लाहौल)** : यह हिमनद मियार नदी को जल प्रदान करता है। इसकी लम्बाई लगभग 12 कि.मी. है।

4. **मुल्कीया हिमनद (लाहौल)** : यह हिमनद भागा नदी को जल प्रदान करता है। इसकी लम्बाई भी 12 कि.मी. है।

5. **कुल्लू के दुधोन हिमनद** : ये हिमनद पार्वती नदी को पानी देते हैं तथा लम्बाई में 15 कि.मी. हैं।

प्रदेश के गर्म झरने व संबंधित स्थान

झरना	संबद्ध नदी	संबद्ध स्थल
खिरगंगा	पार्वती	कुल्लू
मणिकर्ण	पार्वती	कुल्लू
वशिष्ठ	व्यास	कुल्लू
ज्योरी	ऊनू नहर	किन्नौर
कोपरा	ऊनू नहर	कांगड़ा
सालोल	कांगड़ा घाटी	कांगड़ा
तत्ता पानी	सतलुज	मंडी
कासोल	पार्वती	कुल्लू
घानकू	ऊनू नहर	चम्बा
राहला	ऊनू नहर	कुल्लू
लुनानी	व्यास	नदौन
सतधारा	ऊनू नहर	चम्बा
ज्वालामुखी	व्यास	व्यास
भगसुनाथ	ऊनू नहर	कांगड़ा
चैडविक	ऊनू नहर	शिमला

प्रदेश की मिट्टियाँ : हिमाचल प्रदेश के कृषि विभाग ने मिट्टियों को पांच भागों में बाँटा है-

1. **निम्न पहाड़ी मिट्टी क्षेत्र** : समुद्र तल से 1000 मीटर तक ऊँचाई वाले भाग। प्रमुख स्थान-सिरचौर की पौंटा घाटी, नाहन तहसील, बिलासपुर, ऊना, हमीरपुर, कांगड़ा आदि।

2. **मध्य पहाड़ी मिट्टी क्षेत्र :** समुद्र तल से 1000 से 1500 मीटर तक ऊंचाई वाले भाग। प्रमुख स्थान-सोलन, अर्की, मंडी का जो गिन्दुनगर, कांगड़ा और पालमपुर आदि।

3. **उच्च पहाड़ी मिट्टी क्षेत्र :** समुद्रतल से 1500 से 2100 मीटर तक ऊंचाई वाले भाग। प्रमुख स्थान-कांगड़ा, चम्बा, कुल्लू आदि के ऊपरी भाग।

4. **पर्वतीय मिट्टी क्षेत्र :** समुद्र तल से 2100 से 3500 मीटर तक ऊंचाई वाले भाग। प्रमुख स्थान-शिमला, सिरमौर व चम्बा के ऊपरी भाग का क्षेत्र।

5. **शुष्क पहाड़ी मिट्टी क्षेत्र :** समुद्र तल से 2500 मीटर से ऊपर ऊंचाई वाले भाग। प्रमुख स्थान-पांगी, किन्नौर व लाहौल - स्पीति क्षेत्र।

हिमाचल प्रदेश के वन

हिमाचल प्रदेश में वनों के अधीन राज्य के कुल भौगोलिक क्षेत्रफल का 66.52 प्रतिशत अर्थात 37,033 वर्ग किमी क्षेत्र आता है। हालांकि वर्तमान में वन आवरण राज्य के कुल भौगोलिक क्षेत्र का 26.4 प्रतिशत है। वनों के प्रकार निम्नलिखित हैं–

1. साल वन
2. चीड़ वन
3. मिश्रित वन
4. हिमालयी शीतोष्ण वन
5. हिमशैलीय और उपशैलीय वन

राष्ट्रीय उद्यान एवं वन्यजीव विहार/अभयारण्य

राष्ट्रीय उद्यान :

1. पिन घाटी राष्ट्रीय उद्यान (लाहौल-स्पीति)
2. ग्रेट हिमालयन राष्ट्रीय उद्यान (कुल्लू)
3. इन्दरकिला राष्ट्रीय उद्यान (कुल्लू)
4. खीरगंगा राष्ट्रीय उद्यान (कुल्लू)
5. सिम्बलबाड़ा राष्ट्रीय उद्यान (सिरमौर)

वन्यजीव विहार/अभयारण्य :

1. कनावर (कंवर) (कुल्लू)
2. खोखन (कुल्लू)
3. मनाली (कुल्लू)
4. कियास (कुल्लू)
5. सैंज (कुल्लू)
6. तिरथन (कुल्लू)
7. चन्द्रताल (लाहौल-स्पीति)
8. चूड़धार (सिरमौर)
9. रेणुका (सिरमौर)
10. गोविंद सागर (बिलासपुर)
11. नैना देवी (बिलासपुर)
12. लिप्पा असरंग (किन्नौर)
13. रक्षम छितकुल (किन्नौर)
14. रूपी भाभा (किन्नौर)

15. बांदली (मण्डी)	16. नरगू (मण्डी)
17. शिकारी देवी (मण्डी)	18. पोंग झील (काँगड़ा)
19. शिल्ली (सबसे छोटा) (सोलन)	20. मजाठल (सोलन)
21. दाड़लाघाट (सोलन)	22. चायल (सोलन)
23. गामगुल सियावेही (चम्बा)	24. कुगती (चम्बा)
25. सेचु तुंआ नाला (चम्बा)	26. टुन्डाह (चम्बा)
27. कालाटोप खजियार (चम्बा)	28. धौलाधार (काँगड़ा)
29. दरानघाटी (शिमला)	30. शिमला वाटर कैचमेन्ट (शिमला)
31. तालरा (शिमला)	32. किब्बर (सबसे बड़ा) (लाहौल-स्पीति)

खनिज पदार्थ :

1. **चूने का पत्थर :** गगल (कांगड़ा), बरमाणा (बिलासपुर), नौराधार, रडियाणा (सिरमौर), सुन्दरनगर, अतसिंदी (मंडी), बरोह सिंघ (चंबा), बदलोग (सोलन)

2. **डोलोमाइट युक्त चूने का पत्थर :** नालागढ़ (सोलन), कोठीपुरा, पंजोता (बिलासपुर)

3. **प्राकृतिक तेल गैस :** दयोटसिद्ध, चकमोह (हमीरपुर), ज्वालामुखी (कांगड़ा), रामशहर (सोलन), स्वारघाट (बिलासपुर), चौमुख (सुन्दर नगर), रेणुका - तनलोग सुरंग के पास (सिरमौर)

4. **यूरेनियम :** छिंजराढ़ा जरी (बंजार), ढेला, गढ़सा घाटी (कुल्लू) और हमीरपुर

5. **सोना :** सिरमौर की नदियों में

6. **तांबा, एंटीमनी, कोबाल्ट और चांदी :** चंबा, कुल्लू, किन्नौर और लाहौल स्पीति

7. **सिलिका रेत :** बिलासपुर, हमीरपुर, कांगड़ा, ऊना और मंडी

8. **जिप्सम :** भाथड़ी (चंबा), भांजन (सिरमौर) सोलन, किन्नौर और लाहौल स्पीति

9. **चट्टानी नमक :** घोघड़ धार (गुम्मा, द्रंग) जिला मंडी

10. **कोयला :** कांगड़ा, मंडी, सोलन

11. **लौह अयस्क :** कांगड़ा, कुल्लू, मंडी

हिमाचल प्रदेश में कमिश्नरी/मंडल एवं उसमें शामिल जिले

1. शिमला मंडल : शिमला, सोलन, किन्नौर व सिरमौर

2. धर्मशाला मंडल : चंबा, कांगड़ा, ऊना

3. मंडी मंडल : मंडी, हमीरपुर, बिलासपुर, लाहौल - स्पीति, कुल्लू

प्रदेश के जिले
प्रदेश के जिलों का क्षेत्रफल एवं मुख्यालय

जिला	क्षेत्रफल	मुख्यालय
1. किन्नौर	6401 वर्ग कि.मी.	रिकांगपियो
2. कांगड़ा	5739 वर्ग कि.मी.	धर्मशाला
3. कुल्लू	5503 वर्ग कि.मी.	कुल्लू
4. चम्बा	6528 वर्ग कि.मी.	चम्बा
5. ऊना	1540 वर्ग कि.मी.	ऊना
6. मंडी	3950 वर्ग कि.मी.	मंडी
7. शिमला	5131 वर्ग कि.मी.	शिमला
8. लाहौल-स्पीति	13835 वर्ग कि.मी.	केलांग
9. सिरमौर	2825 वर्ग कि.मी.	नाहन
10. सोलन	1936 वर्ग कि.मी.	सोलन
11. बिलासपुर	1167 वर्ग कि.मी.	बिलासपुर
12. हमीरपुर	1118 वर्ग कि.मी.	हमीरपुर

जिलेवार जनसंख्या (जनगणना 2011)

जिले	व्यक्ति	पुरुष	स्त्रियां	लिंगानुपात	घनत्व
शिमला	8,14,010	4,25,039	3,88,971	915	159
सोलन	5,80,320	3,08,754	2,71,566	880	300
कुल्लू	4,37,903	2,25,452	2,12,451	942	80
कांगड़ा	15,10,075	7,50,591	7,59,484	1012	263
ऊना	5,21,173	2,63,692	2,57,481	976	338
चम्बा	5,19,080	2,61,320	2,57,760	986	80
किन्नौर	84,121	46,249	37,872	819	13
मंडी	9,99,777	4,98,065	5,01,712	1007	253
हमीरपुर	4,54,768	2,17,070	2,37,698	1095	407
लाहौल व स्पीति	31,564	16,588	14,976	903	2
सिरमौर	5,29,855	2,76,289	2,53,566	918	188
बिलासपुर	3,81,956	1,92,764	1,89,192	981	327

ग्रामीण एवं शहरी जनसंख्या (जनगणना 2011)

राज्य/जिला	ग्रामीण	शहरी
हिमाचल प्रदेश	**61,76,050**	**6,88,552**
1. चंबा	4,82,972	36,108
2. कांगड़ा	14,23,794	86,281
3. कुल्लू	3,96,512	41,391
4. लाहौल-स्पीति	31,564	0
5. मंडी	9,37,140	62,637
6. हमीरपुर	4,23,338	31,430
7. ऊना	4,76,260	44,913
8. बिलासपुर	3,56,827	25,129
9. सोलन	4,78,173	1,02,147
10. सिरमौर	4,72,690	57,165
11. शिमला	6,12,659	2,01,351
12. किन्नौर	84,121	0

अनुसूचित जातियों/जनजातियों की जनसंख्या (2011-जनगणना)

क्रम सं.	राज्य/जिले	अनुसूचित जाति			अनुसूचित जनजाति		
		व्यक्ति	पुरुष	महिला	व्यक्ति	पुरुष	महिला
	हिमाचल प्रदेश	**1,729,252**	**876,300**	**852,952**	**392,126**	**196,118**	**196,008**
1.	चम्बा	1,11,690	56,154	55,536	1,35,500	67,900	67,600
2.	कांगड़ा	3,19,385	1,59,697	1,59,688	84,564	41,745	42,819
3.	लाहौल व स्पीति	2,235	1,154	1,081	25,707	12,748	12,959
4.	कुल्लू	1,22,659	62,686	59,973	16,822	8,493	8,329
5.	मंडी	2,93,739	1,47,250	1,46,489	12,787	6,345	6,442
6.	हमीरपुर	1,09,256	53,727	55,529	3,044	1,531	1,513
7.	ऊना	1,15,491	58,601	56,890	8,601	4,445	4,156
8.	बिलासपुर	98,989	50,271	48,718	10,693	5,485	5,208
9.	सोलन	1,64,536	85,482	79,054	25,645	13,351	12,294
10.	सिरमौर	1,60,745	83,017	77,728	11,262	5,912	5,350
11.	शिमला	2,15,777	1,10,828	1,04,949	8,755	4,554	4,201
12.	किन्नौर	14,750	7,433	7,317	48,746	23,609	25,137

विभिन्न जिलों की साक्षरता दर (जनगणना 2011)

जिला	कुल साक्षरता %	पुरुष साक्षरता %	स्त्री साक्षरता %
1. शिमला	83.64	89.59	77.13
2. कांगड़ा	85.67	91.49	80.02
3. मंडी	81.53	89.56	73.66
4. सोलन	83.68	89.56	76.97
5. चम्बा	72.17	82.59	61.67
6. हमीरपुर	88.15	94.36	82.62
7. किन्नौर	80.0	87.27	70.96
8. ऊना	86.53	91.89	81.11
9. सिरमौर	78.8	85.61	71.36
10. कुल्लू	79.4	87.39	70.91
11. बिलासपुर	84.59	91.16	77.97
12. लाहौल-स्पीति	76.81	85.69	66.84
कुल साक्षरता	**82.80**	**89.5**	**75.9**

प्रदेश की जातियाँ : हिमाचल प्रदेश में कोली, होली, चनाल, रेहाड़, लुहार, तुरी, खश, याखस, कुनैत और वाढ़ी आदि जातियों को यहाँ का मूल निवासी माना जाता है। इसके अतिरिक्त प्रदेश में ब्राह्मण, राजपूत (जिनकी मुख्य उपजातियाँ चन्देल, पठानियां, मिन्हास, जसवाल, पटियाल, कटोच, सेन घिरथ, खत्री आदि) हैं। जुलाहे, छिंबे, डुमणे, चमार, आदि हरिजन माने जाने वाली जातियाँ हैं। व्यवसाय के कारण उत्पन्न जातियों में झीवर, नाई और घमार आदि हैं।

प्रदेश के ऐतिहासिक कुनबे :

1. **गुज्जर :** गुज्जर लोग हिमाचल प्रदेश के प्रमुख निवासी हैं। प्रदेश में हिन्दू और मुस्लिम गुज्जर हैं। वह कृषि व अन्य व्यवसाय करते हैं। पुरुष लोग कश्मीरी प्रकार की कमीज व पंजाबी प्रकार का तांबा पहनते हैं, स्त्रियां पायजामा और ढीली कमीज पहनती हैं। हिन्दू गुज्जरों की स्त्रियाँ धोती पहनती हैं।

2. **गद्दी :** गद्दी चम्बा के भरमौर क्षेत्र के निवासी हैं। अब यह जाति अपने मूल स्थान को छोड़कर मंडी, बिलासपुर, कांगड़ा आदि स्थानों में भी जा बसी है। इस जाति का प्रमुख व्यवसाय पशुपालन (विशेषकर भेड़-बकरियाँ) है। इस कुनबे के लोग बहुत प्राचीन हैं।

3. पंगवाल : चम्बा के पांगी क्षेत्र के लोगों को पंगवाला कहते हैं। इनका मुख्य व्यवसाय कृषि है। पंगाघाटी के लोग अति प्राचीन हैं। ये लोग अधिकांशत, भेड़-बकरियाँ पालते हैं।

4. किन्नर : किन्नर या किन्नौरा वर्तमान किन्नौर निवासियों को कहते हैं। ऋग्वेद, महाभारत तथा अन्य भारतीय वांगमय में किन्नरों का वर्णन यक्षों और गंधर्वों के साथ आता है। उच्च गुणों, सरल स्वभाव, सुन्दर शरीर, सुरीले कंठ व अन्य गुणों के कारण इन्हें शास्त्रों में देव की संज्ञा दी गई है।

5. लाहौल व स्पीतियन : लाहौल के निवासियों को स्थानीय भाषा में लाहौली व स्पीतियन को भोट कहकर पुकारा जाता है। लाहौल निवासी हिन्दू और बौद्ध दोनों धर्मों के अनुयायी हैं जबकि अधिकतर स्पीतन बौद्ध धर्म के अनुयायी हैं। इनका मुख्य व्यवसाय कृषि है।

वेश-भूषा : गद्दी जाति के लोगों का ''चोला-डोरा'', 'चोलू' वेश-भूषा बहुत आकर्षक और विश्व प्रसिद्ध है। चोला या चोलू लंबे कोट की तरह होता है, जो पूर्णतया ऊन का बना होता है। कुल्लू और मध्य भाग के क्षेत्रों के पुरुष 'दोहडू' और स्त्रियां ''ढियाठु'' पहनती हैं। 'दोहडू' विशेष प्रकार से निर्मित ऊन की चादर होती है, जो कमर के नीचे बांधी जाती है। ढियाठु एक सुन्दर सूती कपड़ा होता है जो स्त्रियों द्वारा माथे पर बांधा जाता है। कोटगढ़ और आसपास के क्षेत्र में स्त्रियां एक लम्बा कोटनुमा पहनावा 'रेजटा' पहनती है।

आभूषण : यहाँ के प्रसिद्ध आभूषण मुर्की, तिल्ली, लौंग (नाक में पहने जाने वाला), चक (सिर पर लगाया जाने वाला), चूड़ियां, कड़े, गले का हार और पैरों में पहने जाने वाली पायल होती है।

प्रदेश की बोलियां : हिमाचल प्रदेश के चम्बा में चम्बयाली, कांगड़ा में कांगड़ी, कहलूर में कहलूरी, मंडी में मंडियाली, लाहौल-स्पीति में लाहौली और भोटी, सिरमौर में सिरमौरी, क्योंथल में क्योंथली, बघाट में बघाटी, बाछल में बाछली, सोलन में बधाती कुम्भेर आदि बोलियां बोली जाती हैं।

विवाह पद्धतियाँ

1. झाजरा, गाड्डर या परैणा : इस प्रकार के विवाह में लड़की तथा लड़के के मां-बाप शादी तय करते हैं परन्तु शादी की तिथि को लड़का दूल्हा बनकर नहीं जाता। लड़के के बाप/भाई 5, 7 या 11 लोगों को लेकर तथा कपड़े-गहने के साथ लड़की के घर जाते हैं। दूसरे दिन या उसी दिन वे लोग लड़की को लेकर घर आ जाते हैं।

2. झंझराड़ा : इस प्रकार का विवाह आमतौर पर विधवा या त्यक्ता स्त्री से संपन्न किया जाता है।

3. **जानेरटंग विवाह :** किन्नौर और अन्य सीमांत क्षेत्रों में परैणा विवाह को जानेरटंग विवाह के नाम से पुकारा जाता है।

4. **बराड़फुक या जराड़फुक या झिण्डीफुक विवाह :** हिमाचल प्रदेश के निम्न क्षेत्रों में बराड़ फुक, मध्य क्षेत्र में जराड़ फुक और चम्बा आदि में झिण्डीफुक नामक विवाह होते हैं। इस प्रकार के विवाह में युवा लड़की, अपने मायके वालों की स्वीकृति के बिना ही किसी पुरुष से संबंध जोड़कर विवाह कर लेती है।

5. **हार :** प्रदेश के मध्य भाग में जब कोई लड़का मेले, किसी विवाह आदि में से किसी लड़की को जबरदस्ती उठाकर विवाह कर लेता है या लड़की-लड़के के साथ स्वयं भाग जाती है तो इस प्रकार के विवाह को ‘हार’ विवाह कहा जाता है।

6. **बहुपत्नी प्रथा :** प्रदेश में एक से अधिक पत्नी रखने की प्रथा का प्रचलन कहीं-कहीं है। अधिकांशतः एक पत्नी के रहते हुए दूसरी स्त्री से विवाह का प्रचलन प्रदेश में उस स्थिति में है जब पहली पत्नी को सन्तान न हो अथवा ज्यादा जमीन करोबार है।

7. **बहुपति प्रथा :** कुछ समय पहले तक हिमाचल प्रदेश के ऊपरी क्षेत्रों, सिरमौर की गिरी के पार के क्षेत्र व सराज के इलाके में बहु-पति प्रथा का प्रचलन था, जिसका मूल कारण लोग महाभारत को मानते हैं कि पांचों पांडव भाइयों ने एक पत्नी द्रोपदी से विवाह किया था। समय के परिवर्तन के साथ प्रदेश में इस प्रथा का प्रचलन समाप्त हो रहा है।

विभिन्न प्रथाएं :

1. **ठोडा प्रथा :** आदिम क्षेत्रीय मेलों में इसके अनेक रूप देखने को मिलते हैं। इसमें धनुष-बाण का खेल होता है।

2. **बुहारा प्रथा :** बुहारा प्रथा कृषक वर्ग की सहयोग भावना की प्रतीक है। कुछ क्षेत्रों में इसे हेला तथा जुआरी भी कहा जाता है।

3. **वृक्ष पूजा :** प्रदेश में वृक्ष पूजा की प्रथा भी आमतौर पर देखी जाती है।

4. **व्रत व मोख :** प्रदेश में पूर्णिमा, संक्रांति, एकादशी व अन्य व्रतों के अवसर पर स्त्रियां उपवास-रखती हैं और देवी-देवताओं की पूजा करती हैं। एकादशी आदि व्रतों को निरन्तर जारी रखने के पश्चात् उनका ‘मोख’ (समापन) किया जाता है।

5. **बलि प्रथा :** प्रदेश के कुछ स्थानों पर अच्छी फसल पाने व उसे अनिष्ट शक्तियों से बचाने के उद्देश्य से खेत में पशु-बलि दिए जाने की प्रथा है।

6. **थाथा प्रथा :** हिमाचल के कुछ क्षेत्रों में भूत-प्रेतों के प्रभाव से बचने हेतु ‘थाथा प्रथा’ की परम्परा है।

प्रदेश के राज्य/रियासतें व उनके संस्थापक

राज्य/रियासत	संस्थापक	वर्ष
1. त्रिगर्त राज्य	शुशर्मा	13 वीं सदी
2. जसवान राज्य	पूर्व चन्द	1170 ई०
3. दातारपुर राज्य	दताइ चंद	1550 ई०
4. सिब्बा राज्य	शिवराम चन्द	1450 ई०
5. सुकेत राज्य	वीरसेन	765 ई०
6. गुलेर राज्य	हरिचन्द	1405 ई०
7. आधुनिक कुल्लू राज्य	रत्ना भदरा	—
8. नूरपुर राज्य	तेजपाल नामक तोमर राजपूत	1000 ई०
9. नालागढ़ रियासत	अजय चन्द	1100 ई०
10. भज्जी रियासत	चंद राजा	11 वीं सदी
11. कहलूर रियासत	वीर चन्द चंदेल	697 ई०
12. दरकोटी रियासत	दुर्गा सिंह	12 वीं सदी
13. सिरमौर राज्य	शुभंश प्रकाश	1195 ई०
14. कुठार रियासत	सूरत चंद	1200 ई०
15. ढियोग रियासत	जयचन्द	1667 ई०
16. चम्बा रियासत	मारु वर्मन	550 ई०
17. डाडा सिवा रियासत	सिवर्ण चंद	1550 ई०
18. रतेश रियासत	राम सिंह	1620 ई०
19. सुजानपुर	घमण्ड चन्द	—
20. सारी राज्य	मूल चन्द	12 वीं सदी
21. महलोग रियासत	वीर चन्द	1203 ई०
22. मण्डी रियासत	वीर सेन	1200 ई०
23. भागत रियासत	अजे देव	—
24. बालसन रियासत	अशोक सिंह	12 वीं सदी
25. कुम्हार सेन रियासती राज्य	किरतचंद	11 वीं सदी
26. जुब्बल रियासत	करण चन्द	12 वीं सदी
27. देलथ रियासत	पृथ्वी सिंह	1000 ई०
28. प्राचीन कुल्लू राज्य	विहगंम मणिपाल	1500 ई०
29. कुनिहार रियासत	अभोज दयो	1154 ई०
30. कियोथल राज्य	गिरिसेन	765 ई०

प्रमुख त्योहार :

1. **हालडा** : चन्द्र और भागा नदियों के लाहुल-स्पीति क्षेत्र में जनवरी में हालडा मनाया जाता है। इस त्योहार में लोग मशालें लेकर चलते हैं जिन्हें एक स्थान पर जलाया जाता है। इस अवसर पर बर्फ के साथ भी खेला जाता है।

2. **फागली** : लाहौल-स्पीति के घाटी क्षेत्र में फागली नामक त्योहार फागुन (जनवरी का अन्त या फरवरी) में मनाया जाता है। फागली का त्योहार कुछ रूपान्तर के साथ कुल्लू में भी मनाया जाता है।

3. **गोत्सी या गोची** : यह त्योहार जनवरी मास में चन्द्रभागा घाटी में मनाया जाता है। इस लोकप्रिय गोची त्योहार का सम्बन्ध पुत्र जन्म से है।

4. **लोसर** : तिब्बत की सीमाओं से लगे हुए क्षेत्रों में 'लोसर' के त्योहार की बड़ी प्रतीक्षा की जाती है। इससे वहां नये वर्ष का आरम्भ माना जाता है। लोक किमशु (गृहदेवता) के पास दीपक जलाये जाते हैं। कोई भी व्यक्ति दोपहर से पूर्व घर से नहीं निकलता है। ऊषाकाल में 'दारशेद' गाया जाता है।

5. **फुलाइच** : किन्नौर में फूलों का त्योहार फुलाइच मनाया जाता है। सभी गांवों में अलग-अलग तिथियों में यह त्योहार मनाया जाता है। लगभग अगस्त से आरम्भ होकर यह त्योहार अक्टूबर तक चलता है।

6. **शांद, भदपूर या पूर, भण्डोजी और भुण्डा** : देव संस्कृति के प्रतीक उत्सव कुल्लू महासू के ऊपरी हिस्सों में बराबर मनाये जाते हैं। ये उत्सव हमारी सांस्कृतिक विरासत के प्रतीक हैं। ये न जाने कितनी सदियों से मनाये जाते रहते हैं। ये उत्सव हैं—शांद, भदपूर या पूर, भण्डोजी और भुण्डा। भुण्डा बारह वर्ष बाद होने वाला एक ऐसा उत्सव है जो पूरे क्षेत्र का सांझा प्रतिनिधित्व करता है।

7. **काहिका** : भुण्डा से मिलता-जुलता दूसरा उत्सव है काहिका। यह कुल्लू में मनाया जाता है। कभी साल भर बाद, कभी तीन, सात या बारह साल बाद। इसमें भी नौड़ जाति के मनुष्य भुण्डा जैसी परम्परा निभाते हैं।

8. **बैशाखी या बिशु** : बैशाखी या बिशु एक महत्त्वपूर्ण त्योहार है जो प्रदेश के निचले तथा ऊपरी दोनों भागों में समान रूप से मनाया जाता है। कई जगह बिशु का मेला सबसे बड़े मेले के रूप में मनाया जाता है।

9. **बीस भादों** : यह एक स्नान का पर्व है। इस दिन कई झीलों और पवित्र स्थानों में स्नान किया जाता है।

10. **लोहड़ी या माघ** : यह त्योहार प्रथम माघ की संक्रान्ति को मनाया जाता है। निम्न भाग में इसको लोहड़ी या मकर-संक्रान्ति और मध्य भाग में माघी या साजा कहते हैं। इस दिन भी बैशाखी की भांति तीर्थ स्थानों पर स्नान करना शुभ माना जाता है।

11. **भारथ** : प्रदेश के निम्न भाग के क्षेत्रों में भादों के महीने और अन्य महीनों में भी भरथों का आयोजन किया जाता है। भारथ भी जगराते की भांति ही गाये जाते हैं।

12. **सैर** : यह त्योहार प्रथम आसूज (सितम्बर) को मनाया जाता है। इसमें भी पकवान बनाये जाते हैं। यह त्योहार बरसात की समाप्ति और आषाढ़ी फसल के आने की खुशी में मनाया जाता है।

13. **छिंज** : चैत्र महीने में प्रदेश के निम्न भाग के क्षेत्रों में कुछ लोग अपनी इच्छा पूरी हो जाने पर या कुछ लोग सामूहिक तौर पर, स्थानीय देवता जिसे लखदाता कहते हैं को प्रसन्न करने के लिए छिंज का आयोजन करते हैं जिसमें दूर-दूर से पहलवान बुलाये जाते हैं।

14. **मघनौण** : माघ मास के अन्त में 'मघनौण' का त्योहार मनाया जाता है। यह देवताओं की पृथ्वी पर वापसी का त्योहार है।

15. **चैत्रोल** : सिरमौर में मनाया जाने वाला लोकप्रिय त्योहार 'चैत्रोल' चैत्र मास में शुक्ल पक्ष की निश्चित तिथि पर मनाया जाता है। इस दिन घरों को सजाकर दीवारों पर जानवरों, फसलों व मनुष्यों के चित्र बनाये जाते हैं ताकि इन सब की पूरे वर्ष रागृद्धि रहे। इरो चित्रों का त्योहार भी कहते हैं।

16. **खेपा** : यह किन्नरों का महत्वपूर्ण त्योहार है, जिसे कुछ क्षेत्रों में मनाया जाता है। यह दो प्रकार से मनाया जाता है। यह भूत-प्रेतों को भगाने का त्योहार है।

17. **साजो** : 'साजो' त्योहार का सम्बन्ध देवताओं की विदाई से है। गांवों में देवता की पालकी खोल दी जाती है और विश्वास किया जाता है कि वह इन्द्रलोक चला गया है। यह त्योहार माघ के अंत में या फागुन में होता है।

18. **रली पूजन** : यह कांगड़ा क्षेत्र का पारम्परिक पर्व है। जिसमें शिव-पार्वती विवाह का संस्कार कन्याओं द्वारा त्योहार के रूप में मनाया जाता है।

19. **अन्य त्योहार** : श्रीकृष्ण जन्माष्टमी, रामनवमी, दीपावली, होली, शिवरात्रि, नवरात्रे, रक्षा बंधन, वैशाखी, नागपंचमी, वसंतपंचमी आदि।

प्रमुख मेले :

रेणुका मेला : रेणुका का मेला पूर्वी हिमाचल का सबसे बड़ा मेला है। यह कार्तिक सुदी एकादशी को रेणुका सरोवर पर लगता है जिसमें दूर-दूर से लोग भाग लेते हैं। रेणुका इस प्रदेश की सबसे बड़ी झील है जो नाहन से करीब 41 कि०मी० दूर है।

काहिका मेला : 'काहिका' कुल्लू और मंडी में आषाढ़-श्रावण में देवता के विशेष मेलों का नाम है। काहिके में आरम्भ में 'गूर खेल' एक महत्वपूर्ण क्रिया है जिसमें देवता के सजे हुए रथ के सामने कटार, संगल और देवता के साजोसामान सहित देवता गूर नृत्य करते हैं।

होली मेला : सुजानपुर व पालमपुर की होली प्रदेश भर में प्रसिद्ध है। सुजानपुर टीहरा जिला कांगड़ा के राजवंश से सम्बद्ध रहा है। यहां की होली का विशेष महत्व है।

बिलासपुर का नलवाड़ी मेला : यह मेला सामान्यत: 17 से 23 मार्च तक लगता है। यह पशु व्यापार का मेला है जो आसपास के इलाके में पशु-व्यापार-विशेषकर बैलों के व्यापार के लिए प्रसिद्ध है।

सुन्दरनगर नलवाड़ मेला : सुन्दरनगर का नलवाड़ मेला 9 से 17 चैत्र (मार्च), तक मनाया जाता है। यह प्रदेश का सबसे बड़ा पशु मेला है और बिलासपुर के नलवाड़ मेले से कई गुना बड़ा है।

लवी मेला : हिमाचल प्रदेश के सीमावर्ती क्षेत्रों में व्यापारिक सन्धि स्थलों पर कुछ व्यापारिक मेले आरम्भ हुए जिनमें समय के अनन्तर सांस्कृतिक पक्ष भी जुड़े। ऐसा ही एक मेला है रामपुर का लवी मेला। यह मेला सांस्कृतिक कम, व्यापारिक ज्यादा है। यह मेला 11 नवम्बर से 14 नवम्बर तक चलता है।

मिंजर मेला : चम्बा नगरी प्रदेश की पुरातन राजधानी नगरी है। कांगड़ा (सुजानपुर), कुल्लू, मण्डी, नाहन, रामपुर की भांति यहां भी राजमहल हैं। नगर के बीच में श्री लक्ष्मीनारायण मन्दिर, चम्पावती मन्दिर तथा हरिराय के पुरातन मन्दिर हैं। बीच में सुन्दर चौगान है। यहीं मिंजर का उत्सव मनाया जाता है।

कुल्लू का दशहरा मेला : कुल्लू दशहरा को स्थानीय लोग विजयदशमी कहते हैं। यह पर्व कुल्लू में आश्विन शुक्ल दशमी से आरम्भ होकर सप्ताह बाद पूर्णिमा को समाप्त होता है।

शिवरात्रि मेला : हिमाचल शैवों-शक्तों की भूमि है। यहां शिवरात्रि के दिन अनेक स्थानों पर छोटे-बड़े मेले लगते हैं। मंडी का शिवरात्रि मेला दूर-दूर तक प्रसिद्ध है।

चिंतपूर्णी मेला : यह मेला ऊना जिले में दुर्गापूजा के एक प्रसिद्ध केन्द्र पर लगता है। प्रत्येक मंगलवार को लगने वाले साप्ताहिक मेले के अलावा यहां हर वर्ष तीन बड़े मेले भी लगते हैं। इनमें दो नवरात्रों में और एक श्रावण अष्टमी को लगता है।

ब्रजेश्वरी मेला : यह मेला एक धार्मिक मेला है जो कांगड़ा जिले में नवरात्रों के दौरान वर्ष में दो बार लगता है।

मार्कण्ड मेला : यह जिला बिलासपुर में मार्कण्ड नामक तीर्थ पर (जुखाला के पास) ठीक रिवाल्सर के मेले की भांति बैसाखी से पहली रात को मनाया जाने वाला प्रसिद्ध मेला है। मार्कण्ड स्थान पर मार्कण्डेय ऋषि द्वारा तपस्या की गई थी।

रिवाल्सर मेला : निम्न पहाड़ी भाग में बैसाखी के दिन और उससे पहली रात को मनाया जाने वाला यह प्रसिद्ध मेला है जो मण्डी जिले की रिवाल्सर झील के समीप मनाया जाता है।

दयोटसिद्ध मेला : हमीरपुर के दयोटसिद्ध में वैसे तो प्रत्येक रविवार को ही मेले लगते हैं। परन्तु ज्येष्ठ मास के प्रत्येक रविवार को विशेष मेले लगते हैं जिनमें बड़ी संख्या में लोग शामिल होते हैं।

बाबा बड़भाग सिंह मेला : यह मेला ज्येष्ठ मास में ऊना के मैडी नामक स्थान पर सारे महीने लगा रहता है। वैसे हर अमावस्या के दिन यहां यह मेला लगता है।

हिमाचल की प्रमुख पन बिजली परियोजनाएं :

परियोजना का नाम	नदी	स्थान	क्षमता
1. लारजी	ब्यास	मलौट (मण्डी)	126 मैगावाट
2. खौली	ब्यास	साली (कांगड़ा)	12 मैगावाट
3. पार्वती	ब्यास	कुल्ही (कुल्लू)	2,051 मैगावाट
4. ऊहल चरण - 3	ब्यास	जोगिन्द्रनगर (मण्डी)	100 मैगावाट
5. मलाणा	ब्यास	मलाणा (कुल्लू)	86 मैगावाट
6. बिनवा	ब्यास	बैजनाथ (कांगड़ा)	16 मैगावाट
7. बनेर	बनेर खड्ड	कांगड़ा	12.5 मैगावाट
8. न्यूगल	न्यूगल (ब्यास)	पालमपुर (कांगड़ा)	15 मैगावाट

परियोजना का नाम	नदी	स्थान	क्षमता
9. व्यास-सतलुज लिंक परियोजना	ब्यास	पण्डोह (मण्डी)	
10. भाखड़ा परियोजना	सतलुज	हिमाचल पंजाब सीमा पर	1,050 मैगावाट
11. नाथपा झाखड़ी	सतलुज	नाथपा (किन्नौर)	1,500 मैगावाट
12. भावा (संजय विद्युत परियोजना)	सतलुज	किन्नौर	120 मैगावाट
13. कशांग	कशांग	किन्नौर	66 मैगावाट
14. घानवी	घानवी	ज्योरी (शिमला)	22.5 मैगावाट
15. बास्पा चरण-2	बास्पा (सतलुज)	किन्नौर	300 मैगावाट
16. कड़छम वांगतू	सतलुज	किन्नौर	1,000 मैगावाट
17. कोल बांध	ब्यास-सतलुज लिंक परियोजना	बिलासपुर	800 मैगावाट
18. शाल्वी	शाल्वी	शिमला	7 मैगावाट
19. गुम्मा	यमुना	शिमला	3 मैगावाट
20. धमवाड़ी सुंडा	यमुना/पब्बर	शिमला	70 मैगावाट
21. अलायन दुंगल अलायन नाला	ब्यास	कुल्लू	162 मैगावाट
22. भावा संवर्द्धन	सतलुज	सुगड़ा (किन्नौर)	3 मैगावाट
23. गिरी चरण-1	गिरी (यमुना)	रेणुका (सिरमौर)	60 मैगावाट
24. गिरी चरण-2	गिरी (यमुना)	सिरमौर	100 मैगावाट
25. आन्ध्रा	पब्बर	रोहडू (शिमला)	15 मैगावाट
26. चमेरा चरण-3	रावी	चम्बा	231 मैगावाट
27. होली	रावी	चम्बा	4.5 मैगावाट
28. रौंग टौंग	स्पीति	लाहौल-स्पीति	3 मैगावाट
29. गज़	गज खड्ड (ब्यास)	शाहपुर (कांगड़ा)	40.5 मैगावाट

यातायात के साधन

सड़कमार्ग : प्रदेश में दिसम्बर 2018 तक 37,913 किमी. लम्बी वाहन चलने योग्य सड़कें हैं।

प्रदेश की कुछ महत्वपूर्ण सड़कें

1. कालका-शिमला-रामपुर-पूह (हिन्दुस्तान तिब्बत राष्ट्रीय राजमार्ग)
2. रोपड़-बिलासपुर-मंडी-कुल्लू-केलांग-लेह (राष्ट्रीय राजमार्ग)
3. पठानकोट-जोगिन्द्रनगर-मंडी (राष्ट्रीय राजमार्ग)
4. पठानकोट-चम्बा (राजमार्ग)
5. पौटा-नाहन-कुमार हट्टी
6. शिमला-बिलासपुर-हमीरपुर-धर्मशाला (राजमार्ग)
7. सोलन-राजगढ़-हरिपुर धार-रेणुका (राजमार्ग)
8. ठियोग-कोटखाई-खड़ा पत्थर-रोहडू-चिड़गांव (राजमार्ग)
9. शिमला-मशोवरा-सुन्नी नेरचौक (राजमार्ग)
10. चैल-चौपाल-पौंटा (राजमार्ग)
11. बनीखेत-डलहौजी-खजियार-चम्बा (राजमार्ग)
12. चम्बा-भरमौर (राजमार्ग)
13. पठानकोट-कांगड़ा-हमीरपुर-मंडी-कुल्लू-केलांग (राजमार्ग)

रेलमार्ग : प्रदेश में केवल दो छोटी लाइनें शिमला-कालका (96 किमी.) और जोगिन्द्र नगर-पठानकोट (113 किमी.) तथा नंगला टैग चरूटू (33 किमी.) बड़ी लाइन है।

वायुमार्ग : हिमाचल प्रदेश में तीन हवाई अड्डे हैं–

1. गग्गल (कांगड़ा),   2. जुब्बल हट्टी (शिमला)   3. भुंतूर (कुल्लू)

प्रदेश में उद्योग धंधे

1. सीमेंट उद्योग–राजबन, सिरमौर (एक इकाई), ए.सी.सी. फैक्टरी, बरमाणा (दो इकाइयाँ), अंबुजा सीमेंट फैक्टरी, कशलोग, सोलन (दो इकाइयाँ), जे.पी. इंडस्ट्रीज, बागा भलग, सोलन (एक इकाई) 2. ऊनी वस्त्र उद्योग–नालागढ़, कुल्लू, चंबा 3. चाय उद्योग–कांगड़ा, पालमपुर 4. स्टील उद्योग–गगरेट, सिरमौर, बरोटीवाला 5. रासायनिक उद्योग–नालागढ़ 6. बंदूक निर्माण–नाहन, मंडी 7. पाइप उद्योग–कांगड़ा 8. धूप उद्योग–ज्वालामुखी, दियोटसिद्ध 9. कत्था उद्योग   कांगड़ा 10. बिरोजा, तारपीन उद्योग–बिलासपुर, नाहन 11. हिमाचल उर्वरक लिमिटेड–शिमला, नालागढ़ 12. फाउंडरी–नाहन 13. मशीनी

पुर्जे, घड़ियों के पुर्जे–सोलन 14. थर्मामीटर, दूरसंचार संबंधी सामान–सोलन 15. माइक्रोस्कोप–काला अम्ब, मैहतपुर, गगरेट, परवाणू 16. शराब बनाने का कारखाना–सोलन, मैहतपुर 17. बांस उद्योग–कांगड़ा 18. मधुमक्खी पालन–शिमला, मंडी, चंबा, कुल्लू, कांगड़ा 19. रेशम उद्योग–पालमपुर, कांगड़ा, नूरपुर 20. भेड़ पालन–चूड़ी (चंबा) ज्यूरी (शिमला, नगवाई (मंडी), ताल (हमीरपुर), कड़च्छम (किन्नौर) 21. अंगोरा खरगोश पालन–नगवाई (मंडी) पालमपुर (कांगड़ा) 22. मछली पालन–मिलवा (कांगड़ा), जगात खाना (नालागढ़), कटराई (कुल्लू), आलसू (मंडी), चिड़गांव (रोहड़ू), दयोली (बिलासपुर)

लोक नृत्य :

जिला किन्नौर 1. याक लोकनृत्य 2. राक्षस या छम्बा नृत्य 3. गयूक शोन 4. जातरू क्यांग 5. छोहरा नृत्य 6. लांग दारमा 7. झापरो नृत्य 8. बन्यांगछू नृत्य 9. शोन 10. क्यांग नृत्य 11. वक्यांग नृत्य; **जिला कुल्लू:** 1. फिल्ली 2. लाहौली आदि नृत्य शैलियां 3. नाटी नृत्य 4. बन्थड़ा 5. खरेत; **जिला चम्बा:** 1. झमाकड़ा 2. झांझर नृत्य 3. घुराई नृत्य 4. फूल यात्रा नृत्य 5. डांगी, डेपक लोक नृत्य 6. नाटी नृत्य; **जिला मंडी:** 1. जानू जानगह 2. लुड्डी 3. बांठड़ा 4. फीटी घीर 5. नाटी नृत्य; **जिला लाहौल स्पीति:** 1. छाम 2. गार 3. शांद और शबू नृत्य 4. शोन 5. गरीफी 6. दानव नृत्य 7. बुकम 8. याक लोक नृत्य 9. बुजंग; **जिला शिमला:** 1. नाटी नृत्य 2. सीह; **जिला सिरमौर:** 1. पडुआ 2. डांगरा 3. नाटी 4. घी 5. करियाला और स्वांग 6. बुराह नृत्य 7. तेगी 8. झूरी तथा रास नृत्य; **जिला बिलासपुर:** 1. गिद्दा 2. रास नृत्य 3. भक्ति लोक नृत्य 4. स्वांग; **जिला कांगड़ा:** 1. झमाकड़ा 2. गिद्दा

लोकगीत :

जिला चम्बा : 1. फुलमु रांझ 2. कुजुआ और चंचलो 3. राजा-गेद्दण 4. भुनकु गढ़ी 5. सुहीरानी गीत 6. लच्छी आदि; **जिला कांगड़ा :** 1. नुरपुरे दिए खतरेटिए 2. हरि सिंह राजेया 3. सुलिया, टंगोई मेरी जान आदि कांगड़ा के लोकप्रिय गीत हैं। कांगड़ा के विवाह सम्बन्धी गीत घोड़ी तथा दुल्हे के समीपपस्थ सम्बन्धियों पर व्यंग्यात्मक रूप से गाए जाने वाले गीत सिठनिया अति लोकप्रिय हैं। **जिला मण्डी :** 1. निर्मण्डा रीए ब्राह्माणिए 2. मनी रामा पटवाटिया 3. जिया लाला बिंदिए आदि प्रसिद्ध लोकगीत हैं; **जिला बिलासपुर:** 1. गम्भरी 2. बाली 3. झझ्युटी 4. गंगी तथा भ्रातृ-प्रेम से सम्बन्धित गीत मोहना; **जिला शिमला :** 1. लाह्मंण, 2. झूरी, नाटी और हार महासू (शिमला) तथा सिरमौर के प्रसिद्ध लोकगीत हैं।

धार्मिक स्थल :

जिला चम्बा: मणिमहेश, नरसिंह मंदिर, चन्द्रगुप्त मंदिर, कामेश्वर मंदिर, लक्षणा देवी मंदिर, चौरासी क्षेत्र मंदिर तथा चन्द्रशेखर मंदिर; **जिला किन्नौर :** कामरू मंदिर और नागेश्वर

भगवान का मंदिर; **जिला लाहौल-स्पीतिः** त्रिलोकीनाथ मंदिर, शहपुर गोम्पा, 'ताबो' बौद्ध विहार जेमूर 'बौद्ध विहार तथा मृकुला देवी मंदिर (उदयपुर); **जिला ऊनाः** चिन्तपुर्णी, बाबा रुद्रू, जोगी पंगा, संतोखगढ़ और द्रोण शिव मन्दिर; **जिला सोलनः** शूलिनी देवी मंदिर, जखोली माता मंदिर, नारसिंह मन्दिर तथा लुटरू महादेव मन्दिर; **जिला हमीरपुरः** गसोता मंदिर, दियोटसिद्ध, अवाहदेवी, मट्टनसिद्ध, शनिदेव मंदिर (लम्बलू), गौरीशंकर मंदिर, नर्वदेश्वर मंदिर तथा मुरली मनोहर मन्दिर (सुजानपुर); **जिला कुल्लूः** बजौरा में महिषासुर, परशुराम मंदिर तथा हिडिम्बादेवी मंदिर; **जिला सिरमौरः** रेणुका, पौंटा स्थित पतालियां शिव स्थल तथा त्रिलोकपुर; **जिला शिमलाः** संकटमोचन मंदिर, हाटकोटी मंदिर, तारादेवी तथा जाखू मंदिर; **जिला मण्डीः** त्रिलोकीनाथ मंदिर, भूतनाथ मंदिर, बाबा कोट मंदिर, काली देवी, महादेव मंदिर, पंचनाना शिवमंदिर, मंगलेश्वर महादेव मंदिर, माहुनाग मंदिर, शिकारी देवी मंदिर, कामक्षा देवी मंदिर तथा शिव बारादरी; **जिला कांगड़ाः** ज्वालामुखी मंदिर, ब्रजेश्वरी मंदिर, चामुण्डेश्वरी मंदिर, कांगड़ा किले में अवलोकितेश्वर मंदिर, बैजनाथ का शिव मंदिर, महाकाल मन्दिर, त्रिलोकी नाथ मंदिर और नूरपुर का गंगा मंदिर; **बिलासपुरः** श्री रंगनाथ मंदिर, नैना देवी, ब्यास गुफा तथा श्री गोपाल जी मंदिर;

प्रदेश की प्रमुख पुस्तकें एवं उनके लेखक:

पुस्तक का नाम	*लेखक*
1. हिमालय पोल यांडरी	डी.एन. मजूमदार
2. किन्नर देश	राहुल सांकृत्यायन
3. हिमालय परिचय	राहुल सांकृत्यागन
4. हिमाचल प्रदेश अतीत, वर्तमान	देवराज शर्मा
5. किन्नर लोक साहित्य	डॉ० बंशीराम शर्मा
6. हिमालयन बोर्डरलैंड	राम राहुल
7. हिमालयाज एवार्ड ऑफ लाईट	निकोलस रोरिक
8. हिस्ट्री ऑफ पंजाब हिल स्टेट्स	जे० हिटचिंसन
9. ए हिस्ट्री ऑफ मण्डी	विक्रम कायस्थ
10. हिस्ट्री ऑफ मण्डी स्टेट	मनमोहन सिंह
11. हिमालयन डिस्ट्रिक ऑफ कुल्लू एण्ड लाहौल-स्पीति	ए०पी०एफ० हरफोर्ट
12. कांगड़ा पेंटिंग	एम०एस० रंधावा

पुस्तक का नाम	लेखक
13. तारीख ए रियासत सिरमौर	रंजौर सिंह
14. धरती है बलिदान की	शांता कुमार
15. पहाड़ बेगाने नहीं होंगे	शांता कुमार
16. कन्ट्री लाइफ	नौराहा रिचर्डस
17. बिलासपुर की कहानी	अक्षर सिंह
18. कुलूट देश की कहानी	एल०सी० प्रार्थी
19. प्राचीन हिमालय	एल०पी० पाण्डे
20. मुकलसर तवारिख ए रियासत चम्बा	गरीब खान
21. तवारीख वा जुगराफिया रियासत बिलासपुर कहलूर	अक्षर सिंह
22. बिलासपुर पास्ट, प्रेजेन्ट एण्ड फ्यूचर	आनन्द चन्द
23. कामनीय किन्नौर	आर०के कौशल
24. लाईफ ऑफ राजा शमशेर पराशर ऑफ सिरमौर	बाल गोविन्द
25. ट्रेवल्स इन द हिमालयन प्रोविन्सेज ऑफ हिन्दोस्तान	मूरक्राफ्ट
26. तवारिख जुब्बल कोहिस्तान शिमला	भगवान दास
27. हिमाचल के मन्दिर और उनसे जुड़ी कथाएं	एस०आर० हरनोट
28. हिमाचल प्रदेश–इतिहास और परम्परा	डॉ० बी०एस० कपूर
29. हिमाचल प्रदेश प्रकृति का शांत स्वर्ग	एस०एस० शशि
30. हिमालय में किन्नौर	एस०सी० बाजपेयी
31. हिमाचल लोक कला	ओ०सी० हांडा
32. महाराजा संसार चन्द	राजेश्वर नारायण सिंह
33. कांगड़ा बन्दोबस्त रिपोर्ट	जी०सी० बार्नस
34. पहाड़ी चित्रकला	किशोरी लाल वैद्य
35. चन्द्रवंशी और भारत के महाराजाओं की वंशावली या ऐतिहासिक अभिलेख	सोम कृष्ण गौतम
36. अर्की की गोरखा विजय	यू०एस० परमार
37. हिमाचल प्रदेश की अनुसूचित जनजातियां	टी०एस० नेगी

प्रमुख समाचार पत्र

समाचार पत्र	भाषा	समय	स्थान
1. हिमाचल ध्वनि	हिन्दी	पाक्षिक	शिमला
2. हिमाचल ब्रह्मास्त्र	हिन्दी	साप्ताहिक	शिमला
3. हिमाचल स्कूल संचार	हिन्दी	मासिक	कांगड़ा
4. चम्बा न्यूज	हिन्दी	साप्ताहिक	चम्बा
5. हिम रक्षक	हिन्दी	पाक्षिक	जोगिन्दर नगर
6. ऊंचा हिमालय	द्विभाषिक	त्रैमासिक	शिमला
7. हिम सत्ता	हिन्दी	साप्ताहिक	डलहौजी
8. उदय भारत	हिन्दी	दैनिक	शिमला
9. हिम संवाहक	हिन्दी	साप्ताहिक	डलहौजी

प्रमुख शिलालेख तथा ऐतिहासिक किले :

शिलालेख/ऐतिहासिक किले	भवन निर्माणकर्ता	स्थिति
1. रानी का कोट दुर्ग	सेबंत सेन	सुकेत रियासत
2. राबिनगढ़ बाग दुर्ग	वीर प्रकाश (सिरमौर)	रबिन
3. रानीताल बाग	शमशेर प्रकाश	रानीताल
4. रंग महल	विजय चन्द	बिलासपुर
5. पत्थर लेख लोह टिकरी	जसाटा वर्मन	चुराह के निकट (चम्बा)
6. कांगड़ा किला	सुशर्मा	कांगड़ा
7. कमलाह गढ़	सूरज सेन	कमलाह गढ़
8. चम्बा रंग महल	उम्मेद सिंह	चम्बा
9. छातीपुर किला	संसार चन्द	झांझरधार (बिलासपुर)
10. हिन्दूर किला	कल्याण चन्द	हिन्दूर सीमा पर
11. दमदमा महल	सूरज सेन	मंडी
12. मोती महल तथा शीशमहल	फतेह प्रकाश	नाहन (सिरमौर)
13. माऊकोट दुर्ग	सलीमशाह सूर	नूरपुर (कांगड़ा)
14. जातक दुर्ग	रंजौर सिंह	नाहन के निकट
15. तारागढ़ किला	जगत सिंह	चम्बा कस्बा
16. सैचूनाला पत्थर लेख	ललित वर्मन	पांगी (चम्बा)
17. नाहन दुर्ग	कर्म प्रकाश	नाहन (सिरमौर)
18. नगरकोट किला	सुशर्मा	नगरकोट (कांगड़ा)

प्रमुख संस्थान/स्मारक :

संस्थान/स्मारक	स्थान
1. हिमाचल उच्च न्यायालय	शिमला
2. सरदार अजीत सिंह स्मारक	पंजपूला (चम्बा)
3. क्षेत्रीय इंजीनियरिंग महाविद्यालय	हमीरपुर
4. कृषि सहकारिता स्टाफ प्रशिक्षण संस्थान	सांगटी (शिमला)
5. सुकेती फौसिल पार्क	सिरमौर
6. शोभा सिंह आर्ट गैलरी	अन्द्रेटा
7. रोरिक आर्ट गैलरी	नग्गर (कुल्लू)
8. महिमा जिला पुस्तकालय	नाहन
9. लिंटन मैमोरियल	नाहन (सिरमौर)
10. भूरीसिंह म्यूजियम	चम्बा
11. भारतीय उच्च अध्ययन संस्थान	समरहिल (शिमला)
12. युद्ध स्मारक	धर्मशाला (कांगड़ा)
13. हिमाचल प्रदेश अधीनस्थ सेवाएं चयन वोर्ड	हमीरपुर
14. हिमाचल प्रदेश विश्वविद्यालय	शिमला
15. हिमाचल प्रदेश कृषि विश्वविद्यालय	पालमपुर
16. हिमाचल प्रदेश उद्यान व वानिकी विश्वविद्यालय	सोलेन
17. केन्द्रीय आलू अनुसंधान केंद्र	कुफरी (शिमला)
18. इंदिरा गांधी आयुर्विज्ञान संस्थान	शिमला
19. हिमाचल प्रदेश लोक प्रशासन संस्थान	फेयरलांस (शिमला)
20. केंद्रीय विज्ञान एवं औद्योगिक अनुसंधान केंद्र (CSIR)	पालमपुर (कांगड़ा)
21. कृषिक प्रशिक्षण केन्द्र	सुंदर नगर
22. क्षेत्रीय मौन (मुधमक्खी) अनुसंधान केन्द्र	कांगड़ा
23. चिन्माया तपोवन	धर्मशाला (कांगड़ा)
24. सेंट जोंस चर्च	धर्मशाला (कांगड़ा)
25. राज्य म्यूजियम शिमला	शिमला
26. पर्वतारोहण संस्थान	मनाली (कुल्लू)

हिमाचल प्रदेश का इतिहास

1. हिमाचल के इतिहास का प्राचीन काल 500 से 1000 ई॰ तक, मध्यकाल 1000 से 1800 ई॰ तक तथा आधुनिक काल 1800 से 1948 ई॰ तक माना जाता है।

2. हिमाचल की प्राचीनतम रियासत का नाम त्रिगर्त (कांगड़ा) था, जिसका संस्थापक सुशर्मा चन्द था।

3. कांगड़ा रियासत का नाम 'त्रिगर्त' तीन नदियों के बहने के कारण पड़ा था।

4. वैदिक काल में हिमालय का किरात राजा शाम्बार आर्यों के राजा दिवोदास के साथ चालीस साल तक युद्ध करने के बाद अन्त में उदभ्रज नामक स्थान पर मारा गया था।

5. महाभारत में उल्लिखित प्रदेश के चार जनपदों के नाम कुलिन्द, औदुम्बर, त्रिगर्त और कुलूत था।

6. कुल्लू का संस्थापक विहंगमणि पाल था।

7. शिवालिक पहाड़ों की तराई के निवासियों को कुलिन्द कहा जाता था।

8. कुल्लू राज्य की पुरानी राजधानी नग्गर (मुकरसा) थी।

9. वीर चन्द ने कहलूर (बिलासपुर) की स्थापना की थी।

10. कांगड़ा का सबसे बहादुर राजा संसार चन्द (1775-1823) को माना जाता है।

11. आलमपुर की स्थापना आलमचन्द ने की थी।

12. चम्बा की स्थापना राजा मारू बर्मन ने भरमौर में 550 ई॰ में ब्रह्मपुर राज्य के नाम से की थी।

13. चम्बा नगर की स्थापना राजा साहिल वर्मन (920-940) ने अपनी पुत्री चम्पा के नाम पर की थी और उसे राजधानी बनाया था।

14. कांगड़ा के राजा सुशर्म चन्द ने कांगड़ा के किले नगर कोट का निर्माण करवाया था। सुशर्म चन्द महाभारत के युद्ध में कौरवों के पक्ष में लड़ा था।

15. राजा घमंड चन्द ने सुजानपुर की स्थापना की थी।

16. जीतपाल नूरपुर रियासत का संस्थापक था।

17. पौराणिक राजा बाणासुर की राजधानी सराहन थी।

18. प्राचीन काल में शिवालिक पहाड़ों की तराई के निवासियों को कुलिन्द कहा जाता था।

19. कर्म प्रकाश, नाहन शहर का संस्थापक था।

20. बुशैहर राज्य की पुरानी राजधानी का नाम कामरू था।

21. कांगड़ा रियासत पर लगभग पांच सौ शासकों ने शासन किया था।

22. ''दियोरा'' जुब्बल का पुराना नाम था।

23. क्योंथल का संस्थापक गिरीसेन था।

24. 1846 में कुल्लू अंग्रेजों के अधीन आया था।

25. 1942 में सिरमौर में किसान सभा द्वारा पझौता आन्दोलन चलाया गया था।

26. सिरमौर का पझौता आन्दोलन ''भारत छोड़ो आन्दोलन'' का भाग था।

27. ''भाई दो, न पाई दो'' आन्दोलन ''सविनय अवज्ञा आन्दोलन'' का भाग था।

28. धर्मशाला का निर्माण सन् 1846 में अंग्रेजों ने किया था।

29. सन् 1855 में कांगड़ा से मुख्यालय को धर्मशाला लाया गया था।

30. शिमला में 1852 ई॰ में म्यूनिसिपल कमेटी का गठन किया गया था।

31. वर्तमान हिमाचल का जन्म 15 अप्रैल, 1948 को तीस पहाड़ी रियासतों के विलय के बाद हुआ था। जिन रियासतों का इस दिन विलय हुआ था उनके नाम निम्नलिखित हैं–

1. चम्बा	2. मण्डी	3. सुकेत	4. बुशैहर
5. खनेती	6. देलथ	7. क्योंथल	8. कोटी
9. ठियोग	10. मधान	11. घुण्ड	12. रतेस
13. बाघल	14. बघात	15. जुब्बल	16. रवीन
17. कुमारसेन	18. भज्जी	19. मेहलोग	20. धामी
21. कुथार	22. कुनिहार	23. मंगल	24. बेजा
25. दरकोटी	26. सिरमौर	27. थरोच	28. संगारी
29. डाढी	30. बलसन ।		

32. 15 अप्रैल, 1948 को हिमाचल में केवल चार जिले थे जबकि वर्तमान में 12 जिले हैं।

33. सन् 1948 में हिमाचल का क्षेत्रफल 27,169 किमी. था। सन् 1954 में बिलासपुर का हिमाचल में विलय किया गया।

34. सन् 1966 में हिमाचल का पुनर्गठन कर कुल्लू कांगड़ा, शिमला, होशियारपुर के पहाड़ी क्षेत्रों तथा गुरदासपुर के डलहौजी क्षेत्र का इसमें विलय किया गया।

35. वर्तमान समय में हिमाचल प्रदेश का क्षेत्रफल 55,673 वर्ग किमी. है।

36. 25 जनवरी, 1971 को हिमाचल प्रदेश को पूर्ण राज्य का दर्जा दिया गया।

37. हिमाचल दिवस प्रतिवर्ष 15 अप्रैल को मनाया जाता है।

38. 1978 ई॰ को कृषि विश्व विद्यालय पालमपुर की स्थापना हुई थी।

39. हिमाचल की 1951 में गठित प्रथम विधान सभा में 36 सदस्य थे।

40. हिमाचल में प्रशासनिक ट्रिब्यूनल के प्रथम अध्यक्ष न्यायमूर्ति हीरा सिंह ठाकुर थे।

41. हिमाचल प्रदेश के प्रथम मुख्यमंत्री डा. यशवन्त सिंह परमार (मार्च, 1952) थे।

42. 25 जनवरी, 1971 को हिमाचल में तीन सदस्यों वाले उच्च न्यायालय की स्थापना हुई थी। वर्तमान में यहाँ न्यायाधीशों की संख्या 10 है।

43. मिर्जा हमीदुल्ला बेग प्रदेश के प्रथम मुख्य न्यायाधीश थे।

44. प्रदेश के प्रथम राज्यपाल श्री एस. चक्रवर्ती तथा प्रथग उपराज्यपाल श्री टिम्मत सिंह थे।

45. 8 अप्रैल, 1971 को हिमाचल प्रदेश लोकसेवा आयोग का गठन किया गया था।

46. कश्मीर सिंह कटोच हिमाचल प्रदेश लोक सेवा आयोग के प्रथम अध्यक्ष थे।

47. एम. सी. मेहता हिमाचल के प्रथम मुख्य आयुक्त थे।

48. 23 मार्च, 1952 को श्री एन. सी. नन्दी ने विधान सभा के प्रथम सचिव का कार्यभार संभाला था।

49. हिमाचल की तिब्बत से लगने वाली अन्तर्राष्ट्रीय सीमा लगभग 500 किमी. है।

50. हिमाचल प्रदेश की राजधानी शिमला है।

हिमाचल की ऐतिहासिक तिथियां

630 — बिलासपुर व हादुर का युद्ध।

1009 — महमूद गजनवी का कांगड़ा किले पर आक्रमण।

1365 — फिरोजशाह तुगलक का कांगड़ा व ज्वालामुखी पर आक्रमण।

1399 — तैमूरलंग का पहाड़ी रियासतों को लूटना।

1620 — जहांगीर का कांगड़ा पर अधिकार

1686 — भंगाणी की लड़ाई गुरु गोविन्द सिंह और बिलासपुर के राजा भीमचंद और उसके समधी राजा फतेहशाह (श्रीनगर गढ़वाल) के मध्य। इसमें गुरु गोविन्द सिंह की विजय हुई।

1783 — राजा संसारचन्द का मुगल सरदार सफी खां की मृत्यु के बाद कांगड़ा जिले पर कब्जा।

1786 — नेरटी शाहपुर का युद्ध

1805 — गोरखों का अमर सिंह थापा के सेनापतित्व में कांगड़ा किले पर घेरा (1809 ई० में महाराणा रणजीत सिंह से हारने के बाद उन्होंने यह घेरा उठाया)

1809 — महाराणा रणजीतसिंह का कांगड़ा पर कब्जा और देसा सिंह मजीठिया को नाज़िम मुकर्रर करना।

1814-15 — गोरखा अंग्रेज युद्ध (शिमला हिल स्टेट्स के राज्यों पर अंग्रेजों का आधिपत्य हो गया)।

1846 — गोरखा सिख सन्धि (इसके बाद कांगड़ा आदि के क्षेत्र अंग्रेजों के अधीन आ गये)

1857 — जतोग विद्रोह (सूबेदार भीम सिंह के नेतृत्व में सेना ने किया)

1876 — हण्डूर (नालागढ़) जनता विद्रोह (वजीर गुलाम कादिर की धांधलियों के विरुद्ध हुआ)।

1883 — बिलासपुर (कहलूर) में जुग्गा आन्दोलन (इसमें लोग अपने शरीर पर घास-फूंस बांधकर आत्मदाह कर लेते थे)।

1895 — भटियात जनता विद्रोह (चम्बा रियासत के अत्याचार के विरुद्ध हुआ)

1909-10 — मण्डी जनता विद्रोह (राजा व वजीर पाधा जीवानन्द की धांधलियों के विरुद्ध हुआ)।

1930	—	डांडरा आन्दोलन (बिलासपुर में राजा के कर्मचारियों की धांधलियों के विरुद्ध हुआ।
1938	—	ऑल इण्डिया स्टेट पीपल्स कांफ्रेंस (लुधियाना में हुई जिसके शीघ्र बाद शिमला हिल स्टेट्स हिमाचल रियासती प्रजामंडल की स्थापना हुई।
16 जुलाई, 1939	—	धामी गोली कांड
1942	—	सिरमौर रियासत में पझौता आन्दोलन।
8-10 मार्च, 1946	—	मण्डी कान्फ्रेंस
26 जन., 1948	—	हिमाचल प्रदेश में अस्थाई सरकार की स्थापना।
26-28 जन., 1948	—	सोलन सम्मेलन।
18 फरवरी, 1948	—	सुकेत सत्याग्रह।
15 अप्रैल, 1948	—	हिमाचल प्रदेश का जन्म (मुख्यायुक्त प्रान्त व 1951 से 'ग' भाग राज्य)।
1 मार्च, 1952	—	मुख्यायुक्त के स्थान पर उप-राज्यपाल की नियुक्ति
24 मार्च, 1952	—	हिमाचल प्रदेश में प्रथम लोकप्रिय सरकार व विधान सभा की स्थापना।
1 जुलाई, 1954	—	''ग'' भाग के राज्य बिलासपुर को हिमाचल प्रदेश में पांचवें जिले के रूप में शामिल किया गया।
1 नवम्बर, 1956	—	लोकप्रिय सरकार की समाप्ति करके हिमाचल प्रदेश को केन्द्र-शासित प्रदेश बनाया गया।
15 अगस्त, 1957	—	क्षेत्रीय परिषद की स्थापना जिसके अध्यक्ष ठाकुर कर्म सिंह चुने गये।
1 जुलाई, 1963	—	क्षेत्रीय परिषद का हिमाचल प्रदेश विधान सभा में परिवर्तन और लोकप्रिय सरकार की पुनर्स्थापना।
1 नवम्बर, 1966	—	पंजाब के पुनर्गठन पर पंजाब से कांगड़ा आदि क्षेत्र हिमाचल प्रदेश को मिलने पर हिमाचल प्रदेश विशाल बना।
25 जनवरी, 1971	—	हिमाचल प्रदेश देश का 18वां पूर्ण राज्य बना।
1971	—	हिमाचल प्रदेश में उच्च न्यायालय, लोकसेवा आयोग व विश्वविद्यालय की स्थापना की गई।
1 सितम्बर, 1972	—	जिलों का पुनर्गठन किया गया।

प्रदेश के मंडल, जिले, उपमंडल, तहसील एवं उपतहसील

प्रदेश में कमिश्नरी या मंडल

1. **शिमला मंडल**—इस मंडल में शिमला, सोलन, किन्नौर व सिरमौर जिले शामिल हैं।
2. **धर्मशाला मंडल**—इस संगठन में चम्बा, कांगड़ा व ऊना जिले शामिल हैं।
3. **मंडी मंडल**—इस मंडल में मंडी, हमीरपुर, बिलासपुर, लाहौल-स्पीति व कुल्लू जिले शामिल हैं।

जिला अनुसार ब्योरा (31-3-2018 तक)

जिला	उपमंडल	तहसील	उपतहसील
1. मण्डी	गोहर जोगिन्दर नगर मण्डी करसोग सरकाघाट धर्मपुर सुंदर नगर पद्दर बल्ह, जन्झैली	गोहर, जोगिंदर नगर, करसोग, मण्डी, लड़भडोल, पद्दर, बल्ह, थुनग, सरकाघाट, सुंदर नगर, कोटली, औट, निहारी, बल्दवाड़ा, संधोल, धर्मपुर, बालीचौकी	कोटला डैहर टिक्कन टिहरा भडरोटा चतरी पंगना रिवाल्सर
2. किन्नौर	कल्पा निचार पूह	कल्पा, मोरंग, पूह, निचार, सांगला	हांगरांग टापरी
3. शिमला	चौपाल डोडरा-क्वार रामपुर रोहणू ठियोग शिमला (शहरी) शिमला (ग्रामीण) कुमारसेन	चौपाल, चीड़गाँव, जुब्बल, डोडरा, कोटखाई, कुमारसेन, रामपुर, रोहणू, सुन्नी, ठियोग, शिमला (शहरी), शिमला (ग्रामीण), कुपवी, नेरवा, ननखड़ी	जुन्गा जांगला टकलेच टिक्कर कोटगढ़ देहा धामी जलोग, सराहन, सरस्वती नगर

जिला	उपमंडल	तहसील	उपतहसील
4. चम्बा	भरमौर चम्बा पांगी भटियाल डलहौजी चुराह सलूणी	भरमौर, भटियात, चम्बा, पांगी, चुराह, सलूणी, डलहौजी, सिंहुता	भलेई होली धरवाला पुखरी ककीरा
5. ऊना	अम्ब ऊना हरोली बंगाणा	अम्ब, बंगाणा, ऊना, हरोली, घनारी	भरवैन जोल ईशपुर डुलेहर बिहरूकालान भेटपुर बासडेरा गगरेट
6. सोलन	अर्की कण्डाघाट सोलन नालागढ़	अर्की, कण्डाघाट, सोलन, कसौली, नालागढ़, बद्दी, रामशहर	कुनिहार मामलिग कृष्णगढ़ डरलाघाट पंजेहरा
7. काँगड़ा	बैजनाथ देहरा धर्मशाला जयसिंहपुर ज्वाली काँगड़ा नूरपुर पालमपुर ज्वालामुखी फतेहपुर नागरोटा बागवां शाहपुर धीरा इंदौरा	बैजनाथ, बरोह, देहरा, धर्मशाला, फतेहपुर, इंदौरा, जयसिंहपुर, ज्वालामुखी, ज्वाली, जस्वान कोटला, काँगड़ा, खुडियां, नागरोटा बांगवा, नूरपुर, पालमपुर, रक्कड़, शाहपुर, मुल्थान, डाडा सीबा	हारचक्कियाँ थुरल पंचरूखी हरिपुर गंगथ छड़ियार कोटला नगरोटा सूरियाँ ड्रीनी धीरा आलमपुर भारवाना प्रागपुर माजहिन लागरू

जिला	उपमंडल	तहसील	उपतहसील
8. हमीरपुर	बड़सर भोरंज नादौन हमीरपुर सुजानपुर	भोरंज, बड़सर, सुजानपुर, हमीरपुर नादौन, बमसन, धातवाल (बिझड़ी) गलौर	कांगू भोटा
9. कुल्लू	आनी बंजार कुल्लू मनाली	बंजार, कुल्लू, मनाली, निर्मण्ड, भुंतर, आनी	सैंज निथार
10. बिलासपुर	बिलासपुर घुमारवीं श्री नैनादेवीजी झण्डुती	बिलासपुर घुमारवीं झण्डुता श्री नैनादेवी	भराणी नम्होल कलोल
11. सिरमौर	नाहन राजगढ़ शिलाई संगडाह पौंटा साहिब	नाहन पच्छाद संगडाह राजगढ़, शिलाई पौंटा साहिब ददाहू नोहराधार, कमराऊ	रोनहाट पझैता नारग हरिपुर धार
12. लाहौल- स्पीति	काजा केलांग उदयपुर	काजा केलांग	उदयपुर
कुल 12	**71**	**105**	**64**

वस्तुनिष्ठ प्रश्नावली

ऐतिहासिक पृष्ठभूमि

1. निम्न में से वह शासक वंश, जिसे ऋग्वेद में वर्णित 'कठ' का वंशज माना जाता है–
A. सिरमौर के प्रकाश वंश को
B. कांगड़ा के कटोच वंश को
C. कुल्लू के पाल वंश को
D. बिलासपुर के चंदेल वंश को

2. निम्न में से किस राज्य/रियासत के इतिहास में 'किर' जाति का वर्णन एक खूंखार, जंगली तथा मूर्तिभंजक के रूप में मिलता है?
A. कांगड़ा   B. चंबा
C. सिरमौर   D. बिलासपुर

3. पाणिनी के 'अष्टाध्यायी' एवं 'विष्णु' व 'मार्कण्डेय' पुराणों में निम्न में से किसे 'उदम्बर' राज्य कहा गया है?
A. कांगड़ा   B. बिलासपुर
C. सिरमौर   D. कुल्लू

4. प्राचीन समय में चंबा रियासत का मुख्यालय कहां था?
A. ब्रह्मपुर   B. सलूनी
C. चंबा   D. पांगी

5. निम्न में से कौन-सा जोड़ा सही नहीं है?
A. महाराजा रणजीत सिंह की मृत्यु के बाद सिख सेनाओं का मंडी रियासत पर आक्रमण–1840 ई. में
B. राजा कर्ण प्रकाश ने नाहन को राजधानी बनाया–1921 ई. में
C. बुशहर राज्य की राजधानी कामरू से सराहन स्थानांतरित–10वीं शताब्दी में
D. बुशहर के अंतिम राजा पद्म सिंह का तिलकाभिषेक बिलासपुर के राजा विजय चंद के द्वारा सम्पन्न–1914 ई. में

6. निम्न में से किसे प्राचीनकाल में 'धर्मगिरी' नाम से जाना जाता था?
A. मंडी   B. धर्मशाला
C. बिलासपुर   D. नूरपुर

7. कांगड़ा किला और किस-किस नाम से जाना जाता है?
A. नगरकोट
B. भीमकोट
C. A एवं B दोनों
D. इनमें से कोई नहीं

8. प्राचीन समय में निम्न में से किसे 'प्रतिष्ठानपुर' के नाम से जाना जाता था?

A. रामपुर   B. पठानकोट
C. पालमपुर   D. बिलासपुर

9. कौरवों और पाण्डवों के गुरू द्रोणाचार्य का संबंध निम्न में से किस स्थान से है?

A. कुल्लू   B. सुन्दरनगर
C. नादौन   D. गगरेट

10. संसप्तकों ने अभिमन्यु को चक्रव्यूह से बाहर नहीं आने दिया था। संसप्तकों का संबंध हिमाचल प्रदेश के निम्न में से किस रियासत से था?

A. चंबा   B. कुल्लू
C. कांगड़ा   D. सिरमौर

11. धर्मशाला में निम्न में से किस अंग्रेज गवर्नर-जनरल/वायसराय की समाधि है?

A. लार्ड लारेंस   B. लार्ड एल्गिन
C. लार्ड डलहौजी   D. लार्ड ऑकलैंड

12. सुकेत राज्य/रियासत का सबसे शक्तिशाली राजा निम्न में से कौन हुआ?

A. रत्न सेन   B. साहू सेन
C. मदन सेन   D. अजबर सेन

13. मंडी रियासत के बाणसेन का पुत्र कल्याण सेन ने अपनी राजधानी निम्न में से कहाँ बनाई थी?

A. पुरानी मंडी
B. भ्यूली
C. नेर चौक
D. वर्तमान मंडी शहर

14. निम्न में से किसे हमीरपुर का संस्थापक कहा जाता है?

A. हमीरचंद   B. घमण्डचंद
C. संसारचंद   D. हरिचंद

15. महाभारत के युद्ध में कांगड़ा के किस कटोच वंशीय राजा ने कौरवों की तरफ से भाग लिया था?

A. गणेशचंद ने   B. जगतचंद ने
C. सुशर्माचंद ने   D. सचेंद्र ने

16. कांगड़ा की राज वंशावली में जसवां, गुलेर, डाडासिवां क्रमशः 12वीं, 13वीं और 15वीं शताब्दी में अलग अस्तित्व में आ गए। दातारपुर का चौथा और अंतिम राजघराना पृथक किस शताब्दी में हुआ?

A. 16वीं   B. 17वीं
C. 18वीं   D. 15वीं

17. प्रसिद्ध शासक संसारचंद की मृत्यु किस वर्ष हुई?

A. 1823 में   B. 1723 में
C. 1923 में   D. 1623 में

18. निम्न में से कौन अकबर का समकालीन था?

A. इंदुचंद   B. धर्मचंद
C. आत्मचंद   D. भूमिचंद

19. सुकेत रियासत के शासक मदन सेन की मृत्यु के पश्चात् धीरे-धीरे इस रियासत के भाग मंडी रियासत में मिलते चले गए। मंडी के 12वें शासक बाणसेन ने अपनी राजधानी कहां बनाई थी?

A. बल्ह
B. भ्यूली

C. पुरानी मंडी

D. वर्तमान मंडी शहर

20. निम्न में से असत्य कथन की पहचान कीजिए–

A. घमण्डचंद ने गुलेर राज्य को 1758 ई. में अपने अधीन ले लिया था

B. गुलेर के कोटला इलाके को 1785 ई. में वजीर ध्यान सिंह ने हथिया लिया था

C. चीनी यात्री ह्येनसांग के 635 ई. में कांगड़ा यात्रा के समय वहां का शासक उत्तीतो था

D. जसवान राज्य की स्थापना सुमार्चंद ने की

21. ‘वजीर’ मेहता प्रेमचंद का संबंध किस रियासत से था?

A. सिरमौर B. जुब्बल

C. सुकेत D. कांगड़ा

22. अहमदशाह दुर्रानी ने घमंडचंद को पंजाब का गवर्नर कब नियुक्त किया था?

A. 1719 में B. 1959 में

C. 1859 में D. 1901 में

23. हरिचंद ने गुलेर राज्य की स्थापना किस वर्ष की थी?

A. 1505 में B. 1605 में

C. 1705 में D. 1405 में

24. महलमोरिया नामक ऐतिहासिक स्थल जहां राजा संसारचंद एवं गोरखों के बीच युद्ध हुआ था, कहां स्थित है?

A. चंबा B. शिमला

C. कांगड़ा D. हमीरपुर

25. निम्न में से असत्य कथन की पहचान कीजिए–

A. कांगड़ा के शासक सुशर्मा चंद ने महाभारत की लड़ाई में कौरवों का साथ दिया था

B. शम्बर राजा किरात ने आर्यों के राजा दिवोदास के साथ युद्ध लड़ा था

C. कुल्लू का उल्लेख (कुलूत देश के रूप में) रामायण, महाभारत तथा विष्णु पुराण में मिलता है

D. दंत कथाओं में किन्नरों का पहला राजा सुशर्मा चंद बताया गया है

26. निम्न में से कौन-सा हिमाचल प्रदेश का सबसे प्राचीन प्रांतीय राज्य है?

A. कुलूत B. हिन्दूर

C. त्रिगर्त D. माण्डू

27. कल्हणकृत ‘राजतरंगिणी’ में कांगड़ा के किस शासक का वर्णन मिलता है?

A. संसारचंद B. सुशर्माचंद

C. हमीरचंद D. हरिचंद

28. शुभ वंश प्रकाश जिसका नाम बदनसिंह भी माना जाता है, ने सिरमौर राज्य की स्थापना किस वर्ष की थी?

A. 995 ई. में B. 1195 ई. में

C. 1795 ई. में D. 1905 ई. में

29. नूरपुर के किस शासक को बैरम खां द्वारा 1558 में बंदी बनाकर लाहौर ले जाकर मौत के घाट उतार दिया गया?

A. पहाड़ीमल B. बख्त पाल

C. कैलाश पाल D. काकहो पाल

30. नाहन नगर की नींव किस शासक ने रखी थी?
A. शुभ प्रकाश
B. राजेंद्र प्रकाश
C. कीर्ति प्रकाश
D. कर्म प्रकाश

31. निम्न में से किस राज्य के संस्थापक के ब्राह्मण होने का आभास मिलता है?
A. भंगहाल
B. सिरमौर
C. कांगड़ा
D. कुल्लू

32. कालसी, नेरी तथा राजबन निम्न में से किस रियासत/राज्य की राजधानी रही है?
A. बिलासपुर
B. सिरमौर
C. मंडी
D. ऊना

33. महाराजा रणजीत सिंह ने निम्न में से किसे पहाड़ी राज्यों का नाजिम नियुक्त किया था?
A. साहिब सिंह शेखों
B. देसा सिंह मजीठिया
C. सरदार गुरूबख्श सिंह
D. चंदन सिंह

34. बिलासपुर रियासत का अंतिम शासक निम्न में से कौन था?
A. हीरा चंद
B. अमर चंद
C. आनंद चंद
D. विजय चंद

35. शौनपुर में निम्न में से किस राज्य की राजधानी होने का ऐतिहासिक साक्ष्य मिलता है?
A. कांगड़ा
B. बिलासपुर
C. सिरमौर
D. चंबा

36. कुल्लू राज्य का 'पाल वंश' काफी लंबे समय तक अस्तित्व में रहा। यह राजवंश कितने सौ वर्ष तक अस्तित्व में रहा?
A. 1000 वर्ष
B. 1500 वर्ष
C. 2000 वर्ष
D. 2500 वर्ष

37. विशाखदत्त कृत नाटक मुद्राराक्षस, चीनी यात्री ह्वेनसांग एवं कल्हण कृत राजतरंगिणी द्वारा निम्न में से किस राज्य का उल्लेख किया गया है?
A. मंडी
B. कुल्लू
C. कांगड़ा
D. सिरमौर

38. निम्न में से किस शासक ने 1527 ई. में मंडी शहर की स्थापना की थी?
A. रूप सेन
B. ललित सेन
C. ईश्वर सेन
D. अजबर सेन

39. महाभारतकालीन योद्धा घटोत्कच का जन्म निम्न में से किस स्थान पर हुआ था?
A. सिरमौर जिला के रेणुका में
B. कुल्लू जिला के डूंगरी में
C. शिमला जिला के बलसन में
D. मंडी जिला के घागस में

40. हिमाचल प्रदेश की वह रियासत जिसके योद्धाओं ने कौरवों की ओर से महाभारत के युद्ध में भाग लिया था?
A. कांगड़ा
B. बिलासपुर
C. सिरमौर
D. मंडी

41. कांगड़ा का निम्न में से वह शासक जो अपनी क्रूरता के बावजूद जनता में लोकप्रिय था?
A. लक्ष्मीचंद
B. घमंडचंद
C. संसारचंद
D. हरिचंद

42. मंडी के अल्प वयस्क शासक ईश्वरी सेन को सुजानपुर टीहरा में कांगड़ा के किस शासक ने 12 वर्ष तक कैद करके रखा था?
A. घमंडचंद
B. संसारचंद
C. हमीरचंद
D. हरिचंद

43. 18वीं सदी के उत्तरार्द्ध में कांगड़ा पर आक्रमण करनेवाला प्रथम सिख सेनानायक निम्न में से कौन था?

A. बंदा बहादुर B. बख्तावर सिंह
C. जयसिंह कन्हैया D. हरिसिंह नलवा

44. वीरसेन को निम्न में से किस राज्य का संस्थापक माना जाता है?

A. मंडी
B. सुकेत
C. कांगड़ा
D. इनमें से कोई नहीं

45. निम्न में से सत्य कथन की पहचान कीजिए–

A. सुकेत मंडी का भाग था
B. मंडी सुकेत का भाग था
C. दोनों राज्य पहले से ही स्वतंत्र थे
D. दोनों में कोई संबंध नहीं था

46. मंडी राज्य की नींव लगभग कब रखी गई थी?

A. 400 ई. में B. 600 ई. में
C. 800 ई. में D. 1000 ई. में

47. निम्न में से किस स्थान पर मंडी राज्य/रियासत की नींव रखी गई थी?

A. सुकेत B. हाट गांव
C. मंडी D. पुरानी मंडी

48. कांगड़ा के एक शासक ने अपनी राजधानी में विशाल दरबार भवन का निर्माण कराया जिसमें प्रत्येक ओर ग्यारह दरवाजे थे, इसमें प्रत्येक शासक के प्रवेश के लिए निर्धारित दरवाजा था। उस शासक का नाम क्या था?

A. फूलनचंद B. हेमूचंद
C. संसारचंद D. हमीरचंद

49. चंबा नगर का संस्थापक निम्न में से कौन था?

A. मुशन वर्मन B. मेरू वर्मन
C. साहिल वर्मन D. पृथ्वी सिंह

50. संसारचंद ने गोरखों से छुटकारा पाने के लिए किसकी सहायता ली थी?

A. सिखों की
B. अंग्रेजों की
C. पहाड़ी राजाओं की
D. इनमें से कोई नहीं

51. कांगड़ा किले का निर्माण निम्न में से किसने करवाया था?

A. संसारचंद B. उम्मेदसिंह
C. भक्तमाल D. सुशर्माचंद

52. चंबा की रानी की याद में कौन-से मेले का आयोजन किया जाता है?

A. सूही का मेला
B. लवी का मेला
C. रिवालसर का मेला
D. नैना देवी का मेला

53. जहांगीर ने गुलेर के किस राजा को 'बहादुर' की उपाधि से सन् 1620 ई. में अलंकृत किया था?

A. रूपचंद B. दीपचंद
C. भीमचंद D. दोषचंद

54. गुलेर रियासत के विषय में असत्य कथन की पहचान कीजिए–

A. 1572 ई. में जगदीश चंद गुलेर का राजा था जब अन्य पहाड़ी रियासतों ने मुगल सत्ता के विरुद्ध विद्रोह कर दिया था
B. 1846-76 ई. तक गुलेर पंजाब के सिख राज्य का भाग था

C. रघुनाथ सिंह (1790-1811 ई.) गुलेर रियासत के अंतिम राजा थे

D. गुलेर रियासत की स्थापना में घमंड चंद ने महत्त्वपूर्ण भूमिका निभाई

55. सूची–I और सूची–II को सुमेलित कीजिए तथा नीचे दिए गए कूट से अपना उत्तर चुनिए–

सूची–I	सूची–II
(a) 1786-1806 ई. के बीच सिब्बा राज्य अधीन था	1. नदौन
(b) 1846-1868 ई. के बीच हमीरपुर तहसील का मुख्यालय था	2. नगरकोट
(c) 1009 ई. में महमूद गजनवी द्वारा राजा जगदीश चंद के राज्य पर आक्रमण किए गए भाग का नाम था	3. कांगड़ा
(d) तैमूरलंग द्वारा अलनचंद के समय लूटे गए रियासत का नाम था	4. हिंदूर (वर्तमान नालागढ़)

कूटः

	(a)	(b)	(c)	(d)
A.	3	1	2	4
B.	1	2	3	4
C.	2	1	3	4
D.	4	1	2	3

56. निम्न में से कौन-सा कथन बिलासपुर के शासकों के विषय में सही नहीं है?

A. 1809 ई. में महानचंद ने गोरखों को कांगड़ा पर आक्रमण करने के लिए प्रोत्साहित किया

B. खड़कचंद की मृत्यु चेचक रोग से हुई थी तथा उसका शासनकाल अकुशलता के लिए प्रसिद्ध था

C. 1656 ई. में राजा दीपचंद को नादौन में कांगड़ा के राजा ने जहर दे दिया था

D. कल्याणचंद ने हिंदूर की सीमा पर किले का निर्माण नहीं किया

57. 'महल मोरिया' नामक स्थान पर राजा संसारचंद के साथ किसका युद्ध हुआ था?

A. गोरखों का

B. चंबा के राजकुमार का

C. बिलासपुर के शासक का

D. हमीरचंद का

58. चंबा रियासत के उस शासक का क्या नाम था जिसने अपनी बेटी के नाई प्रेमी को वजीर के पद पर नियुक्त कर दिया था?

A. उदय सिंह   B. लक्ष्मण सिंह

C. शाम सिंह   D. उगार सिंह

59. सिरमौर राज्य की स्थापना 1195 ई. में राजा शुभ प्रकाश के समय में हुई। उस समय सिरमौर की राजधानी थी–

A. कलसी   B. खनेटी

C. जुब्बल   D. राजबन

60. भरमौर का पुराना नाम निम्न में क्या था?

A. ब्रह्मपुर   B. चंबा

C. ब्रह्मनगर   D. चंपा नगर

61. चंबा राज्य की स्थापना कब हुई थी?
A. 550 ई. में   B. 650 ई. में
C. 750 ई. में   D. 850 ई. में

62. कोट कहलूर किले का निर्माण लगभग किस वर्ष हुआ?
A. 894 ई.   B. 994 ई.
C. 1094 ई.   D. 794 ई.

63. हिमाचल प्रदेश के अनार्य राजा शंबर का किस आर्य राजा से अनेक बार युद्ध हुआ था?
A. दुगेन्द्र   B. दिवोदास
C. शशांक   D. पृथु

64. निम्न में से किस शासक को सात धारों का स्वामी कहा जाता था?
A. बिलासपुर   B. कांगड़ा
C. सिरमौर   D. चंबा

65. चंबा रियासत के संस्थापक राजा मेरू को निम्न में से किसका वंशज माना जाता है?
A. बंगाल के शासक
B. राजस्थान के शासक
C. भंगाहाल के शासक
D. सूर्य वंश तथा राजा रामचंद्र का वंशज

66. सिरमौर रियासत के अधिकतर भू-भाग को प्राचीनकाल में किस नाम से जाना जाता था?
A. कुलिन्द जनपद
B. त्रिगर्त जनपद
C. कुमाऊँ जनपद
D. कुल्लू जनपद

67. निम्न में से किस शासक का संबंध सिरमौर रियासत से नहीं रहा है?
A. कीर्ति प्रकाश   B. अमर प्रकाश
C. शुभ प्रकाश   D. हरिचंद

68. महाभारत में कांगड़ा राज्य का किस नाम से उल्लेख मिलता है?
A. कुल्लूत
B. किरग्राम
C. त्रिगर्त
D. इनमें से कोई नहीं

69. 'रानी का ताल' जिसका आज भी महत्व है, किस रियासत के भाग रहे हैं?
A. चंबा   B. रामपुर
C. मंडी   D. सिरमौर

70. सिब्बा रियासत की नींव किस वर्ष रखी गई थी?
A. 1450 ई. में   B. 1550 ई. में
C. 1650 ई. में   D. 1750 ई. में

71. दातारपुर राज्य का निर्माण निम्न में से किस रियासत से माना जाता है?
A. कांगड़ा   B. गुलेर
C. सिबा   D. बिलासपुर

72. 'बीड़' निम्न में से किस राज्य की राजधानी रही है?
A. गुलेर   B. कांगड़ा
C. भंगाहाल   D. दातारपुर

73. पहाड़ी राजघरानों में सबसे लंबा इतिहास किस रियासत का रहा है?
A. सिरमौर   B. मंडी
C. सुकेत   D. कांगड़ा

74. सूची–I और सूची–II को सुमेलित कीजिए तथा नीचे दिए गए कूट से अपना उत्तर चुनिए–

सूची–I

(a) कांगड़ा तथा हमीरपुर को पहली बार ब्रिटिश अधिकार क्षेत्र में लाया गया

(b) नुरपुर के राजा जगत सिंह तथा चंबा के राजा जनार्दन के बीच युद्ध लड़ा गया

(c) मान पाल भंगाल राज्य का अंतिम राजा बना

(d) केहरी सिंह के बाद महेंद्र सिंह रामपुर बुशहर का राजा बना

सूची–II

1. 1623 ई. में
2. 1811 ई. में
3. 1846 ई. में
4. 1749 ई. में

कूटः

	(a)	(b)	(c)	(d)
A.	3	1	4	2
B.	2	1	3	4
C.	1	2	3	4
D.	4	2	3	1

75. कांगड़ा का शासक संसारचंद अपनी वंशावली के गणना क्रम में कौन-सा शासक था?
A. 300वां
B. 401वां
C. 450वां
D. 481वां

76. निम्न में से किस वंश का नाम कांगड़ा के इतिहास से संबद्ध रहा है?
A. कटोच
B. पठानिया
C. गुलेरिया
D. ठाकुर

77. बिलासपुर रियासत/राज्य को ब्रिटिश साम्राज्य में कब मिला दिया गया?
A. 1947 ई. में
B. 1847 ई. में
C. 1647 ई. में
D. 1547 ई. में

78. कांगड़ा पर चढ़ाई करने के लिए गोरखों को किस राजा ने बुलाया था?
A. मोहन सिंह
B. संसारचंद
C. ईश्वरी सेन
D. सिद्ध सेन

79. निम्नलिखित शासकों में से कौन-सा बिलासपुर का शासक नहीं रहा है?
A. अमर चंद
B. आनंद चंद
C. खड़ग चंद
D. राजेन्द्र प्रकाश

80. निम्न में से वह व्यक्ति जिसने स्पीति के मठों को जला दिया था–
A. दिलावर सिंह
B. जोरावर सिंह
C. सरदार मजीठिया
D. सरदार सूचा सिंह

81. मुगल शासक औरंगजेब ने बिलासपुर के किस शासक को सेनापति बनाकर उत्तर-पश्चिमी सीमा प्रांत की ओर भेजा था?
A. दीप चंद
B. आनंद चंद
C. अमर चंद
D. हीरा चंद

82. अजबर सेन ने 1527 ई. में वर्तमान मंडी की नींव रखी थी, इससे पूर्व यह स्थान किसके शासन में था?
A. कांगड़ा राज्य
B. सिंघयाना के राणा गोकुल
C. सुकेत राज्य
D. कुल्लू राज्य

83. निम्न में से किस वंश का नाम सुकेत के इतिहास से संबद्ध रहा है?
A. सेन   B. कटोच
C. सिसोदिया   D. राणा

84. ईरान (फारस) के सम्राट नादिरशाह ने बिलासपुर के किस शासक को बंदी बनाया था?
A. देवी चंद   B. जगत चंद
C. हीरा चंद   D. विजय चंद

85. पद्मसंभव का नाम किस झील के साथ जोड़ा जाता है?
A. रिवालसर झील   B. पराशर झील
C. खजियार झील   D. रेणुका झील

86. सुकेत राज्य की नींव लगभग कब रखी गई?
A. 570 ई.   B. 770 ई.
C. 970 ई.   D. 1270 ई.

87. बिलासपुर के निम्न में से किस शासक के काल में सतलज नदी का पानी 45 दिन तक पहाड़ से नहीं गिरा था?
A. खड़ग चंद   B. देवी चंद
C. महान चंद   D. वीर चंद

88. धमेड़ी नाम से प्रसिद्ध पहाड़ी रियासत का नया नाम निम्न में से है–
A. धर्मशाला   B. नूरपुर
C. नगरकोट   D. धामी

89. सुकेत राज्य का आधुनिक नाम वर्तमान में क्या है?
A. सुंदरनगर   B. करसोग
C. बिलासपुर   D. मंडी

90. सिरमौर रियासत के निम्न में से किस शासक ने 1217 ई. में अपनी राजधानी राजबन से कलसी स्थानांतरित की थी?
A. उदित प्रकाश   B. बोध प्रकाश
C. शुभ प्रकाश   D. जोरवार प्रकाश

91. निम्न में से किस वर्ष ठियोग, कोटी, मधान तथा घूण्ड को कियोंथल रियासत के तहत लाया गया?
A. 1823 ई.   B. 1850 ई.
C. 1890 ई.   D. 1923 ई.

92. 'बघाट' रियासत के अंतिम शासक का नाम था–
A. दुर्गा सिंह   B. महेंद्र सिंह
C. दलेर सिंह   D. शुभ सिंह

93. महलोग रियासत वर्तमान में किस जिले का भाग है?
A. शिमला   B. सोलन
C. चंबा   D. कुल्लू

94. निम्न में से कौन-सा स्थान 1697 ई. में कांगड़ा के शासक आलम चंद द्वारा बसाया गया था?
A. बिलासपुर   B. पालमपुर
C. आलमपुर   D. सुजानपुर

95. निम्न में से कौन महलोग रियासत का संस्थापक था?
A. दुर्गीश चंद   B. वीर चंद
C. ईश्वर चंद   D. नेमी चंद

96. मुगल बादशाह जहांगीर निम्न में से किसके शासन के दौरान नूरपुर आया था?
A. घमंड चंद   B. संसार चंद
C. जगत सिंह   D. हरिचंद

97. सिरमौर का प्राचीन नाम निम्न में से क्या था?

A. सुलोकिना
B. सुलोचना
C. सिनकोना
D. इनमें से कोई नहीं

98. तिब्बती धर्मगुरू दलाई लामा धर्मशाला कब आए थे?
A. 1957 में
B. 1958 में
C. 1959 में
D. 1960 में

99. निम्न में से किसे तिब्बत में असुर कहा जाता है?
A. जोरावर सिंह
B. नाहर सिंह
C. लहना सिंह
D. शेर सिंह

100. भंगाड़ी की लड़ाई (1686 ई.) गुरू गोविंद सिंह और किस रियासत के राजा के बीच हुई थी?
A. मंडी
B. सुकेत
C. बिलासपुर
D. कियोंथल

101. 1790 से पूर्व बेजा रियासत निम्न में से किस रियासत का हिस्सा था?
A. बिलासपुर
B. मंडी
C. ठियोग
D. सुकेत

102. असंगत कथन की पहचान कीजिए–
A. हिमाचल प्रदेश में बिलासपुर रियासत का विलय 1964 में हुआ
B. छोटी-बड़ी 30 रियासतों को मिलाकर 15 अप्रैल, 1948 को हिमाचल प्रदेश का गठन किया गया
C. गदर पार्टी की शाखा स्थापित करने पर मियां जवाहर सिंह को मंडी के शासन ने लंबे कारावास की सजा दी थी
D. गदर पार्टी के सक्रिय कार्यकर्ता मंडी के भाई हरदा राम को प्राणदण्ड दिया गया था

103. सिखों के साम्राज्य में स्पीति लद्दाख का ही अंग बना रहा। अंग्रेजी शासन के समय में इसे किस जिले में मिला दिया गया था?
A. कुल्लू
B. कांगड़ा
C. मंडी
D. लद्दाख

104. निम्न में से किस राजा के शासनकाल में कुल्लू का शासन अपने चरमोत्कर्ष पर था?
A. महीपाल सिंह
B. राजवीर सिंह
C. जगत सिंह
D. सिकंदर पाल

105. बिलासपुर रियासत का भाग रही बेजा रियासत वर्तमान में हिमाचल प्रदेश के किस जिले का हिस्सा है?
A. शिमला
B. सोलन
C. सिरमौर
D. हमीरपुर

106. हिमाचल प्रदेश में निम्न में से कौन-से के राजवंश सर्वाधिक प्रसिद्ध रहे हैं?
A. कुठार एवं चंबा
B. कांगड़ा एवं कुल्लू
C. मंडी एवं सिरमौर
D. कुठार एवं ठियोग

107. सिरमौर राज्य की पुरानी राजधानी कहां स्थित थी?
A. नाहन
B. रेणुका
C. राजगढ़
D. सिरमौरी ताल

108. बिलासपुर को हिमाचल प्रदेश में कब मिलाया गया?
A. 15 अगस्त, 1947

B. 1 जुलाई, 1954

C. 1 नवंबर, 1966

D. 25 जनवरी, 1971

109. निम्न में से किसने सुकेत सत्याग्रह का नेतृत्व किया था?

A. श्री करमचंद ठाकुर

B. पं. पद्म देव

C. हरिदास

D. उपर्युक्त में से कोई नहीं

110. निम्न में से कौन कुल्लू रियासत की राजधानी नहीं रही है?

A. सुल्तानपुर   B. पालपुर

C. शमशी   D. जगतसुख

111. बैजनाथ का प्राचीन नाम क्या था?

A. कीरग्राम   B. ब्रहापुखर

C. पालमपुर   D. ब्राह्मपुर

112. गलत जोड़े की पहचान कीजिए–

A. सारी राज्य का संस्थापक–मूलचंद

B. कुम्हार सेन रियासती राज्य का संस्थापक–किरतचंद

C. रतेश रियासत का संस्थापक–राजा करम प्रकाश

D. वर्तमान में रतेश भाग है–सिरमौर जिले का

113. कुल्लू का प्राचीन नाम क्या था?

A. कुल्लू   B. कुल्लूत

C. सुल्तानपुर   D. कुलीन

114. चीनी यात्री ह्वेनसांग ने अपने यात्रा वृत्तांत में हिमाचल प्रदेश की किस रियासत का विस्तार से वर्णन किया है?

A. कांगड़ा   B. लाहौल

C. कुल्लूत   D. मंडी

115. जस्वां रियासत की नींव किस वर्ष पड़ी?

A. 1470 ई.   B. 1370 ई.

C. 1270 ई.   D. 1170 ई.

116. लद्दाखी साहित्य में कुल्लू के लिए निम्न में से कौन-सा शब्द प्रयुक्त हुआ है?

A. न्यूनगटी

B. कुलूसी

C. कुल्लूत

D. इनमें से कोई नहीं

117. भरमौर से चंबा में राजधानी का स्थानांतरण निम्न में से किस सदी की घटना है?

A. पांचवीं   B. चौथी

C. दसवीं   D. उन्नीसवीं

118. सिखों ने कुल्लू के पाल वंश से राजगद्दी कब छीन ली थी?

A. 1940 ई. में   B. 1840 ई. में

C. 1740 ई. में   D. 1640 ई. में

119. अंग्रेजों तथा सिखों के बीच किस वर्ष युद्ध हुआ था जिसमें कांगड़ा अंग्रेजों के अधीन आ गया था?

A. 1856 ई.   B. 1846 ई.

C. 1836 ई.   D. 1826 ई.

120. कांगड़ा के निम्न में से किस राजा का वृत्तांत ईस्ट इंडिया कंपनी के एक व्यापारी मूरक्राफ्ट ने विस्तार से किया है?

A. अनिरुद्ध चंद   B. हरिचंद

C. घमंडचंद   D. संसारचंद

121. वैदिक काल में विभिन्न नदियों को विभिन्न नाम से पुकारा जाता था। निम्नलिखित में से कौन-सा गलत जोड़ा है?

A. सतलज – शतुद्रि
B. रावी – परूषणी
C. चिनाब – आस्किनी
D. व्यास – वितस्ता

122. शम्बर राजा और भरतकुल के राजा दिवोदास से हिमाचल प्रदेश की पहाड़ियों में कितने वर्षों तक युद्ध चला था?
A. 25 वर्ष   B. 30 वर्ष
C. 35 वर्ष   D. 40 वर्ष

123. गलत कथन का चयन कीजिए–
A. पाणिनी द्वारा अष्टाध्यायी में त्रिगर्त देश के 'आयुधजीवी संघों' का उल्लेख किया गया है
B. रावी, व्यास और सतलज नदियों के बीच के प्रदेश को ''त्रिगर्त'' कहा जाता था
C. ''त्रिगर्त'' के राजा सुशर्मा चंद ने महाभारत के युद्ध में कौरवों के पक्ष में भाग लिया था
D. पाणिनी ने ''त्रिगर्त'' नामक 12 संघ राज्यों का उल्लेख किया है

124. धर्मशाला की नींव अंग्रेजों ने कांगड़ा की राजधानी के रूप में कब रखी थी?
A. 1905 में   B. 1875 में
C. 1855 में   D. 1845 में

125. गोरखों के कांगड़ा पर आक्रमण के समय उनका नेतृत्व किसने किया था?
A. बजरंग सिंह थापा
B. अमरसिंह थापा
C. बजरंग सिंह
D. भीम बहादुर सिंह

126. संसारचंद ने रणजीत सिंह को किस संधि के द्वारा कांगड़ा का दुर्ग और 66 गांव सौंपे थे?
A. नुरपूर की संधि
B. ज्वालामुखी की संधि
C. कांगड़ा की संधि
D. धर्मशाला की संधि

127. सिरमौर रियासत के संदर्भ में कौन-सा कथन गलत है?
A. 1432 में सिरमौर के राजा ब्रह्म प्रकाश ने गद्दी संभाली
B. 1440 में ब्रह्म प्रकाश ने कोट तथा गिजारी गांवों को अपनी राजधानी बनाया
C. मल्ही प्रकाश ने नाहन नगर की स्थापना की
D. राजा कर्म प्रकाश ने 1621 ई. में नाहन नगर की स्थापना की तथा इसे अपनी राजधानी बनाया

128. कांगड़ा की बड़ी नहर भवारना का निर्माण किस राजा ने करवाया था?
A. भीमचंद   B. हरिचंद
C. संसारचंद   D. घमंडचंद

129. कांगड़ा के किस शासक ने अपने ही कुल की राज शाखाओं को पराजित किया था?
A. अनिरुद्ध चंद   B. घमंडचंद
C. संसारचंद   D. हरिचंद

130. निम्न में से वह मुगल बादशाह, जिसने अपने संस्मरण में यह लिखा है कि वह पहला मुगल शासक है जिसने कांगड़ा दुर्ग पर विजय हासिल की?

A. अकबर   B. जहांगीर
C. शाहजहां   D. औरंगजेब

131. हिमाचल प्रदेश की वह रियासत जहां नाक काटने की सजा तथा राज्य में नाक की शल्य चिकित्सा प्रसिद्ध थी?
A. कांगड़ा   B. चंबा
C. सिरमौर   D. बिलासपुर

132. मुगल शासक औरंगजेब के विरुद्ध कांगड़ा के निम्न में से किस शासक ने विद्रोह किया था?
A. धर्मचंद   B. घमंडचंद
C. चंद्रभान   D. संसारचंद

133. चंबा रियासत के विषय में निम्न में कौन-सा कथन गलत है?
A. मुगल शासक औरंगजेब ने चंबा के शासक चत्तर सिंह को अपने राज्य के सभी मंदिरों को गिराने का आदेश दिया था
B. नाड़ा (राजनगर) महल का निर्माण राजा उमेद सिंह ने किया
C. चंबा के राजा बालभद्रा को हटाकर राजा जनार्दन ने उसे मोरिया नामक स्थान पर भेज दिया था
D. 1804-1805 में राजा संसार चंद के विरुद्ध चंबा की सेनाओं का नेतृत्व वजीर नत्थू ने किया

134. निम्न में से किस गवर्नर-जनरल/ वायसराय ने सर्वप्रथम 1863 में शिमला में अपना स्थायी निवास बनाया?
A. लार्ड एल्गिन   B. लार्ड लिटन
C. लार्ड कर्जन   D. लार्ड डलहौजी

135. निम्न में से कौन-सा कथन असत्य है?

A. वाइस रीगल लॉज नामक इमारत 1888 में बनकर तैयार हुई
B. गवर्नर-जनरल लार्ड एमहर्स्ट 1827 में कनेडी हाऊस में ठहरे थे
C. मालौण युद्ध के बाद गोरखों के हौसले बुलंद थे
D. इनमें से कोई नहीं

136. सिखों द्वारा सताए जाने के कारण कांगड़ा के किस शासक को अर्की में शरण लेनी पड़ी थी?
A. ध्रुवदेवचंद   B. संसारचंद
C. लक्ष्मीचंद   D. अनिरुद्धचंद

137. मंडी के किस शासक ने भंगाल के शासक तथा अपने ही रिश्तेदार का वध कर दिया था?
A. ईश्वरी सेन   B. सिद्ध सेन
C. सूरमा सेन   D. सूरज सेन

138. लाहौल-स्पीति के संबंध में असंगत कथन की पहचान कीजिए–
A. प्रशासनिक, ऐतिहासिक पृष्ठभूमि में लाहौल, कुल्लू और लद्दाख शासकों के अधीन रहा
B. 17वीं शताब्दी के मध्यांतर में लद्दाख साम्राज्य के विघटन के बाद यह क्षेत्र कुल्लू शासकों के आधिपत्य में आ गया
C. 1740 में महाराज रणजीत सिंह ने लाहौल को अपने आधीन में ले लिया
D. 1840 में महाराज रणजीत सिंह ने लाहौल को अपने आधीन कर लिया और 1846 तक उसके आधीन रहा

139. कांगड़ा के किस शासक को जालंधर का राज्यपाल नियुक्त होने का सम्मान प्राप्त है?
A. हमीरचंद   B. घमंडचंद
C. इंदुचंद   D. संसारचंद

140. दाडी रियासत किस वर्ष जुब्बल राज्य की जागीर बनी तथा 1947 तक इस स्थिति में रही?
A. 1896 में   B. 1901 में
C. 1925 में   D. 1935 में

141. भागत रियासत की स्थापना किसने की थी?
A. अजयदेव   B. कामदेव
C. सिद्धदेव   D. राम सिंह

142. किस प्रसिद्ध वंशज का कुल देवता 'नाग' को माना जाता है?
A. पाल   B. सेन
C. कटोच   D. पठानिया

143. भंगाल राज्य/रियासत के शासक ने मंडी के आक्रमण से बचने के लिए किस राज्य में शरण ली थी?
A. कुल्लू   B. कांगड़ा
C. सुकेत   D. गुलेर

144. भंगाल राज्य/रियासत किसके शासन के आधीन अपनी चरम सीमा पर था?
A. पृथ्वी पाल   B. दलेल पाल
C. मही पाल   D. मान पाल

145. जिस प्रकार कांगड़ा के इतिहास से संसारचंद का नाम संबद्ध है ठीक उसी प्रकार नूरपुर से निम्न नाम संबद्ध है—
A. रूप सिंह   B. वीर सिंह
C. राम सिंह   D. जगत सिंह

146. हिमाचल प्रदेश की पूर्व रियासतों के विषय में क्या असत्य है?
A. 1815 से पूर्व कुम्हारसेन, खनेटी तथा देलथ वर्तमान में जो शिमला जिले का भाग है बुशहर रियासत के भाग रहे हैं
B. 1815 में राबिन और कोटगढ़ क्षेत्र अंग्रेजी साम्राज्य के नियंत्रण में गए थे
C. बल्सन रियासत सिरमौर राज्य से 12वीं शताब्दी में स्वतंत्र हुई तथा इसका संस्थापक अशोक सिंह को माना जाता है
D. बुशहर के राजा केहरी सिंह एक कमजोर शासक थे

147. जहांगीर ने कांगड़ा किले पर अधिकार करने के लिए 1618 ई. में निम्न में से किसे भेजा था?
A. शाहजहां   B. सूरजमल
C. जय सिंह   D. मान सिंह

148. सिखों ने नूरपुर के किस शासक को 7 वर्ष तक बंदी बनाया था?
A. पृथ्वी सिंह   B. वीर सिंह
C. भाऊ सिंह   D. राज सिंह

149. नूरपुर के किस शासक ने मुगलों के विरुद्ध बगावतें की थीं?
A. राम सिंह   B. वीर सिंह
C. राज सिंह   D. जगत सिंह

150. भारत की स्वतंत्रता से पूर्व 'किन्नौर' निम्न में से किस रियासत का हिस्सा था?
A. कुल्लू   B. क्योंथल
C. रामपुर बुशहर   D. तिब्बत

151. आधुनिक पांगना गांव किस राज्य की राजधानी रही है?
A. मंडी B. सिरमौर
C. सुकेत D. भगांहल

152. बिलासपुर के किस शासक ने मुस्लिम बनने से इंकार कर दिया था?
A. भीम चंद B. विक्रम चंद
C. कल्याण चंद D. वीर चंद

153. कल्याण चंद निम्न में से किस वर्ष बिलासपुर का शासक बना?
A. 1730 ई. में B. 1710 ई. में
C. 1630 ई. में D. 1618 ई. में

154. बिलासपुर के किस शासक ने अपने ही कुटुम्ब के हिन्दू शासक की हत्या कर दी थी?
A. कल्याण चंद B. हीरा चंद
C. वीर चंद D. काहन चंद

155. सुकेत रियासत का पतन किस राजा के शासन के तुरंत बाद आरंभ हो गया था?
A. धीरसेन B. मदनसेन
C. लक्ष्मणसेन D. चंद्रसेन

156. निम्न में से किस मुगल बादशाह ने कांगड़ा के शासक जयचंद को कैद किया था?
A. अकबर B. शाहजहां
C. जहांगीर D. औरंगजेब

157. निम्न में से कौन-सा कथन असत्य है?
A. कांगड़ा के राजा संसार चंद ने मंडी के शासक ईश्वरी सेन को नादौन में 12 वर्ष तक बंदी बनाकर रखा था

B. ईश्वरी सेन ने कांगड़ा के राजा अनिरुद्ध चंद को 12 वर्ष तक अपनी कैद में रखा था

C. अभय चंद ने 1748 में सुजानपुर टीहरा नामक स्थान की नींव रखी

D. संसार चंद एवं गोरखों के बीच 1806 में हुई लड़ाई में कांगड़ा की सेनाओं का नेतृत्व गुलाम मोहम्मद ने किया

158. 'नेरटी की लड़ाई' किन राज्यों के शासकों के बीच हुई थी?
A. सिरमौर–महासू
B. बिलासपुर–धामी
C. कांगड़ा–चंबा
D. मंडी–सुकेत

159. कांगड़ा पर आक्रमण के लिए पहाड़ी राजाओं ने निम्न में से किस राजा के नेतृत्व में गोरखों को आक्रमण के लिए निमंत्रण भेजा था?
A. सुकेत B. मंडी
C. बिलासपुर D. सिरमौर

160. पुरानी मंडी जो मंडी रियासत की राजधानी रही है इसका इससे पूर्व क्या नाम था?
A. हटगढ़ B. बटोहली
C. भ्यूली D. केशधार

161. निम्न में से किस राज्य की राजधानी 'लुहारा' रही है?
A. मंडी B. कुल्लू
C. सुकेत D. गुलेर

162. मंडी राज्य का निम्न में से कौन-सा शासक तांत्रिक विद्याओं का भी ज्ञाता था?

A. श्याम सेन   B. सिद्ध सेन
C. सूरमा सेन   D. सूरज सेन

163. संसार चंद ने किस वर्ष मंडी राज्य पर चढ़ाई कर वहां के राजा ईश्वरी सेन को बारह वर्ष तक कैद करके रखा था?
A. 1892 में   B. 1882 में
C. 1834 में   D. 1792 में

164. मंडी के शासक ईश्वरी सेन को निम्न में से किसने संसारचंद की कैद से छुड़ाकर उसे उसका राज्य पुनः वापस दिलवाया?
A. अंग्रेजों ने   B. गोरखों ने
C. सिखों ने   D. कुल्लू शासक ने

165. यदि त्रिगर्त को हिमाचल प्रदेश का सबसे प्राचीनतम राज्य कहा जाए तो द्वितीय प्राचीनतम राज्य किसे कहा जाएगा?
A. कुल्लू (कुल्लूत)   B. सिरमौर
C. राबिनगढ़   D. जुब्बल

166. बिलासपुर रियासत के विषय में कौन-सा कथन असत्य है?
A. राजा ज्ञान चंद ने सरहिंद के प्रभाव में आकर इस्लाम धर्म को चुना
B. दीप चंद ने अपना पैतृक स्थान सूनहाणी को छोड़कर बिलासपुर शहर की स्थापना की
C. बिलासपुर रियासत को 15 अप्रैल, 1948 को हिमाचल प्रदेश में एक पृथक जिले के रूप में शामिल किया गया
D. कांगड़ा के निजाम देसा सिंह मजीठिया ने सन् 1819 ई. में बिलासपुर रियासत के किले को अपने कब्जे में नहीं लिया था

167. गोरखों के उस सेनापति का नाम क्या था जिसने ईश्वरी सेन को संसार चंद की कैद से छुड़ाया था?
A. सूर्य बहादुर थापा
B. अमर सिंह थापा
C. बाल बहादुर थापा
D. राजा मानचंद

168. नालागढ़ के क्षेत्रों को किस रियासत के नाम से जाना जाता था?
A. बघाट   B. हण्डूर
C. बाघल   D. महासू

169. सिखों को अंग्रेजों ने किस वर्ष पराजित किया?
A. 1646 ई. में   B. 1746 ई. में
C. 1846 ई. में   D. 1886 ई. में

170. गोरखों को बिलासपुर के किस नरेश ने सहायता के लिए निमंत्रण भेजा था?
A. खड़ग चंद   B. अमर चंद
C. हीरा चंद   D. महान चंद

171. बदन सिंह को किस राज्य के राजवंश से संबंधित माना जाता है?
A. रामपुर-बुशहर   B. सिरमौर
C. बघाट   D. कुनिहार

172. किस राज्य का संबंध जैसलमेर से जोड़ा जाता है?
A. सिरमौर   B. बिलासपुर
C. कांगड़ा   D. मंडी

173. निम्न में से किस वर्ष नाहन नगर की नींव रखी गई थी?
A. 1821 ई. में   B. 1721 ई. में
C. 1621 ई. में   D. 1521 ई. में

174. सिरमौर के निम्न में से किस यशस्वी शासक ने अपनी सीमाओं का विस्तार किया था?
A. अमर प्रकाश   B. शुभ प्रकाश
C. कीर्ति प्रकाश   D. कर्म प्रकाश

175. कुल्लू के राजा जीत सिंह से सिखों ने किस वर्ष राजा की पदवी छीनकर उसे वजीर रूपी जमींदार बना दिया था?
A. 1840 ई. में   B. 1856 ई. में
C. 1890 ई. में   D. 1895 ई. में

176. कुल्लू के किस राजा ने नाम के साथ लगे पाल शब्द को त्यागकर नाम के साथ सिंह शब्द को जोड़ा?
A. जगत सिंह   B. गणेश पाल
C. सिद्ध सिंह   D. जीतू सिंह

177. कुल्लू के किस राजा की राजधानी 'नग्गर' रही है?
A. महीपाल   B. जीतसिंह
C. उत्तम पाल   D. गणेश पाल

178. निम्न में से किस राजा ने सुल्तानपुर को अपनी राजधानी बनाया?
A. सिकंद पाल   B. विधि सिंह
C. जगत सिंह   D. जगन सिंह

179. मुगल बादशाह शाहजहां और औरंगजेब का समकालीन कुल्लू का शासक निम्न में से कौन था?
A. गणेश पाल सिंह
B. जगत सिंह
C. प्रीतम पाल सिंह
D. झिंगुर सिंह

180. चंबा रियासत के विषय में निम्न में से कौन-सा कथन असत्य है?

A. सलवाहन वर्मन के समय कश्मीर के राजा अनंत देवा ने चंबा पर आक्रमण किया
B. वर्मन के स्थान पर 'सिंह' शब्द का प्रयोग साहिल वर्मन ने किया
C. गणेश वर्मन ने पहली बार अपने नाम के साथ 'वर्मन' के स्थान पर 'सिंह' शब्द का इस्तेमाल किया
D. पठियार नामक क्षेत्र (कांगड़ा) 1744 ई. में जागीर के रूप में चंबा के शासक दलेल सिंह को दिए गए

181. ऐतिहासिक मंदिर तथा चंदेरी शासकों के खंडहर किस जिले में हैं?
A. कांगड़ा   B. चंबा
C. बिलासपुर   D. कुल्लू

182. प्राचीन काल में 'त्रिगर्त' राज्य की स्थापना सुशर्मा चंद ने 13वीं शताब्दी में की थी। सुशर्मा वंश का वास्तविक सिंहासन कहां स्थित था?
A. मुलतान   B. अयोध्या
C. गुलेर   D. कांगड़ा

183. चंबा रियासत के विषय में कौन-सा कथन असत्य है?
A. 1800 ई. के लगभग चंबा एवं वशोली रियासतों में चुराह क्षेत्र विवाद की जड़ थी
B. चंबा राज्य में तारागढ़ किले का निर्माण जगत सिंह ने किया
C. तारागढ़ किले का निर्माता साहिल वर्मन था
D. 'किश्तवार राज्य' के अधिग्रहण (1786) के समय चंबा सेनाओं का नेतृत्व जीत सिंह ने किया

184. बिलासपुर के किस शासक के विषय में यह माना जाता है कि उसने कुल्लू राज्य में शरण ली थी?
A. मेघ चंद
B. विजय चंद
C. वीर चंद
D. काहल चंद

185. निम्न में से कौन-सा शोणितपुर का प्राचीन नाम माना जाता है?
A. ठियोग
B. कांगड़ा
C. बघाट
D. सराहन

186. निम्न में से वे दो रियासतें जिन्होंने यह संकल्प लिया था कि 'जब तक कौवा सफेद न हो जाए तथा कैलाश पर्वत की बर्फ पिघल न जाए दोनों राज्य मित्र बने रहेंगे?
A. मंडी-सुकेत
B. बिलासपुर-कांगड़ा
C. तिब्बत-रामपुर
D. सिरमौर-महासू

187. कांगड़ा वंशावली में वर्णित हरिचंद ने निम्न में से किस रियासत की स्थापना की थी?
A. गुलेर
B. सिवां
C. दातारपुर
D. जसवां

188. सुजानपुर के निकट स्थित पालमपुर कस्बा को किसने बसाया था?
A. घमंड चंद
B. आलम चंद
C. हमीर चंद
D. संसार चंद

189. निम्न में से किसने कांगड़ा की धन-संपदा को बुरी तरह लूटा था?
A. महमूद गजनवी
B. फिरोज तुगलक
C. मुहम्मद गौरी
D. मुहम्मद तुगलक

190. हरिपुर निम्न में से किस रियासत की राजधानी रही है?
A. दातारपुर
B. गुलेर
C. हमीरपुर
D. नादौन

191. नूरपुर को किस वंश की रियासत माना जाता है?
A. मनकोटिया
B. कटोच
C. चंदेल
D. पठानिया

192. रामपुर बुशहर का इतिहास किसने जलाया था?
A. अंग्रेजों ने
B. गोरखों ने
C. तिब्बतियों ने
D. महासू के राजा ने

193. किस वर्ष अंग्रेजों ने गोरखों को हराकर शिमला आने का मार्ग खोल दिया था?
A. 1905 में
B. 1876 में
C. 1824 में
D. 1818 में

194. नाहन स्थित 'रानी का ताल' तथा 'काली स्थान' का संबंध सिरमौर के किस शासक की रानी के साथ जोड़ा जाता है?
A. कीर्ति प्रकाश
B. राजेंद्र प्रकाश
C. विजय प्रकाश
D. अमर प्रकाश

195. अंग्रेजों ने सिरमौर के किस शासक को राजा की पदवी (1918 में) दी थी?
A. राजेंद्र प्रकाश
B. शुभ प्रकाश
C. कीर्ति प्रकाश
D. अमर प्रकाश

196. कुल्लू रियासत के विषय में कौन-सा कथन असत्य है?
A. जगतसुख, नग्गर तथा सुल्तानपुर इसकी राजधानियां रही हैं

B. निशुदन पाल कुल्लू का राजा था जब इसे भंगाल रियासत के शासक ने 10 साल तक अपने नियंत्रण में कर लिया था

C. लगभग 780-800 में जारेश्वर पाल ने कुल्लू राज्य को चंबा के नियंत्रण से मुक्त कराया था

D. अपने नाम के साथ पाल शब्द लगाने वाला महिपाल कुल्लू का अंतिम शासक था

197. मंडी रियासत में यात्रियों को लूटने वाले किरती सरदार को किसने हराया था?
A. बान सेन   B. किरती सेन
C. हरि सेन   D. सूरमा सेन

198. वजीर 'सरदार ज्वाला सिंह' का संबंध किस रियासत से है?
A. सिरमौर   B. कुटलैहड़
C. गुलेर   D. मंडी

199. 'रानी का कोट' नामक दुर्ग का निर्माण 1120 में सुकेत रियासत में किसने की थी?
A. चंद सेन   B. सुरमा सेन
C. सेबंत सेन   D. कल्याण सेन

200. मंडी रियासत के राजा जालिम सिंह ने अपने किस प्रधानमंत्री की हत्या कर दी थी?
A. धारी   B. मिलखु
C. इंदर   D. नारायण

201. सुकेत के निम्न में से किस शासक की हत्या उसके सेवकों ने कर दी थी?
A. सूरमा सेन   B. रतन सेन
C. जोगेंद्र सेन   D. साहू सेन

202. देलथ रियासत की स्थापना किसने की थी?
A. कर्म दास   B. सरजीत
C. पृथ्वी सिंह   D. महेंद्र सिंह

203. जुब्बल रियासत में गठित पहली प्रतिनिधि सरकार का पहला मुख्यमंत्री कौन था?
A. भागमल सोहठा
B. सत्यदेव बुशैहरी
C. के. रघुवीर सिंह
D. जय लाल सिरमौरी

204. सुनहानी किस राज्य की केंद्र स्थली रही है?
A. बिलासपुर   B. कुल्लू
C. कांगड़ा   D. कुटलैहड़

205. किस वर्ष लाहौल क्षेत्र पर अंग्रेजों ने कब्जा कर लिया था?
A. 1876 में   B. 1856 में
C. 1846 में   D. 1840 में

206. गांसो वजीर का संबंध किस रियासत से रहा है?
A. कांगड़ा   B. सुकेत
C. सिरमौर   D. मंडी

207. विलियम मूरक्राफ्ट ने सुकेत रियासत की कब यात्रा की थी?
A. 1920 में   B. 1820 में
C. 1818 में   D. 1816 में

208. सुकेत रियासत का वह राजा जिसने 'प्रिंस ऑफ वेल्स अनाथ आश्रम' खोला था?
A. अजबर सेन   B. जोगेंद्र सेन
C. लक्ष्मण सेन   D. गिरी सेन

209. लार्ड एल्गिन द्वितीय ने मंडी रियासत का दौरा किस वर्ष किया था?

A. 1917 में   B. 1899 में
C. 1850 में   D. 1819 में

210. सुकेत रियासत की राजधानी 1520 में किस शासक ने लोहारा से करतारपुर स्थानांतरित कर दी थी?
A. बजरंग सेन   B. रतन सेन
C. करतार सेन   D. गोपाल सेन

211. मुगल बादशाह जहांगीर का समकालीन नूरपुर का राजा निम्न में से कौन था?
A. भूमिचंद   B. वीर सिंह
C. रूप सिंह   D. जगत सिंह

212. बिलासपुर का निम्न में से कौन-सा शासक अपना राज्य छोड़कर कांगड़ा चला गया था?
A. महान चंद   B. अमर चंद
C. विजय चंद   D. हरिहर चंद

213. पुरातन काल में सुंदर नगर को किस नाम से जाना जाता था?
A. मण्डप   B. बनेड़
C. स्वर्णपुर   D. सुकु गगर

214. निम्न में से किसे 'राबिनगढ़ दुर्ग' का निर्माता माना जाता है?
A. शुभ प्रकाश   B. वीर प्रकाश
C. राजेंद्र प्रकाश   D. पद्म देव

215. सुल्तान फिरोजशाह तुगलक ने सिरमौर रियासत को किस वर्ष दिल्ली सल्तनत का भाग बनाया?

A. 1839 में   B. 1779 में
C. 1479 में   D. 1379 में

216. सिरमौर रियासत के बुधी प्रकाश ने निम्न में से किसे अपनी राजधानी बनाया?
A. कालसी   B. राजपुर
C. सेनधान   D. कोटधार

217. कण्डाघाट क्षेत्र को किस वर्ष अंबाला जिले से स्थानांतरित कर हिमाचल प्रदेश में मिला दिया गया?
A. 1971 में   B. 1966 में
C. 1954 में   D. 1947 में

218. दरकोटी रियासत का संस्थापक निम्न में से कौन था?
A. रघुनाथ सिंह   B. दुर्गा सिंह
C. उग्रसिंह   D. हुरी राम

219. लगभग 1211 में क्योंथल रियासत की स्थापना किसने की थी?
A. नारायण दास   B. कार्तिक सेन
C. गिरी सेन   D. दया राम

220. मंडी, सुकेत, क्योंथल तथा किश्तवार के शासक 'सेन' वंशीय माने जाते हैं। इनका पारिवारिक निवास कहां से सम्बद्ध है?
A. बंगाल   B. दिल्ली
C. गुजरात   D. मध्य प्रदेश

उत्तरमाला

1	2	3	4	5	6	7	8	9	10
B	B	C	A	B	D	C	B	A	C

11	12	13	14	15	16	17	18	19	20
B	C	B	A	C	A	A	B	B	D

21	**22**	**23**	**24**	**25**	**26**	**27**	**28**	**29**	**30**
A	B	D	D	D	C	B	B	B	D
31	**32**	**33**	**34**	**35**	**36**	**37**	**38**	**39**	**40**
A	C	B	C	C	B	B	D	B	A
41	**42**	**43**	**44**	**45**	**46**	**47**	**48**	**49**	**50**
B	B	C	B	B	D	B	C	D	A
51	**52**	**53**	**54**	**55**	**56**	**57**	**58**	**59**	**60**
D	A	A	D	A	D	A	A	D	A
61	**62**	**63**	**64**	**65**	**66**	**67**	**68**	**69**	**70**
A	A	B	A	D	A	D	B	D	A
71	**72**	**73**	**74**	**75**	**76**	**77**	**78**	**79**	**80**
C	C	D	A	D	A	B	B	D	B
81	**82**	**83**	**84**	**85**	**86**	**87**	**88**	**89**	**90**
A	B	A	A	A	B	B	B	A	A
91	**92**	**93**	**94**	**95**	**96**	**97**	**98**	**99**	**100**
A	A	B	C	B	C	A	C	A	C
101	**102**	**103**	**104**	**105**	**106**	**107**	**108**	**109**	**110**
A	A	B	C	B	B	D	B	B	C
111	**112**	**113**	**114**	**115**	**116**	**117**	**118**	**119**	**120**
A	D	B	C	D	A	C	B	B	D
121	**122**	**123**	**124**	**125**	**126**	**127**	**128**	**129**	**130**
D	D	D	C	B	B	C	A	B	B
131	**132**	**133**	**134**	**135**	**136**	**137**	**138**	**139**	**140**
A	C	C	A	C	D	B	C	B	A
141	**142**	**143**	**144**	**145**	**146**	**147**	**148**	**149**	**150**
A	D	A	B	D	D	B	B	D	C
151	**152**	**153**	**154**	**155**	**156**	**157**	**158**	**159**	**160**
C	D	C	A	B	A	B	C	C	B
161	**162**	**163**	**164**	**165**	**166**	**167**	**168**	**169**	**170**
C	B	D	B	A	C	B	B	C	D
171	**172**	**173**	**174**	**175**	**176**	**177**	**178**	**179**	**180**
B	B	C	D	A	C	C	C	B	B
181	**182**	**183**	**184**	**185**	**186**	**187**	**188**	**189**	**190**
C	A	C	A	D	C	A	B	A	B
191	**192**	**193**	**194**	**195**	**196**	**197**	**198**	**199**	**200**
D	B	C	C	D	D	A	D	C	A
201	**202**	**203**	**204**	**205**	**206**	**207**	**208**	**209**	**210**
B	C	A	A	C	D	B	C	B	C
211	**212**	**213**	**214**	**215**	**216**	**217**	**218**	**219**	**220**
D	D	B	B	D	B	B	B	C	A

स्वतंत्रता आंदोलन

1. निम्न में से किसने संकल्प किया था कि जब तक देश आजाद नहीं होगा वह काले कपड़े ही पहना करेंगे?
A. कॉमरेड रामचंद
B. मौलाना मुहम्मद नौनी
C. बाबा कांशीराम
D. पंडित गेंदा मल

2. निम्न में से किसे पहाड़ी गांधी के नाम से जाना जाता है?
A. सत्यदेव बुशहरी
B. डॉ. वाई.एस. परमार
C. महात्मा गांधी
D. बाबा कांशीराम

3. मंडी के वे दो प्रसिद्ध स्वतंत्रता सेनानी जिन्होंने गदर पार्टी के लिए महत्त्वपूर्ण कार्य किए—
A. हरदेव एवं हिरदाराम
B. भवानी एवं बदरी
C. सिद्धु एवं कपिल
D. हरिहर एवं महादेव

4. निम्न में कौन-सा 1954 में हिमाचल प्रदेश का पांचवां जिला बना?

A. सोलन
B. शिमला
C. बिलासपुर
D. मंडी

5. भारत के स्वतंत्रता के समय बिलासपुर रियासत का शासक कौन था?
A. गंभीर चंद
B. आनंद चंद
C. आत्म चंद
D. संसार चंद

6. केंद्र सरकार द्वारा नियुक्त राज्य पुनर्गठन आयोग ने हिमाचल प्रदेश को पंजाब में मिलाने की सिफारिश कब की थी?
A. 1952 में
B. 1954 में
C. 1956 में
D. 1957 में

7. सोलन जिला के रूप में कब अस्तित्व में आया?
A. 1971 में
B. 1972 में
C. 1975 में
D. 1978 में

8. डॉ. यशवंत सिंह परमार को हिमाचल प्रदेश का निर्माता कहा जाता है, क्योंकि—
A. उनके नाम से वानिकी विश्वविद्यालय खोला गया है
B. उन्होंने प्रदेश के पृथक अस्तित्व को बनाए रखने में महत्त्वपूर्ण योगदान दिया है

C. वह प्रदेश के प्रथम मुख्यमंत्री थे
D. वह सिरमौर जिले के निवासी थे

9. निम्न में से कौन-सा जोड़ा असंगत है?
   A. अंग्रेजों-गोरखों के मध्य पहला युद्ध–1922
   B. शिमला नगरपालिका का गठन–1850
   C. क्राइस्ट चर्च (शिमला) के निर्माण का प्रस्ताव लार्ड हार्डिंग के सामने आया–1844
   D. लार्ड काम्बरमियर भारतीय सेना के कमाण्डर-इन-चीफ बने–1828

10. वाइस रीगल लॉज (Vice Regal Lodge) के निर्माण से पूर्व अंग्रेज वायसराय किस भवन में रहते थे?
   A. वार्नस कोर्ट
   B. पीटर हाफ हाऊस
   C. कैनेडी हाऊस
   D. वुडवीला हाऊस

11. वायसराय लार्ड लिटन ने शिमला के किस ऐतिहासिक भवन को जगह की कमी के कारण 'सुअरों का बाड़ा' कहा था?
   A. ओक फिल हाऊस
   B. पीटर हाफ हाऊस
   C. बैनमोर हाऊस
   D. गेटी थियेटर

12. हिमाचल प्रदेश के विषय में पं. जवाहर लाल नेहरू का क्या दृष्टिकोण था?
   A. पंजाब में मिलाना
   B. केंद्र शासित
   C. हिमाचल की पृथक पहचान
   D. 'सी' भाग का राज्य

13. शिमला में पहले स्वतंत्रता दिवस (15 अगस्त, 1947) का झंडा किस भवन पर लहराया गया?
   A. गोल्डेन कैसल
   B. पीटर हाफ हाऊस
   C. इर्लस्ली भवन
   D. रिज मैदान

14. किस वायसराय दम्पत्ति की शिमला में सभ्य दम्पत्ति और प्रकृति प्रेमी के रूप में ख्याति है?
   A. लार्ड एवं लेडी लिटन
   B. लार्ड एवं लेडी डफरिन
   C. लार्ड एवं लेडी डलहौजी
   D. लार्ड एवं लेडी रीडिंग

15. पहाड़ी रियासतों के हिमाचल प्रदेश में विलय हेतु सोलन में आयोजित सम्मेलन (फरवरी 1948) की अध्यक्षता निम्न में से किसने की?
   A. राजा दुर्गा सिंह
   B. पंडित पद्मदेव
   C. डॉ. यशवंत सिंह परमार
   D. वीरभद्र सिंह

16. 1857 में अंग्रेजों के विरुद्ध उठ खड़े होने के लिए जनता को प्रेरित करने वाले जननायक प्रताप सिंह कहां शहीद हुए थे?
   A. धर्मशाला में
   B. शिमला में
   C. जोगिन्दर नगर में
   D. सिरमौर में

17. द्वितीय आंग्ल-सिख युद्ध में अंग्रेजों को नाकों चने चबवाने वाले नूरपुर के वजीर रामसिंह को कहां निर्वासित किया गया था?

A. अदन   B. सिंगापुर
C. देहरादून   D. अंडमान

18. महात्मा गांधी के हत्यारों पर मुकदमा शिमला के किस भवन में चला?
A. इर्लस्ली भवन
B. रौथनी कैसल
C. पीटर हाफ हाऊस
D. केंद्रीय तारघर

19. हिमाचल प्रदेश का गठन कितनी छोटी-बड़ी रियासतों को मिलाकर किया गया था?
A. 35   B. 30
C. 25   D. 20

20. हिमाचल प्रदेश राज्य के बनने के बाद इसके पहले मुख्य आयुक्त कौन थे?
A. एन.सी. मेहता   B. पेन्डूल मून
C. ओम प्रकाश   D. भगवान सहाय

21. ऐतिहासिक 'शिमला समझौता' भारत-पाकिस्तान के बीच किस वर्ष हुआ था?
A. 1973 में   B. 1972 में
C. 1971 में   D. 1970 में

22. शिमला समझौते के समय भारत और पाकिस्तान के प्रतिनिधियों के बीच वार्ता मुख्यतः दो भवनों में हुई। एक भवन 'बार्नस कोर्ट' था तो दूसरा—
A. वाइस रीगल लॉज
B. पीटर हाफ भवन
C. कैनेडी हाऊस
D. इर्लस्ली भवन

23. शिमला 1942 से 1945 तक किस निष्कासित देश का मुख्यालय रहा है?
A. तिब्बत   B. बर्मा (म्यांमार)
C. श्रीलंका   D. पाकिस्तान

24. सिरमौर रियासत का हिमाचल प्रदेश के साथ विलय कब हुआ?
A. 1966 में   B. 1952 में
C. 1948 में   D. 1947 में

25. बिलासपुर रियासत में ''भूमि बंदोबस्त आंदोलन'' कब चलाया गया था?
A. 1940 में   B. 1939 में
C. 1930 में   D. 1919 में

26. 'भाई दो न पाई दो' आंदोलन किस राष्ट्रीय आंदोलन से संबद्ध था?
A. स्वदेशी आंदोलन
B. असहयोग आंदोलन
C. सविनय अवज्ञा आंदोलन
D. भारत छोड़ो आंदोलन

27. 'कुनिहार प्रजामंडल' की स्थापना किस वर्ष हुई?
A. 1940 में   B. 1939 में
C. 1933 में   D. 1930 में

28. पहाड़ी रियासतों के लिए 'अल्पकालीन सरकार' की व्यवस्था किस वर्ष की गई?
A. 1948 में   B. 1947 में
C. 1945 में   D. 1942 में

29. इनमें से कौन पझौता सत्याग्रह से संबद्ध नहीं था?
A. शिवानंद रमौल
B. सूरत सिंह वैद्य
C. डॉ. वाई.एस. परमार
D. सुंदरी देवी

30. निम्न में से किस रियासत के राजा को 1877 के दिल्ली दरबार में नहीं बुलाया गया था?
A. जयसिंह–जसवां

B. विजय सेन–क्योंथल
C. शाम सिंह–चंबा
D. हीरा चंद–बिलासपुर

31. 1927 में प्रारंभ किए गए 'अखिल भारतीय राज्य जन परिषद' का प्रमुख उद्देश्य क्या था?
A. प्रशासन में सुधार
B. राजाओं को हटाना
C. अंग्रेजों के विरुद्ध बगावत
D. इनमें से सभी

32. निम्न में से किस सूद व्यापारी द्वारा उग्रवादी संगठन बाल भारत सभा की स्थापना की गई?
A. दीपक सूद
B. भागमल
C. पूरनमल
D. दीनानाथ 'आंधी'

33. शिमला में कैबिनेट मिशन सम्मेलन किस वर्ष हुआ था?
A. 1947 में
B. 1946 में
C. 1945 में
D. 1944 में

34. लोगों को आंदोलन में शामिल करने के लिए भारतीय राष्ट्रीय कांग्रेस द्वारा 1945 में बनाई गई समिति के सदस्यों में निम्न में से कौन शामिल नहीं था?
A. डॉ. बी.आर. अंबेडकर
B. जवाहरलाल नेहरू
C. सरदार पटेल
D. जे.बी. कृपलानी

35. 'हिमाचल रियासती प्रजामंडल' की स्थापना कब हुई?
A. 1942 में
B. 1939 में
C. 1936 में
D. 1931 में

36. सर्वप्रथम लोकतांत्रिक व्यवस्था किस पहाड़ी रियासत में प्रारंभ की गई?
A. बाघल
B. कुनिहार
C. कहलूर
D. क्योंथल

37. बिलासपुर प्रजामंडल की स्थापना किस वर्ष की गई?
A. 1945 में
B. 1946 में
C. 1947 में
D. 1948 में

38. निम्न में से कौन ''हिमालयन रियासती प्रजामंडल'' का संस्थापक सदस्य नहीं था?
A. पद्मदेव
B. भागमल सोहठा
C. ज्ञानचंद टूटू
D. बाबा कांशीराम

39. भटियात बजीरत के लोगों ने 'अन्यायपूर्ण राजस्व नीति'' तथा ''बेगार'' के विरुद्ध पहला आंदोलन कब किया?
A. 1896 में
B. 1890 में
C. 1910 में
D. 1902 में

40. बिलासपुर प्रजामंडल ने सत्याग्रह कब शुरू किया?
A. 1948 में
B. 1947 में
C. 1946 में
D. 1945 में

41. निम्न में से किस स्थान पर 1932 में ''चंबा प्रजा सुरक्षा लीग'' का मुख्यालय बनाया गया?
A. पठानकोट
B. लाहौर
C. शिमला
D. चंबा

42. 'पझौता आंदोलन' निम्न में से किस आंदोलन से संबंधित था?
A. असहयोग आंदोलन
B. सविनय अवज्ञा आंदोलन
C. भारत छोड़ो आंदोलन
D. इनमें से कोई नहीं

43. गलत कथन की पहचान कीजिए–
   A. बाहरी सिराज क्षेत्र को पूर्णतः बुशहर रियासत से राजा मान सिंह ने अपनी रियासत (कुल्लू) में सम्मिलित कर लिया था
   B. तिब्बत-लद्दाखी लड़ाई में बुशहर शासक केहरी सिंह ने तटस्थ भूमिका निभाई
   C. क्योंथल रियासत के शासक को अंग्रेजों ने 1857 के बाद राणा के स्थान पर ''राजा'' की उपाधि से अलंकृत किया
   D. लद्दाख ने लगभग 1125-50 में ''ऊपरी लाहौल'' को अपने नियंत्रण में ले लिया था

44. शिमला में बेगार प्रथा के विरुद्ध आंदोलन किस व्यक्ति ने छेड़ा था?
   A. सेमुवल स्टोक्स
   B. भागमल सोहठा
   C. डॉ. वाई.एस. परमार
   D. भूलाभाई देसाई

45. 'सोलन संविधान सभा' की 1948 में किसके द्वारा अध्यक्षता की गई थी?
   A. पद्मदेव
   B. राजा दुर्गा सिंह
   C. शिवानंद रमौल
   D. सत्यदेव बुशहरी

46. जनवरी 1946 में स्थापित 'हिमालयन पहाड़ी राज्य क्षेत्रीय परिषद्' (Himalayan Hill States Regional Council) का प्रथम अध्यक्ष किसे बनाया गया था?
   A. स्वामी पूर्णानंद

   B. लीला दास वर्मा
   C. कांशीराम उपाध्याय
   D. दुर्गा सिंह राठौड़

47. ''प्रेम प्रचारिणी सभा'' धामी की स्थापना किस वर्ष हुई थी?
   A. 1939 में   B. 1937 में
   C. 1932 में   D. 1930 में

48. प्रजामंडलों की सर्वोच्च संस्था निम्न में से कौन-सी थी?
   A. अखिल भारतीय लोक राज्य परिषद्
   B. हिमालयन पहाड़ी राज्य परिषद्
   C. शिमला पहाड़ी राज्य परिषद्
   D. अखिल भारतीय कांग्रेस

49. सुजानपुर टीहरा के समीप कांग्रेस की प्रसिद्ध 'ताल सभा' कब हुई थी?
   A. 1945 में   B. 1940 में
   C. 1932 में   D. 1927 में

50. ''हिमालयन पहाड़ी राज्य क्षेत्रीय परिषद्'' की पहली सभा मार्च 1946 में किस स्थान पर हुई थी?
   A. बिलासपुर   B. नादौन
   C. मंडी   D. धर्मशाला

51. 1930 से 1947 तक शिमला आए निम्नलिखित महान हस्तियों में कौन शामिल नहीं था?
   A. जवाहरलाल नेहरू
   B. वल्लभभाई पटेल
   C. महात्मा गांधी
   D. विंसटन चर्चिल

52. 'स्वाधीन कहलूर दल' क्या था?
   A. एक नरमपंथी दल
   B. एक गरमपंथी दल

C. स्वतंत्रता आंदोलन को दबाने के लिए कहलूर के राजा द्वारा स्थापित दल

D. बिलासपुर प्रजामण्डल की संस्था

53. मंडी रियासत में पहली 'विधान परिषद्' की स्थापना कब की गई थी?
A. 1945 में   B. 1942 में
C. 1939 में   D. 1930 में

54. 1857 में अंग्रेजों के खिलाफ लोगों को भड़काने के आरोप में किस देशभक्त को धर्मशाला में फांसी की सजा दी गई थी?
A. मंगल पाण्डेय   B. प्रताप सिंह
C. बहादुर शाह   D. राम सिंह

55. हिमालयन पहाड़ी राज्य क्षेत्रीय परिषद् का कार्यालय कहां रखा गया था?
A. शिमला   B. मंडी
C. चंबा   D. सिरमौर

56. आनंद चंद को निम्न में से कब बिलासपुर राज्य का प्रथम मुख्य अधीक्षक बनाया गया?
A. 21 अक्टूबर, 1952 में
B. 12 अक्टूबर, 1950 में
C. 12 अक्टूबर, 1948 में
D. 12 अक्टूबर, 1946 में

57. कांग्रेस की शिमला शाखा कब आरंभ हुई?
A. 1932 में   B. 1920 में
C. 1917 में   D. 1914 में

58. कुल्लू के पालों को सिखों ने कब हराया था?
A. 1840 में   B. 1820 में
C. 1810 में   D. 1805 में

59. निम्न में से किस रियासत के शासक ने सर्वप्रथम प्रजामण्डल की कुछ मांगों को स्वीकार किया?
A. धामी के शासक
B. कुनिहार के राणा
C. बघाट के शासक
D. सिरमौर के शासक

60. जुलाई 1945 में पंडित जवाहरलाल नेहरू निम्न में से किस व्यक्ति के घर आए थे?
A. पं. पद्मदेव
B. देवीदास मुसाफिर
C. श्री ज्ञानचंद टूटू
D. डॉ. वाई.एस. परमार

61. 'शिमला हिल स्टेट्स कांग्रेस' किस वर्ष आयोजित की गई?
A. 1944 में   B. 1943 में
C. 1939 में   D. 1938 में

62. अन्नूलाल ने बुशहर रियासत के हिमाचल प्रदेश में विलय के लिए किस वर्ष आंदोलन चलाया था?
A. 1950 में   B. 1947 में
C. 1945 में   D. 1942 में

63. 1952 में प्रथम लोक सभा चुनाव में कांगड़ा संसदीय क्षेत्र से कौन चुने गए थे?
A. वी.सी. महाजन   B. हेमराज
C. एन.सी. पराशर   D. नेक राम

64. धामी गोली कांड किस वर्ष की घटना है?
A. 1946 की   B. 1942 की
C. 1939 की   D. 1929 की

65. देशद्रोह पूर्ण पत्र-व्यवहार के आरोप में निम्न में से किस देशभक्त को 1857 में फांसी दी गई?
A. मंगल पाण्डेय
B. राम प्रसाद वैरागी
C. भूरेलाल मिस्त्री
D. इनमें से कोई नहीं

66. शिमला में वेवेल योजना सम्मेलन कब आयोजित किया गया?
A. 1946 में   B. 1945 में
C. 1942 में   D. 1937 में

67. 1857 के विद्रोह के समय अंग्रेजों के प्रति बुशहर रियासत के राजा की नीति क्या थी?
A. अंग्रेजों का विरोध
B. तटस्थता
C. सहयोग
D. क्रांति का दमन

68. मंडी निवासी भाई हिरदा राम का संबंध किस क्रांतिकारी दल से था?
A. आजाद हिन्द फौज
B. गदर पार्टी
C. क्रांतिकारी संघ
D. भवानी संघ

69. निम्न में से कौन स्वतंत्रता सेनानी नहीं था?
A. बाबा कांशीराम
B. सूर्य बहादुर
C. हरि सिंह
D. बाबा लक्ष्मण दास

70. वायसराय लिनलिथगो ने 'चेम्बर ऑफ प्रिंस' में एक भाषण दिया जिसमें रियासती शासकों से जनता के हित में कार्य करने को कहा गया। इस पर विचार करने के लिए कौन-सी कांफ्रेंस बुलाई गई थी?
A. सोलन हिल कांफ्रेंस
B. बिलासपुर हिल कांफ्रेंस
C. शिमला हिल स्टेट्स कांफ्रेंस
D. धामी हिल स्टेट्स कांफ्रेंस

71. हिमाचल प्रदेश में चलाए गए प्रजामण्डल आंदोलन का उद्देश्य क्या था?
A. सरकारी कार्यक्रमों का बहिष्कार
B. अंग्रेजी शासन से मुक्ति
C. प्रशासन का लोकतंत्रीकरण
D. इनमें से सभी

72. 1948 में हिमाचल प्रदेश के गठन के समय इसमें कितनी तहसीलें थीं?
A. 20   B. 21
C. 22   D. 23

73. निम्न में से किस व्यक्ति ने बाबा कांशीराम को 'पहाड़ी गांधी' की संज्ञा दी थी?
A. महात्मा गांधी
B. सरोजिनी नायडू
C. पं. जवाहरलाल नेहरू
D. अब्दुल गफ्फार खान

74. "दूम्ह" को हिमाचल प्रदेश में कहा जाता है–
A. असहयोग   B. बेगार
C. भूमिकर   D. लगान

75. बाबा कांशीराम को 'पहाड़ी बुलबुल' निम्न में से किसने कहा था?
A. सरदार पटेल
B. बख्शी प्रताप सिंह
C. सरोजिनी नायडू
D. मार्शल राम सिंह

76. सिरमौर रियासत में प्रजामंडल की स्थापना कब हुई?
A. 1944 में
B. 1940 में
C. 1935 में
D. 1926 में

77. पं. नेहरू ने 1937 में सम्पन्न, निम्न में से किस सम्मेलन में बाबा कांशीराम को पहाड़ी गांधी की संज्ञा दी थी
A. भूम्पल सम्मेलन
B. गद्दीवाला सम्मेलन
C. चढ़ियार सम्मेलन
D. नगरोट सम्मेलन

78. शिमला में 1939 में सम्पन्न शिमला पहाड़ी राज्य परिषद् (Shimla Hill State Council) की सभा में किस रियासत ने भाग नहीं लिया?
A. बाघल
B. बुशहर
C. मंडी
D. बिलासपुर

79. महात्मा गांधी ने निम्न में से किस गोलीकांड के विषय में पं. जवाहरलाल नेहरू को पत्र लिखा था?
A. बिलासपुर संघर्ष
B. धामी गोलीकांड
C. पझौता विद्रोह
D. चंबा विद्रोह

80. गदर पार्टी का प्रभाव निम्न में से किन-किन पर सबसे अधिक था?
A. मंडी-सुकेत
B. कुनिहार
C. पझौता
D. बिलासपुर

81. निम्न में से किस पहाड़ी रियासत को 1862 में दत्तक पुत्र लेने का अधिकार दिया गया था?
A. बिलासपुर
B. चंबा
C. कांगड़ा
D. क्योंथल

82. निम्न में से किसने धामी सत्याग्रहियों का नेतृत्व किया था?
A. डॉ. वाई.एस. परमार
B. भागमल सोहठा
C. शिवानंद रमौल
D. पद्मदेव

83. ब्रिटिश शासनकाल में कांगड़ा का मुख्यालय कहां था?
A. धर्मशाला
B. जालंधर
C. पठानकोट
D. नादौन

84. निम्न में से कौन-सा जोड़ा गलत है?
A. 1712 में स्थापित सुंदरनगर कस्बे का संस्थापक था–गरुड़ सेन
B. मंडी रियासत पर 1840 में किए गए आक्रमण में सिख सेनाओं का नेतृत्व किया–वीर सेन
C. मंडी का वह शासक जो 1877 के दिल्ली दरबार में उपस्थित था–विजय सेन
D. भारत की स्वतंत्रता से पूर्व किन्नौर भाग था–लाहौल क्षेत्र का

85. रिगासतों के विलय के उद्देश्य से 1948 में पहाड़ी रियासतों के प्रतिनिधिमंडल का नेतृत्व गृह-मंत्रालय के समक्ष किसने किया था?
A. राजा वीरभद्र सिंह–बुशहर
B. राजा हितेन्द्र सेन–क्योंथल
C. राजा दुर्गा सिंह–बघाट
D. राजा जोगिंदर सेन–मंडी

86. कांगड़ा के किस स्वतंत्रता सेनानी को 'फ्रंटियर गांधी' के नाम से जाना जाता है?
A. छब्बीला सिंह
B. परसराम
C. भज्जूराम
D. हरदयाल

87. 15 अगस्त, 1947 में ठियोग में स्थापित 'उत्तरदायी सरकार' का प्रधानमंत्री कौन था?
A. हीरा सिंह पाल
B. बालक राम
C. सूरत राम प्रकाश
D. जय बिहारी लाल खाची

88. 1946 में चंबा से गढ़वाल तक की 48 रियासतों की महत्त्वपूर्ण बैठक, जिसमें राजनीतिक स्वरूप की चर्चा की गई थी, कहां सम्पन्न हुई थी?
A. शिमला   B. मंडी
C. कुल्लू   D. सोलन

89. देश की आजादी के बाद रियासतों की प्रांतीय स्तर पर एक अस्थायी सरकार का गठन किया गया। उस बैठक का प्रधान किसे चुना गया?
A. शेरजंग
B. डॉ. वाई.एस. परमार
C. सत्यदेव बुशहरी
D. शिवानंद रमौल

90. हिमाचल प्रदेश में विलय करने वाली रियासतों ने सर्वप्रथम आम चुनाव में किस वर्ष भाग लिया?
A. 1948 में   B. 1950 में
C. 1952 में   D. 1954 में

91. शिमला स्थित भारतीय उच्च अध्ययन संस्थान (The Indian Institute of Advanced Study–IIAS) को पहले किस नाम से जाना जाता था?
A. वार्नस कोर्ट
B. इर्लिस्ली भवन
C. वाइस रीगल लॉज
D. पीटर हाफ भवन

92. कांग्रेस के संस्थापक ए.ओ. ह्यूम का आवास रहा 'रौथनी कैसल' कहां स्थित है?
A. छोटा शिमला के पास
B. जाखू मंदिर के रास्ते में
C. समरहिल के निकट
D. रीज मैदान में

93. प्रजामंडल के पहले अध्यक्ष कौन थे?
A. पद्मदेव
B. भागमल सोहठा
C. डॉ. वाई.एस. परमार
D. हरिचंद

94. चंबा जिले की भटियात वजीरी में किसानों का विद्रोह कब हुआ?
A. 1895 में   B. 1865 में
C. 1860 में   D. 1857 में

95. महात्मा गांधी 1921 में अपनी पहली बार शिमला यात्रा के दौरान कहां ठहरे थे?
A. कैनेडी हाऊस
B. पीटर हाफ भवन
C. वार्नस कोर्ट
D. शांति कुटीर (समरहिल)

96. कुशासन के कारण किस रियासत के राजा को 1879 में अंग्रेजों ने पद से हटा दिया था?
A. कर्म सेन–मंडी
B. रुद्रसेन–सुकेत
C. गोपाल सिंह–चंबा
D. देव चंद–दातारपुर

97. शिमला का नाम किस देवी के नाम पर रखा गया है?
A. महासू देवी   B. तारना देवी
C. मां काली देवी   D. श्यामली देवी

98. एक भारी जुलूस में निम्न में से किसे लोगों ने ''बेताज बादशाह की जय'' कहा था?
A. महाराजा कांगड़ा
B. लार्ड माऊंटबेटन
C. महात्मा गांधी
D. महाराजा परियाल

99. महात्मा गांधी, जवाहरलाल नेहरू, सरदार पटेल, डॉ. अंसारी तथा अब्दुल गफ्फार खान के साथ कब शिमला आए?
A. 25 अगस्त, 1930 को
B. 25 अगस्त, 1931 को
C. 25 अगस्त, 1932 को
D. 25 अगस्त, 1933 को

100. 18 फरवरी, 1948 को शुरू किए गए 'सुकेत सत्याग्रह' के नेता निम्न में से कौन थे?
A. पं. पद्म देव
B. पं. सुखा राम
C. पं. सीता राम
D. सीता राम चंदेल

101. निम्न में से किस वर्ष 'डलहौजी' को हिमाचल प्रदेश में मिलाया गया था?
A. 1972 में   B. 1966 में
C. 1956 में   D. 1948 में

102. निम्न में से किसने सर्वप्रथम 1946 में पहाड़ी राज्य बनाने की मांग की थी?
A. डॉ. वाई.एस. परमार
B. ठाकुर हजारा सिंह

C. शिवानंद रमौल
D. ठाकुर कर्म सिंह

103. असहयोग आंदोलन (दूम्ह) की शुरुआत बुशहर रियासत में कब हुई थी?
A. 1906 में   B. 1919 में
C. 1921 में   D. 1925 में

104. सिरमौर में 'पझौता सत्याग्रह' कब हुआ?
A. 1935 में   B. 1942 में
C. 1944 में   D. 1948 में

105. अंग्रेजों ने शिमला को स्थायी ग्रीष्मकालीन राजधानी (Summer Capital) कब बनाया?
A. 1888 में   B. 1874 में
C. 1864 में   D. 1854 में

106. वायसराय लार्ड मेयो ने चंबा राज्य की प्रथम यात्रा कब की थी?
A. 1877 में   B. 1875 में
C. 1873 में   D. 1871 में

107. पूर्वी पंजाब सरकार का मुख्यालय शिमला में 1947 से कब तक बना रहा?
A. 1971 तक   B. 1966 तक
C. 1957 तक   D. 1953 तक

108. धामिन नाम से प्रसिद्ध पहाड़ी रियासत का नया नाम क्या है?
A. नूरपुर   B. नगरकोट
C. धर्मशाला   D. धामी

109. सिरमौर प्रजामंडल के पहले अध्यक्ष कौन थे?
A. चौधरी शेरजंग
B. एस.डी. चौहान
C. डॉ. वाई.एस. परमार
D. शिवानंद रमौल

110. चंबा सेवक संघ की स्थापना कब हुई थी?
A. 1940 में B. 1936 में
C. 1935 में D. 1922 में

111. निम्न में से किस वर्ष सिरमौर प्रजामंडल की स्थापना हुई थी?
A. 1945 में B. 1939 में
C. 1932 में D. 1921 में

112. भारतीय राष्ट्रीय कांग्रेस के संस्थापक ए. ओ. ह्यूम के निवास स्थान को किस नाम से जाना जाता है?
A. वाइस रीगल लॉज
B. रोथनी कैसल
C. पीटर हॉफ भवन
D. गेटी थियेटर

113. शिमला हिल स्टेट्स गजेटियर (Shimla Hill States Gazetteer) में रतेश रियासत का क्षेत्रफल कितने वर्ग मील बताया गया है?
A. 12 वर्ग मील B. 10 वर्ग मील
C. 5 वर्ग मील D. 3 वर्ग मील

114. निम्न में से कौन-सी रियासत स्वतंत्र राजनीतिक इकाई थी?
A. क्योंथल B. कोटी
C. घूण्ड D. मधान

115. मधान, ठियोग तथा घूण्ड की छोटी रियासतों के शासक अपने आपको किसका वंशज मानते थे?
A. बिलासपुर के चंदेल वंश का
B. सुकेत के सेन वंश का
C. सिरमौर के प्रकाश वंश का
D. कांगड़ा के कटोच वंश का

116. शिमला स्थित सचिवालय भवन का निर्माण पंजाब सरकार के द्वारा कराया गया था। इस भवन का क्या नाम था?
A. कैनेडी हाऊस B. गोल्डन कैसल
C. ऐलर्सली भवन D. छोटा शिमला

117. बुशहर रियासत की राजधानी रामपुर से पहले कहां पर थी?
A. किन्नौर B. शड़ोच
C. सिराज D. सराहन

118. क्षेत्रफल के अनुसार निम्न में से किस छोटी रियासत का आकार सबसे छोटा था?
A. रतेश B. कोटी
C. मधान D. घूण्ड

119. धामी प्रजामंडल का नेतृत्व किसने किया था?
A. श्री सीताराम B. ओम प्रकाश
C. एस. बनर्जी D. उमा दत्त

120. 'पझौता विद्रोह' कहां हुआ था?
A. चंबा रियासत में
B. मंडी रियासत में
C. शिमला रियासत में
D. सिरमौर रियासत में

121. अंग्रेजों ने गोरखों को कब परास्त किया था?
A. 1824 में B. 1844 में
C. 1864 में D. 1884 में

122. बिलासपुर जिले को 1954 में हिमाचल प्रदेश में मिलाया गया। इसे देर से मिलाने का क्या कारण था?
A. बिलासपुर का विद्रोह
B. जनता की इच्छा

C. विलय की गई दूसरी रियासतों का विरोध

D. भाखड़ा नंगल बांध योजना को पूरा करने में अवरोध न आए

123. 'वजीरी रूपी' नामक स्थान किस जिले का भाग है?

A. मंडी   B. कुल्लू

C. बिलासपुर   D. कांगड़ा

124. अंग्रेजों के राजनीतिक एजेंट का स्थायी निवास किस भवन में रहा है?

A. कैनेडी भवन   B. संजौली हाऊस

C. कसुम्पटी निवास   D. एलर्सली भवन

125. भारत-तिब्बत राजमार्ग का प्रथम सर्वेक्षण किसके द्वारा कराया गया?

A. लार्ड लॉरेंस   B. ले. रोस

C. लार्ड रिपन   D. कैप्टन कैनेडी

126. कुल्लू रियासत का अंतिम राजा किसे माना जाता है, उसके बाद इसे 'वजीरी रूपी' का दर्जा दिया गया था?

A. जगत सिंह   B. विहंगमणि

C. विशुदयाल   D. जीत सिंह

127. चम्बा राज्य की नींव 550 ई. के लगभग किसने डाली थी?

A. यशोवर्मन   B. वीरचंद

C. चंद्रवर्मन   C. मेरुवर्म्मन

128. राजा वीरचंद ने कहलूर राज्य की स्थापना कब की थी?

A. 555 ई. में   B. 697 ई. में

C. 578 ई. में   D. 610 ई. में

129. राजा वीरचंद ने सांढ़ा, बांढ़ा, मलांढ़ा और झण्डा चार ठाकुरों को पराजित कर किस राज्य की स्थापना की थी?

A. चंबा राज्य

B. नूरपुर राज्य

C. कहलूर राज्य

D. इनमें से कोई नहीं

130. 765 ई. में पोंगणा नामक राज्य की स्थापना की गई थी जो बाद में किस नाम से प्रसिद्ध हुआ?

A. सुकेत   B. मंडी

C. चंबा   D. बिलासपुर

131. बड़े राज्य स्थापित होने से पूर्व सारा हिमाचल क्षेत्र अनेक लघु सामंतों के अधीन बंटा था, ये लोग कौन-सी उपाधि धारण करते थे?

A. राघव   B. राणा या ठाकुर

C. विक्रमादित्य   D. विजेता

132. कुलिंद राज्य का संस्थापक कौन था?

A. भूमिचंद

B. आदित्यवर्मन

C. कल्याणचंद

D. राठौर राजकुमार आदित्य

133. कांगड़ा के कटोच वंश का प्रथम शासक कौन था?

A. राजा भूमिचंद

B. राजा रणजीतसिंह

C. राजा आनंदचंद

D. राजा कल्याणचंद

134. हिमाचल की कुल्लू रियासत का सबसे शक्तिशाली शासक कौन था?

A. महेश्वरसिंह   B. बहादुरसिंह

C. जगतसिंह   D. वीरेंद्रसिंह

135. हिमाचल का बिलासपुर जिला राजपूत काल में किस नाम से जाना जाता था?

A. चंबा   B. कहलूर

C. कुल्लूत   D. सुकेत

136. किस राजा का युग नूरपुर राज्य के इतिहास में स्वर्ण युग के नाम से प्रसिद्ध है?

A. राजा रूपसिंह   B. भक्तमल
C. मन्धाता   D. जगतसिंह

137. सिरमौर राज्य की स्थापना कब हुई थी?

A. 700 ई. में   B. 708 ई. में
C. 800 ई. में   D. 810 ई. में

138. क्योंथल राज्य की स्थापना किस शताब्दी में की गई थी?

A. सातवीं शताब्दी
B. आठवीं शताब्दी
C. नौवीं शताब्दी
D. दसवीं शताब्दी

139. हिमाचल क्षेत्र में कितने ठाकुरवंश, दसवीं शताब्दी तक अस्तित्व में आ चुके थे?

A. 18   B. 19
C. 22   D. 30

140. जसवां रियासत की स्थापना राजकुमार पूर्णचंद ने कब की थी?

A. 1055 ई. में   B. 1135 ई. में
C. 1170 ई. में   D. 1190 ई. में

141. हिमाचल में 1000 ई. में नूरपुर राज्य की स्थापना किसके द्वारा की गई थी?

A. घमण्ड चंद
B. अजयचंद
C. तेजपाल नामक तोमर राजपूत
D. विजयपाल नामक तोमर राजपूत

142. हिमाचल में कुम्हार सेन रियासती राज्य की स्थापना किरवचंद द्वारा किस सदी में की गई थी?

A. 8वीं सदी   B. 9वीं सदी
C. 10वीं सदी   D. 11वीं सदी

143. हिमाचल में 1154 ई. में 'अभोजदयो' द्वारा किस रियासत की स्थापना की गई थी?

A. जुब्बल   B. कुनिहार
C. ढियोग   D. डाडासिवा

144. हिमाचल की महलोग रियासत का संस्थापक कौन था?

A. वीरचंद   B. जयचंद
C. पृथ्वीचंद   D. विजयचंद

145. बिलासपुर के किस राजा को उसकी दमनकारी नीतियों के कारण राज्य छोड़ने पर विवश कर दिया गया था?

A. विजयचंद   B. प्रकाशचंद
C. मेघचंद   D. यशोवर्मन

146. हिमाचल का वह कौन-सा राजा था जिसने अपने पैतृक स्थान ''सूनहाणी'' को छोड़कर नए बिलासपुर नगर एवं गद्दी स्थल की स्थापना की थी?

A. नरेशचंद   B. जयचंद
C. रामचंद्र   D. दीपचंद

147. हिमाचल प्रदेश में 1857 के स्वतंत्रता संग्राम की शुरुआत कहां से हुई?

A. कसौली की सैनिक छावनी से
B. नालागढ़ नामक स्थान से
C. कुल्लू रियासत से
D. बुशहर रियासत से

148. प्रदेश के किन दो क्रांतिकारियों को 3 अगस्त, 1857 को ब्रिटिश सरकार द्वारा फांसी की सजा दी गई थी?

A. शिवसिंह व भद्रसिंह

B. प्रतापसिंह व वीरसिंह

C. रामप्रसाद व शिवसिंह

D. अजयसिंह व बलवंत देव

149. 1857 की क्रांति के समय जब नासिरी बटालियन के गोरखा सिपाहियों ने विद्रोह किया, तब स्थानीय राजाओं ने क्या रुख अपनाया था?

A. अंग्रेजों की सहायता की

B. तटस्थता की नीति अपनाई

C. गोरखों की सहायता की

D. अंग्रेजों का विरोध किया

150. शिमला क्षेत्र में जतोग सैनिक क्रांति कब हुई थी?

A. 1856 में   B. 1867 में

C. 1860 में   D. 1857 में

151. 1857 की क्रांति के संचालन के लिए शिमला में बनाए गए संगठन का प्रमुख नेता कौन था?

A. रामप्रसाद बैरागी   B. शिवदास

C. किशन सिंह   D. बलवंत देव

152. राजा शमशेर सिंह किस रियासत का शासक था, जिसने 1857 के विद्रोह के दौरान अंग्रेजों को आर्थिक और सैनिक सहायता देना बन्द कर दिया था?

A. किन्नौर   B. कोटगढ़

C. बुशहर   D. नालागढ़

153. स्वतंत्रता संग्राम के दौरान शिमला पहाड़ी की निम्नलिखित में से किस रियासत में तीव्र असंतोष फैला?

A. कुल्लू

B. नालागढ़ (हिन्डूर)

C. कांगड़ा

D. किसी में नहीं

154. 1857 की क्रांति के समय कुल्लू रियासत के जिस शासक ने सिराज के नेगी की सहायता से विद्रोह किया था, उसका नाम क्या था?

A. राजा प्रतापसिंह   B. वीरेन्द्र प्रताप

C. अजयसिंह   D. गजेन्द्रसिंह

155. कुल्लू के राजा प्रतापसिंह ने अंग्रेजों के विरुद्ध लोगों को विद्रोह करने के उद्देश्य से सिराज का दौरा कब किया था?

A. 10 जून, 1857 को

B. 16 मार्च, 1857 को

C. 1 मई, 1857 को

D. 16 मई, 1857 को

156. 1857 की क्रांति के समय शिमला का डिप्टी कमिश्नर कौन था?

A. टामस

B. सैडमैन

C. विलियम हेग

D. उपरोक्त में से कोई नहीं

157. प्रदेश की बुशहर रियासत में दूम्ह आंदोलन कब हुआ था?

A. 1857 में   B. 1858 में

C. 1960 में   D. 1959 में

158. राजा उग्रसेन के कार्यकाल (1836-1876) में प्रदेश की सुकेत रियासत में जन-आंदोलन कब हुआ?

A. 1857 में   B. 1840 में

C. 1862 में   D. 1858 में

159. प्रदेश में नालागढ़ नामक स्थान पर जन-आंदोलन कब हुआ?
A. 1960 में   B. 1877 में
C. 1865 में   D. 1880 में

160. राजा रुद्रसेन के कार्यकाल में सुकेत में जन-आंदोलन कब हुआ था?
A. 1878 में   B. 1895 में
C. 1877 में   D. 1906 में

161. बिलासपुर रियासत की जनता ने वहां के शासक मानसिंह के आतंक के विरुद्ध कब विद्रोह किया था?
A. 1805 में   B. 1957 में
C. 1806 में   B. 1860 में

162. 1859 में रामपुर-बुशहर में बेगार के विरुद्ध संघर्ष हुआ था, इसका प्रमुख केन्द्र कौन-सा स्थान था?
A. नालागढ़   B. सुकेत
C. रोहड़ू   D. चम्बा

163. 1862-1876 के मध्य सुकेत रियासत की जनता ने वहां के मंत्री के विरुद्ध विद्रोह किया था, उस मंत्री का नाम क्या था?
A. भगवानमल   B. तेजप्रताप सिंह
C. नरहरिवर्मन   D. नरोत्तम

164. नालागढ़ रियासत की जनता ने वहां के मंत्री गुलाम कादिर खां के अन्यायपूर्ण व्यवहार के विरुद्ध विद्रोह कब किया था?
A. 1876 में   B. 1880 में
C. 1878 में   D. 1995 में

165. कहलूर नामक रियासत की जनता ने 1880 में उच्छ तथा अन्य किस शासक के राज्य शासन के विरुद्ध विद्रोह किया था?
A. मनजीत सिंह   B. भागवतमल
C. करतार सिंह   D. प्रीतम सिंह

166. 1937 में चम्बा में हुए अग्निकांड से पीड़ित लोगों की सहायता के लिए किस संघ की स्थापना की गई थी?
A. चम्बा सहायता संघ
B. चम्बा अग्नि पीड़ित संघ
C. चम्बा सेवक संघ
D. चम्बा स्थानीय संघ

167. प्रदेश के पुराने पहाड़ी राज्यों में सत्ता के प्रति विरोध प्रदर्शन को स्थानीय लोग क्या कहकर पुकारते थे?
A. कहक   B. लुम्ह
C. दूम्ह   D. सुम्ह

168. प्रदेश में पझौता आंदोलन किसके विरुद्ध हुआ था?
A. अंग्रेजों के
B. मंडी रियासत के
C. सिखों के
D. गोरखों के

169. मंडी जिले में कृषक आंदोलन कब हुआ था?
A. 1904 में   B. 1912 में
C. 1909 में   D. 1921 में

170. प्रदेश जिले में किस स्थान पर 1930 में भूमि बन्दोबस्त संबंधी आंदोलन हुआ था?
A. चम्बा   B. बिलासपुर
C. सुकेत   D. कांगड़ा

उत्तरमाला

1	2	3	4	5	6	7	8	9	10
C	D	A	C	B	D	B	B	A	B

11	12	13	14	15	16	17	18	19	20
B	C	C	B	A	A	B	C	B	A

21	22	23	24	25	26	27	28	29	30
B	D	B	C	C	C	B	A	C	A

31	32	33	34	35	36	37	38	39	40
A	D	B	A	B	B	A	D	A	C

41	42	43	44	45	46	47	48	49	50
B	C	B	A	B	A	B	D	D	C

51	52	53	54	55	56	57	58	59	60
D	C	C	B	B	C	D	A	B	A

61	62	63	64	65	66	67	68	69	70
C	B	B	C	B	B	A	B	B	C

71	72	73	74	75	76	77	78	79	80
C	D	C	A	C	A	B	C	B	A

81	82	83	84	85	86	87	88	89	90
B	B	A	D	D	C	C	B	D	C

91	92	93	94	95	96	97	98	99	100
C	B	A	A	D	B	D	C	B	A

101	102	103	104	105	106	107	108	109	110
B	B	A	B	C	D	D	A	A	B

111	112	113	114	115	116	117	118	119	120
B	B	D	A	A	C	D	A	A	D

121	122	123	124	125	126	127	128	129	130
A	D	B	A	A	D	D	B	C	A

131	132	133	134	135	136	137	138	139	140
B	D	A	C	B	D	A	B	A	C

141	142	143	144	145	146	147	148	149	150
C	D	B	A	C	D	A	B	A	D

151	152	153	154	155	156	157	158	159	160
A	C	B	A	D	C	D	C	B	A

161	162	163	164	165	166	167	168	169	170
A	C	D	A	D	C	C	A	C	B

भौगोलिक स्थिति एवं जलवायु

1. हिमाचल प्रदेश निम्न में से किस अक्षांश पर स्थित है?
   A. 40°15 से 35°6 उत्तरी अक्षांश
   B. 29°3 से 19°6 उत्तरी अक्षांश
   C. 50°6 से 43°9 उत्तरी अक्षांश
   D. 30°22 से 33°12 उत्तरी अक्षांश

2. हिमाचल प्रदेश का क्षेत्रफल है–
   A. 50,673 वर्ग किमी
   B. 55,673 वर्ग किमी
   C. 56,673 वर्ग किमी
   D. 59,673 वर्ग किमी

3. हिमाचल प्रदेश निम्न में से किस देशांतर पर स्थित है?
   A. 75°47 से 79°4 पूर्वी देशांतर
   B. 79°15 से 75°47 पूर्वी देशांतर
   C. 97°9 से 82°3 पूर्वी देशांतर
   D. किसी देशांतर पर भी नहीं

4. हिमाचल प्रदेश के उत्तर दिशा में कौन-सा प्रदेश स्थित है?
   A. जम्मू-कश्मीर   B. मध्य प्रदेश
   C. हरियाणा   D. असम

5. निम्न कथनों में से गलत की पहचान करें–
   A. चंबा जिला हिमाचल के उत्तर-पश्चिम में स्थित है।
   B. चंबा नगर रावी नदी के दाएं किनारे पर बसा है।
   C. रावी नदी के तट पर भरमौर बसा है।
   D. इतिहासकार एलेक्जेण्डर ने रावी को 'रौदी' नाम से पुकारा है।

6. हिमाचल प्रदेश के दक्षिण दिशा में कौन-सा प्रदेश स्थित है?
   A. राजस्थान   B. हरियाणा
   C. जम्मू-कश्मीर   D. पंजाब

7. हिमाचल प्रदेश के विभिन्न क्षेत्रों की ऊंचाई में कितनी तक भिन्नता पाई जाती है?
   A. 150 से 4000 मीटर
   B. 300 से 9000 मीटर
   C. 350 से 7000 मीटर
   D. 650 से 1540 मीटर

8. निम्न में से किस क्षेत्र को उच्च पर्वतीय क्षेत्र (Alpine Zone) कहा जाता है?

A. उच्चतर हिमालय
B. मध्यवर्ती हिमालय
C. धौलाधार शिखाएं
D. शिवालिक पहाड़ियां

9. निम्न में से कौन-सा जिला पूर्ण रूप से शिवालिक पहाड़ियों में स्थित है?
A. कांगड़ा   B. ऊना
C. सोलन   D. शिमला

10. हिमाचल प्रदेश 'हरियाणा' की कौन-सी दिशा में स्थित है?
A. उत्तर   B. दक्षिण
C. पूर्व   D. दक्षिण-पूर्व

11. हिमाचल प्रदेश में सर्वाधिक वर्षा कहां पर होती है?
A. केलंग   B. डलहौजी
C. मनाली   D. धर्मशाला

12. हिमाचल प्रदेश का निम्न में से कौन-सा जिला शिवालिक पहाड़ियों को नहीं छूता है?
A. बिलासपुर   B. हमीरपुर
C. कांगड़ा   D. शिमला

13. भारतीय उच्च अध्ययन संस्थान (IIAS) शिमला के किस पहाड़ी पर स्थित है?
A. डिंगू पहाड़ियों पर
B. आब्जर्वेटरी पहाड़ियों पर
C. चैडविक पहाड़ियों पर
D. स्नोलाइन पहाड़ियों पर

14. हिमाचल प्रदेश 'पंजाब' की कौन-सी दिशा में स्थित है?
A. पूर्व   B. उत्तर
C. दक्षिण-पश्चिम   D. उत्तर-पूर्व

15. शिवालिक पहाड़ियों को प्राचीन समय में किस नाम से जाना जाता था?
A. भृगु पर्वत   B. त्रिगर्त क्षेत्र
C. मैनाक पर्वत   D. सास पहाड़ियां

16. शिवालिक क्षेत्र का निम्न में से वह भाग जो सबसे अधिक उपजाऊ है–
A. बल्ह घाटी   B. कुनिहार घाटी
C. ठियोग घाटी   D. नादौन क्षेत्र

17. शिवालिक क्षेत्र में वर्षा में कितनी भिन्नता पाई जाती है?
A. 4000 मिमी. से 4600 मिमी.
B. 1500 मिमी. से 1800 मिमी.
C. 1000 मिमी. से 1400 मिमी.
D. 600 मिमी. से 1200 मिमी.

18. हिमाचल प्रदेश हिमालय के किस भाग में स्थित है?
A. पूर्वी हिमालय
B. पश्चिमी हिमालय
C. उत्तरी हिमालय
D. दक्षिणी हिमालय

19. भीतरी हिमालय को और किस नाम से जाना जाता है?
A. मध्य हिमालय
B. हिमालय पर्वत
C. पठार हिमालय
D. आंतरिक हिमालय

20. हिमालय शाखा का 'पीर पंजाल' मुख्य रूप से किस जिले में अवस्थित है?
A. हमीरपुर   B. चंबा
C. कुल्लू   D. कांगड़ा

21. निम्न में से किस क्षेत्र में सबसे कम वर्षा होती है?
- A. आंतरिक हिमालय
- B. उच्चतर हिमालय
- C. मध्य हिमालय
- D. शिवालिक हिमालय

22. हिमालयन शाखा का 'धौलाधार' मुख्य रूप से किस जिले में अवस्थित है?
- A. कांगड़ा
- B. मंडी
- C. चंबा
- D. कुल्लू

23. कौन-सा जिला उच्चतर हिमालय क्षेत्र में नहीं आता है?
- A. किन्नौर
- B. सोलन
- C. चंबा
- D. लाहौल-स्पीति

24. हिमाचल प्रदेश का निम्न में से वह स्थान जहाँ सबसे कम वार्षिक वर्षा होती है?
- A. किन्नौर
- B. स्पीति
- C. चंबा
- D. सिरमौर

25. 'धौलाधार' एवं 'पीर पंजाल' की चोटियां किस क्षेत्र में पाई जाती हैं?
- A. उच्च पर्वतीय क्षेत्र
- B. शिवालिक क्षेत्र
- C. मध्य हिमालय
- D. चूढ़धार क्षेत्र

26. क्षेत्रफल के आधार पर हिमाचल का सबसे छोटा जिला कौन-सा है?
- A. हमीरपुर
- B. ऊना
- C. सिरमौर
- D. सोलन

27. 'जास्कर की चोटियां' निम्न में से किस क्षेत्र में अवस्थित हैं?
- A. भीतरी हिमालय

- B. शिवालिक घाटी
- C. मध्य हिमालय
- D. उच्चतर हिमालय

28. हिमाचल प्रदेश के निम्न में से कौन-से दो जिले समशीतोष्ण क्षेत्र में आते हैं?
- A. कांगड़ा एवं कुल्लू
- B. हमीरपुर एवं ऊना
- C. लाहौल एवं कुल्लू
- D. सोलन एवं सिरमौर

29. निम्न में से किसका संबंध 'चंबा' जिले से नहीं है?
- A. रेणुका
- B. गड़ासरु
- C. लामा
- D. खजियार

30. बड़ा भंगाल-छोटा भंगाल क्षेत्र किस जिले का भाग है?
- A. चंबा
- B. सिरमौर
- C. शिमला
- D. कांगड़ा

31. 'ट्रांस गिरी' का क्षेत्र किस जिले में अवस्थित है?
- A. मंडी
- B. शिमला
- C. सिरमौर
- D. लाहौल-स्पीति

32. बाहरी सिराज का क्षेत्र किस जिले में स्थित है?
- A. कुल्लू
- B. किन्नौर
- C. मंडी
- D. लाहौल-स्पीति

33. हिमाचल प्रदेश की ऊँचाई समुद्र तल से कितनी है?
- A. 300 मीटर से लेकर 4,300 मीटर
- B. 450 मीटर से लेकर 6,500 मीटर
- C. 460 मीटर से लेकर 5,200 मीटर
- D. 580 मीटर से लेकर 7,200 मीटर

34. हिमाचल प्रदेश भारत की उत्तर-पश्चिमी सीमा पर कितने उत्तरी अक्षांश पर स्थित है ?
   A. 30° 22' और 30° 12' उत्तरी अक्षांश
   B. 30° 12' और 30° 15' उत्तरी अक्षांश
   C. 40° 17' और 40° 25' उत्तरी अक्षांश
   D. 40° 22' और 40° 20' उत्तरी अक्षांश

35. प्रदेश के बाह्य हिमालय या शिवालिक श्रेणी के अंतर्गत निम्नलिखित में से कौन-सी पहाड़ियां आती हैं ?
   A. ऊँची पहाड़ियां
   B. जस्कर की पहाड़ियाँ
   C. निचली पहाड़ियां
   D. **उपर्युक्त में से** कोई नहीं

36. प्रदेश के बाह्य हिमालय या शिवालिक श्रेणी के अंतर्गत आने वाली निचली पहाड़ियां समुद्रतल से कितनी ऊँचाई पर स्थित हैं ?
   A. 500 मीटर
   B. 600 मीटर
   C. 700 मीटर
   D. 800 मीटर

37. प्रदेश के बाह्य हिमालय या शिवालिक पर्वतीय क्षेत्र में औसत वार्षिक वर्षा कितने मिलीमीटर दर्ज की जाती है ?
   A. 1500 मिलीमीटर से 2000 मिलीमीटर
   B. 1800 मिलीमीटर से 1000 मिलीमीटर
   C. 2000 मिलीमीटर से 3000 मिलीमीटर
   D. 3000 मिलीमीटर से 4000 मिलीमीटर

38. प्रदेश में लगभग कितने मीटर की ऊंचाई तक वर्षा ऊंचाई के साथ-साथ बढ़ती है ?
   A. 1000 मीटर
   B. 1,500 मीटर
   C. 2000 मीटर
   D. 3000 मीटर

39. निम्नवर्ती हिमालय या मध्य क्षेत्र में स्थित धौलाधार पर्वतश्रेणी की औसत ऊँचाई लगभग कितनी है ?
   A. 2,440 मीटर
   B. 3,300 मीटर
   C. 4,200 मीटर
   D. 4,550 मीटर

40. निम्नवर्ती हिमालय या मध्य क्षेत्र में कितने से.मी. वार्षिक वर्षा होती है ?
   A. 75 से.मी. से 100 से.मी. तक
   B. 110 से.मी. से 200 से.मी तक
   C. 150 से.मी. से 200 से.मी. तक
   D. 200 से.मी. से 225 से.मी. तक

41. ऊपरी हिमालय पर्वतश्रेणी कितनी ऊँचाई पर स्थित है ?
   A. 4,000 मीटर से 5,000 मीटर
   B. 5,000 मीटर से 6,000 मीटर
   C. 6,000 मीटर से 7,000 मीटर
   D. 7,000 मीटर से 8,000 मीटर

42. ऊपरी हिमालय क्षेत्र में स्थित पीन पर्वतीय दर्रे की ऊँचाई कितनी है ?
   A. 3,250 मीटर
   B. 3,600 मीटर
   C. 4,802 मीटर
   D. 5,250 मीटर

43. जस्कर पर्वत श्रेणी किन्नौर व स्पीति को निम्नलिखित में से किस भाग से अलग करती है ?

A. तिब्बत   B. म्यांमार

C. चीन   D. कश्मीर

44. प्रदेश के जस्कर क्षेत्र में स्थित 'शिल्ला' नामक चोटी की ऊँचाई कितनी है ?

A. 6,021 मीटर   B. 7,026 मीटर

C. 8,030 मीटर   D. 9,029 मीटर

45. प्रदेश के जस्कर क्षेत्र में स्थित 'रीवो फर्ग्युल' चोटी की ऊँचाई कितनी है ?

A. 4,200 मीटर   B. 4,600 मीटर

C. 5,700 मीटर   D. 6,791 मीटर

46. हिमाचल प्रदेश की स्थानीय भाषा में हिमनद को क्या कहते हैं ?

A. शिगड़ी   B. चिकती

C. शिपका   D. शापी

उत्तरमाला

1	2	3	4	5	6	7	8	9	10
D	B	A	A	C	B	C	A	B	A
11	**12**	**13**	**14**	**15**	**16**	**17**	**18**	**19**	**20**
D	D	B	A	C	A	B	B	A	B
21	**22**	**23**	**24**	**25**	**26**	**27**	**28**	**29**	**30**
B	A	B	B	C	A	D	C	A	D
31	**32**	**33**	**34**	**35**	**36**	**37**	**38**	**39**	**40**
C	A	B	A	C	B	A	B	D	A
41	**42**	**43**	**44**	**45**	**46**				
B	C	A	B	D	A				

पर्वत शिखर, प्रमुख घाटियां एवं दर्रे

1. 'केलांग सुंदरी' का निम्न में से क्या तात्पर्य है?
A. सब्जी
B. शिल्पकला
C. पर्वत चोटी
D. झरना

2. 'पिन पार्वती दर्रा' जोड़ता है–
A. कुल्लू और स्पीति को
B. कुल्लू और लाहौल को
C. कुल्लू और किन्नौर को
D. शिमला और किन्नौर को

3. "हम्टा पद यात्रा मार्ग" किसके बीच स्थित है?
A. कुल्लू-स्पीति
B. स्पीति-लद्दाख
C. चंबा-पांगी
D. किन्नौर-स्पीति

4. निम्न में से असंगत कथन को चुनिए–
A. लियो पारजियल किन्नौर घाटी की सबसे ऊंची पर्वत श्रृंखला है।
B. छोबू दर्रा बड़ा भंगाल और मणि महेश के बीच स्थित है।
C. धौलाधार पर्वत श्रृंखला चंबा, कांगड़ा, मंडी तथा कुल्लू जिलों को छूती है।
D. पीर पंजाल मुख्य रूप से चंबा जिले में स्थित है।

5. 'जलोरी पद यात्रा मार्ग' किसके मध्य स्थित है?
A. मंडी-कुल्लू
B. कांगड़ा-भरमौर
C. बाहरी तथा भीतरी सिराज
D. चंबा-पांगी

6. बल्ह घाटी किस जिले में है?
A. कांगड़ा
B. कुल्लू
C. मंडी
D. बिलासपुर

7. 'चोबिया यात्रा मार्ग' किसके मध्य स्थित है?
A. चंबा-पांगी
B. भरमौर-पांगी
C. लाहौल-भरमौर
D. स्पीति-कुल्लू

8. शिवालिक घाटियों की अधिकतम ऊंचाई कितनी है?
A. 9800 फुट
B. 1500 मीटर
C. 2650 मीटर
D. 1500 फुट

9. लाहौल घाटी व स्पीति घाटी को निम्न में से कौन-सा दर्रा जोड़ता है?
A. शिपकी
B. बारालाचा
C. रोहतांग
D. कुंजम

10. 'कुंजुम दर्रा' किस घाटी में अवस्थित है?

A. स्पीति घाटी B. कुल्लू घाटी
C. कांगड़ा घाटी D. पांगी घाटी

11. किन्नर कैलाश नामक पर्वत शिखर हिमाचल प्रदेश के किस जिले में स्थित है?

A. किन्नौर B. लाहौल
C. कुल्लू D. चम्बा

12. निम्नलिखित में से कौन-सा पर्वत शिखर किन्नौर जिला में स्थित नहीं है?

A. शिला B. शिरकी
C. श्रृंगला D. लियोपारजिल

13. किन्नौर जिले में स्थित 'किन्नर कैलाश' नामक पर्वत शिखर की ऊंचाई समुद्रतल से कितनी है?

A. 19,824 फीट B. 19,500 फीट
C. 18,600 फीट D. 18,210 फीट

14. निम्नलिखित में से कौन-सा पर्वत शिखर लाहौल-स्पीति जिले में स्थित है?

A. मनी रैंग B. मुल किला
C. लच्छालंगला D. उपरोक्त सभी

15. लाहौल-स्पीति में स्थित 'गेफांग' नामक पर्वत शिखर की ऊंचाई समुद्रतल से कितनी है?

A. 19,824 फीट B. 19,200 फीट
C. 20,373 फीट D. 21,075 फीट

16. 'शिंगरिला' नामक पर्वत शिखर हिमाचल प्रदेश के किस जिले में स्थित है?

A. किन्नौर B. कुल्लू
C. लाहौल-स्पीति D. कांगड़ा

17. निम्नलिखित में से कौन-सा पर्वत शिखर लाहौल-स्पीति जिले में स्थित है?

A. श्रृंगला B. पतालसू
C. हरगारण D. मुकरबह

18. शालदू दा पार नामक पर्वत शिखर हिमाचल प्रदेश के किस जिले में स्थित है?

A. लाहौल-स्पीति B. किन्नौर
C. कांगड़ा D. मनाली

19. लाहौल-स्पीति जिले में स्थित 'मुरांगला' नामक पर्वत शिखर समुद्रतल से कितनी ऊंचाई पर स्थित है?

A. 15,180 फीट B. 18,690 फीट
C. 16,950 फीट D. 19,791 फीट

20. सोलांग नामक पर्वत शिखर हिमाचल के किस जिले में स्थित है?

A. लाहौल B. स्पीति
C. कुल्लू D. कांगड़ा

21. निम्नलिखित में से कौन-सा पर्वत शिखर कुल्लू जिले में स्थित है?

A. डिबीवोकरी B. इन्द्रकिला
C. दियोटिब्बा D. उपरोक्त सभी

22. कुल्लू जिले में स्थित 'उमाशिला' नामक पर्वत शिखर की ऊंचाई समुद्रतल से कितनी है?

A. 17,925 फीट

B. 19,200 फीट

C. 15,882 फीट

D. 18,003 फीट

23. 'साचा' नामक पर्वत शिखर हिमाचल प्रदेश के किस जिले में स्थित है?
A. कांगड़ा
B. कुल्लू
C. मनाली
D. इनमें से कोई नहीं

24. निम्नलिखित में से कौन-सा पर्वत शिखर कुल्लू जिले में स्थित नहीं है?
A. मेवा कान्दिनू B. परागला
C. श्रीखंडा   D. कैलाश

25. कुल्लू व कांगड़ा जिले में स्थित 'हनुमान टिब्बा' नामक पर्वत शिखर समुद्रतल से कितनी ऊंचाई पर स्थित है?
A. 17,580 फीट B. 19,200 फीट
C. 15,546 फीट D. 10,620 फीट

26. निम्नलिखित में से कौन-सा पर्वत शिखर कुल्लू व कांगड़ा जिलों के अंतर्गत स्थित है?
A. इन्द्र किला   B. थोरा तनतनु
C. तमसार   D. शिकरबह

27. चम्बा जिले में स्थित 'नरसिंह टिब्बा' नामक पर्वत शिखर की ऊंचाई समुद्रतल से कितनी है?
A. 9,810 फीट   B. 14,820 फीट
C. 11,190 फीट D. 13,410 फीट

28. निम्नलिखित में से कौन-सा पर्वत शिखर चम्बा जिले में स्थित नहीं है?
A. कैलाश   B. सोलांग
C. तमसार   D. बड़ा खंडा

29. चम्बा जिले में स्थित 'पीर पंजाल' नामक पर्वत शिखर की समुद्रतल से ऊंचाई कितनी है?
A. 17,916   B. 16,731
C. 11,190   D. 14,640

30. 'चो लांग' नामक पर्वतीय शिखर हिमाचल के किस जिले में स्थित है?
A. चम्बा   B. कुल्लू
C. कांगड़ा   D. किन्नौर

31. 'हामता' नामक जोत हिमाचल प्रदेश के किस जिले से संबंधित है?
A. कांगड़ा
B. चम्बा, कुल्लू व स्पीति
C. किन्नौर
D. मंडी

32. कांगड़ा जिले में स्थित 'गैरू' नामक जोत की ऊँचाई समुद्रतल से कितनी है?
A. 13,980 फीट B. 13,620 फीट
C. 12,810 फीट D. 15,000 फीट

33. 'भीम धसूतड़ी' नामक 'जोत' का संबंध हिमाचल प्रदेश के किस जिले से है?
A. लाहौल-स्पीति
B. मंडी
C. कांगड़ा व चंबा
D. कुल्लू

34. निम्नलिखित में से कौन-सी 'जोत' कांगड़ा व चम्बा जिलों में स्थित नहीं है?
A. तोरी   B. दुग्गी
C. बालेणी   D. जालसू

35. 'लालुजी' नामक 'जोत' हिमाचल प्रदेश के किस जिले में स्थित है?
  A. लाहौल-स्पीति
  B. कुल्लू
  C. कांगड़ा
  D. कांगड़ा व चम्बा

36. 'लाहौल-स्पीति' जिले में स्थित 'तेम्पो ला' नामक जोत, समुद्रतल से कितनी ऊंचाई पर है?
  A. 11,190 फीट B. 16,320 फीट
  C. 14,670 फीट D. 11,220 फीट

37. 'गुलारी' नामक 'जोत' हिमाचल प्रदेश के किस जिले के अंतर्गत है?
  A. चम्बा   B. लाहौल
  C. कांगड़ा   D. कुल्लू

38. निम्नलिखित में से कौन-सी 'जोत' कुल्लू जिले के अंतर्गत आती है?
  A. शी   B. रसौल
  C. गढू   D. उपरोक्त सभी

39. कुल्लू जिले में स्थित 'तैन्ती' नामक 'जोत' समुद्रतल से कितनी ऊंचाई पर स्थित है?
  A. 9,690 फीट B. 10,800 फीट
  C. 11,190 फीट D. 10,320 फीट

40. 'बसोदन दर्रा' किस जिले में स्थित है?
  A. चंबा   B. कांगड़ा
  C. किन्नौर   D. लाहौल

41. 'कढ़ी कुकड़ी' नामक दर्रा हिमाचल के किस जिले से संबंधित है?
  A. भरमौर व कांगड़ा
  B. लाहौल व स्पीति

  C. लाहौल-स्पीति व भरमौर
  D. कुल्लू व कांगड़ा

42. निम्नलिखित में से कौन-सा दर्रा कांगड़ा व चम्बा जिले के अंतर्गत स्थित है?
  A. कालिछो   B. इन्द्राहर
  C. चौरी   D. शिपकीला

43. 'लाहौल व स्पीति' नामक जिले के अंतर्गत स्थित 'शिपकीला' नामक दर्रा समुद्रतल से कितनी ऊंचाई पर स्थित है।
  A. 4,500 मी०   B. 5,395 मी०
  C. 6,395 मी०   D. 4,765 मी०

44. 'कुंगती' नामक दर्रा हिमाचल प्रदेश के किन जिलों के अंतर्गत स्थित है?
  A. कुल्लू व कांगड़ा
  B. कांगड़ा व चम्बा
  C. लाहौल-स्पीति व भरमौर
  D. लाहौल व कुल्लू

45. निम्नलिखित में से कौन-सा दर्रा 'कांगड़ा व **चम्बा**' जिलों के अंतर्गत स्थित है?
  A. निकोड़ा   B. दुल्ली
  C. जालोरी   D. पादरी

46. हिमाचल प्रदेश का निम्नलिखित में से कौन-सा नगर कांगड़ा घाटी के अंतर्गत नहीं आता है?
  A. धर्मशाला   B. भरमौर
  C. नूरपुर   D. बैजनाथ

47. हिमाचल प्रदेश की कांगड़ा घाटी की एक महत्त्वपूर्ण विशेषता क्या है?
  A. चित्रकला   B. जूट उत्पादन
  C. मूर्तिकला   D. कोई नहीं

48. प्रदेश की चम्बा घाटी को अन्य किस नाम से जाना जाता है?
A. सतलुज घाटी   B. बैत घाटी
C. रावी घाटी   D. कैथी घाटी

49. चम्बा घाटी क्षेत्र की समुद्रतल से न्यूनतम ऊँचाई 750 मीटर है। इसकी अधिकतम ऊँचाई कितनी है?
A. 4,057 मीटर   B. 6,025 मीटर
C. 6,200 मीटर   D. 7,035 मीटर

50. निम्नलिखित में से कौन-सा नगर हिमाचल की चम्बा घाटी के अंतर्गत नहीं आता है?
A. डलहौजी   B. चुवाड़ी
C. गगल   D. खजियार

51. हिमाचल प्रदेश में स्थित कुल्लू घाटी की लम्बाई व चौड़ाई कितनी है?
A. लम्बाई 75 कि.मी. व चौड़ाई 25 कि.मी.
B. लम्बाई 80 कि.मी. व चौड़ाई 30 कि.मी.
C. लम्बाई 100 कि.मी. व चौड़ाई 45 कि.मी.
D. लम्बाई 105 कि.मी. व चौड़ाई 50 कि.मी.

52. हिमाचल की कुल्लू घाटी को अन्य किस नाम से जाना जाता है?
A. रामघाटी   B. देवघाटी
C. चेताघाटी   D. शिवघाटी

53. निम्नलिखित में से कौन-सा नगर हिमाचल की कुल्लू घाटी के अंतर्गत आता है?
A. मनाली   B. नागर
C. बंजार   D. उपरोक्त सभी

54. रोरिक कला संग्रहालय हिमाचल की किस घाटी में है?
A. कुल्लू घाटी   B. कांगड़ा घाटी
C. पौंटा घाटी   D. सांगल्य घाटी

55. पौंटा घाटी हिमाचल के किस जिले में स्थित है?
A. कांगड़ा जिले में
B. मंडी जिले में
C. किन्नौर जिले में
D. कुल्लू जिले में

56. पौंटा घाटी में सिंचाई के लिए 'गिरि' के अतिरिक्त अन्य किस नदी से पानी लिया जाता है?
A. बाटा   B. यमुना
C. गोदावरी   D. चिनाब

57. निम्नलिखित में से कौन-सी घाटी हिमाचल के मंडी जिले में स्थित है?
A. कांगड़ा घाटी   B. बहल घाटी
C. चम्बा घाटी   D. कुल्लू घाटी

58. हिमाचल प्रदेश में स्थित 'लाहौल-स्पीति' घाटी में से स्पीति क्षेत्र की औरात ऊंचाई कितनी है?
A. 1,000 मीटर   B. 2,000 मीटर
C. 3,000 मीटर   D. 4,000 मीटर

59. मंडी जिले में स्थित बहल घाटी की औसत ऊंचाई कितनी है?
A. 800 मीटर   B. 900 मीटर
C. 1000 मीटर   D. 1200 मीटर

60. हिमाचल की लाहौल-स्पीति घाटी का लाहौल क्षेत्र चन्द्रभागा (चिनाब) के किस ओर स्थित है?
A. पूर्व में   B. पश्चिम में
C. उत्तर में   D. दक्षिण में

61. 1962 में भारत जर्मन संयुक्त कृषि परियोजना के लागू होने से हिमाचल की किस घाटी के आर्थिक विकास को बल मिला?

A. कुल्लू घाटी B. बहल घाटी
C. कांगड़ा घाटी D. पब्बार घाटी

62. हिमाचल प्रदेश की पब्बार घाटी को अन्य किस नाम से जाना जाता है?

A. रोहडू घाटी B. बागी घाटी
C. सेतू घाटी D. पब्बार घाटी

63. हिमाचल प्रदेश की पब्बार घाटी में बहने वाली प्रमुख **खड्ड** निम्नलिखित में से कौन-सी है?

A. पेजोर खड B. आंध्रा खड
C. शिकरी खड D. उपरोक्त सभी

64. हिमाचल प्रदेश की किस घाटी का निर्माण 'शिप्की' से लेकर 'बिलासपुर' तक सतलुज नदी द्वारा किया गया है?

A. सतलुज घाटी B. बहल घाटी
C. सांगला घाटी D. चम्बा घाटी

65. हिमाचल प्रदेश की निम्नलिखित में से किस घाटी में अल्पाइन प्रकार के वृक्ष पाये जाते हैं?

A. बहल घाटी में
B. स्पीति घाटी में
C. सांगला घाटी में
D. चम्बा घाटी में

उत्तरमाला

1	2	3	4	5	6	7	8	9	10
C	A	A	C	C	C	C	B	D	A

11	12	13	14	15	16	17	18	19	20
A	C	B	A	B	C	B	A	A	C

21	22	23	24	25	26	27	28	29	30
D	C	B	D	A	B	C	B	A	C

31	32	33	34	35	36	37	38	39	40
B	A	C	B	A	C	B	D	B	A

41	42	43	44	45	46	47	48	49	50
D	C	A	C	A	B	A	C	B	C

51	52	53	54	55	56	57	58	59	60
A	B	D	A	C	A	B	D	A	C

61	62	63	64	65
B	A	D	A	B

जल के विभिन्न स्रोत

1. गिरी नदी का उद्गम स्थान निम्न में से कौन-सा है?
A. गंगा
B. कुपर शीर्ष
C. ढियोग
D. पझौता

2. हिमाचल प्रदेश की सबसे विस्तृत नदी कौन-सी है?
A. रावी
B. चिनाब
C. व्यास
D. सतलुज

3. व्यास नदी के उद्गम स्थान का नाम क्या है?
A. व्यास कुण्ड
B. पार्वती
C. पिज
D. गाजा

4. पार्वती किस नदी की गौण नदी है?
A. सतलज
B. व्यास
C. यमुना
D. चिनाब

5. मंडी नगर में व्यास नदी में कौन-सी खड्ड मिलती है?
A. बथर
B. गज
C. सुकेती
D. बावली

6. गिरी नदी का उद्गम स्थान किस जिले में है?
A. शिमला
B. सिरमौर
C. किन्नौर
D. बिलासपुर

7. निम्न में से गलत कथन की पहचान करें–
A. लामा डल झील तथा कावेरी झील कांगड़ा जिले की दो प्रमुख झीलें हैं।
B. धौलाधार की हाथीधार पर्वत शृंखला चंबा को कांगड़ा से अलग करती है।
C. रावी और चिनाब चंबा की दो प्रमुख नदियां हैं।
D. कांगड़ा जिला धौलाधार के पूर्व में स्थित है।

8. निम्न में से कौन-सी नदी बिलारापुर जिले को लगभग दो बराबर भागों में बांटती है?
A. व्यास नदी
B. सतलज नदी
C. रावी नदी
D. धाधस नदी

9. निम्न में से कौन-सा जोड़ा गलत है?
A. लामा डल झील – धर्मशाला से 11 किमी दूर
B. बिलिंग घाटी – बैजनाथ
C. पौंग बांध – ज्वाली देहरा
D. चूड़धार – सोलन

10. चंद्रा और भागा किस स्थान पर मिलती है?
- A. तान्दी
- B. पटन
- C. सुहाग
- D. केलांग

11. सतलज नदी तिब्बत से हिमाचल प्रदेश के किस जिले में प्रवेश करती है?
- A. किन्नौर
- B. चंबा
- C. शिमला
- D. सोलन

12. निम्न में से कौन-सा कथन गलत है?
- A. पौंग बांध जलाशय पर चीन, रूस, मंगोलिया, साइबेरिया तथा मध्य एशिया से पक्षी आते हैं।
- B. कुगती तथा काली चो दर्रे चंबा जिले में हैं।
- C. स्पीति नदी का सतलज से संगम खाब में होता है।
- D. नाको झील लाहौल-स्पीति के स्पीति उपमंडल में है।

13. चंबा किस नदी के किनारे अवस्थित है?
- A. चंद्रभागा
- B. सतलज
- C. व्यास
- D. रावी

14. रावी नदी हिमाचल प्रदेश के किस जिले से पंजाब में प्रवेश करती है?
- A. कांगड़ा
- B. ऊना
- C. बिलासपुर
- D. चंबा

15. "हाथीधार" किस जिले में है?
- A. चंबा
- B. कुल्लू
- C. सिरमौर
- D. कांगड़ा

16. झील एवं ऊंचाई से संबद्ध निम्न जोड़े में से कौन-सा गलत है?
- A. डल — 5,321 मीटर
- B. मनीमहेश — 3,950 मीटर
- C. करेरी — 3,048 मीटर
- D. महाकाली — 3,657 मीटर

17. यमुना नदी का पौराणिक संबंध किस देवता से जोड़ा जाता है?
- A. शिव
- B. विष्णु
- C. सूर्य
- D. ब्रह्मा

18. हिमाचल प्रदेश को उत्तराखंड की पूर्वी सीमा कौन-सी नदी बनाती है?
- A. यमुना
- B. सतलज
- C. रावी
- D. पार्वती

19. 'कुमारबाह झील' किस जिले में स्थित है?
- A. ऊना
- B. मंडी
- C. सोलन
- D. सिरमौर

20. सतलज नदी का उद्गम कहां से होता है?
- A. मानसरोवर झील
- B. रोहतांग दर्रा
- C. किब्बर
- D. कैलाश

21. बिनवा किस नदी की सहायक व गौण नदी है?
- A. व्यास
- B. सतलज
- C. चिनाब
- D. रावी

22. रावी नदी के उद्गम स्थान का नाम निम्न में से क्या है?
- A. बड़ा भंगाल
- B. छोटा भंगाल
- C. भरमौर
- D. मणिमहेश

23. "महाकाली" झील किस जिले में है?
- A. कुल्लू
- B. चंबा
- C. लाहौल-स्पीति
- D. सोलन

24. हिमाचल प्रदेश के पूर्व की ओर निम्न में से कौन-सी नदी प्रवाहित होती है?

A. यमुना   B. चंद्रभागा
C. रावी   D. व्यास

25. हिमाचल प्रदेश से होकर कुल कितनी बड़ी नदियां प्रवाहित होती हैं?

A. 16   B. 8
C. 5   D. 3

26. निम्न में से कौन-सी नदी यमुना की सहायक नदी है?

A. टोंस   B. पब्बर
C. गिरी   D. सुकेती

27. निम्न में से कौन-सा जोड़ा गलत है?

A. हिमाचल प्रदेश की – रेणुका सबसे बड़ी प्राकृति झील
B. शिवालिक पर्वत – हाथीधार श्रेणी की सबसे ऊंची पर्वत शृंखला
C. व्यास नदी का – इरावती दूसरा नाम
D. रावी नदी का – बड़ा भंगाल उद्गम स्थान

28. तीन छोटी-छोटी नदियां बाणगंगा, कुरली तथा नया गुल किस जिले में हैं?

A. बिलासपुर   B. कांगड़ा
C. सोलन   D. सिरमौर

29. सतलज नदी हिमाचल प्रदेश के निम्न में से किस जिले को दो असमान भागों में बांटती है?

A. किन्नौर   B. चंबा
C. शिमला   D. सोलन

30. निम्न में से असत्य कथन की पहचान करें–

A. बिलासपुर जिले में मुख्यतः नैना देवी, कोट, झंजियार, तिऊण, बंदला, बहादुरपुर, रत्नपुर–सात धारें हैं।
B. अली खड्ड बिलासपुर की सबसे ऊंची पहाड़ी बहादुरपुर को दो भागों में बांटती है।
C. सतलज नदी 'कसोल' गांव में बिलासपुर जिले की सीमा में प्रवेश करती है।
D. गोविंद सागर झील मंडी जिले में है।

31. पराशर झील निम्न में से किस जिले में अवस्थित है?

A. मंडी   B. कुल्लू
C. कांगड़ा   D. बिलासपुर

32. निम्न में से असत्य कथन की पहचान करें–

A. व्यास नदी बजौरा के स्थान पर मंडी जिले में प्रवेश करती है।
B. ऊदल, लूणी, राणा, हंसा तथा बाकर आदि मंडी जिले में व्यास की प्रमुख सहायक नदियां हैं।
C. ऊदल नदी बड़ा भंगाल की बर्फीली पहाड़ियों से निकलती है।
D. सिकंदर धार शिमला जिले में स्थित है।

33. निम्नलिखित में से कौन-सी नदी हिमाचल प्रदेश से संबंधित है?

A. रावी   B. सतलुज
C. चिनाब   D. उपरोक्त सभी

34. हिमाचल प्रदेश से संबंधित 'रावी नदी' का अन्य नाम निम्नलिखित में से कौन-सा है?
A. इरावती   B. सतवामी
C. चिरूथा   D. बंचली

35. हिमाचल प्रदेश में रावी नदी की लम्बाई कुल कितनी है?
A. 100 कि.मी.   B. 125 कि.मी.
C. 158 कि.मी.   D. 182 कि.मी.

36. हिमाचल प्रदेश में बहने वाली कौन सी नदी 'रावी नदी' की सहायक नदी है?
A. खड्डे चिड़चंद   B. छतराड़ी
C. बोढिल   D. उपरोक्त सभी

37. हिमाचल प्रदेश में बहने वाली सतलज नदी का वैदिक नाम क्या है?
A. चन्द्रभागा   B. शताक्षी
C. **शतुद्री**   D. छिताद्री

38. हिमाचल प्रदेश में चिनाब नदी को अन्य किस नाम से पुकारा जाता है?
A. चन्द्रकला   B. चारुद्रा
C. चपला   D. चन्द्रभागा

39. हिमाचल प्रदेश में चिनाब नदी का प्रवाह क्षेत्र कितने कि.मी. में है?
A. 112 कि.मी. में
B. 115 कि.मी. में
C. 122 कि.मी. में
D. 135 कि.मी. में

40. व्यास नदी का प्रवाह क्षेत्र, हिमाचल प्रदेश में लगभग कितने कि.मी. की लम्बाई में है?
A. 265 कि.मी.   B. 356 कि.मी.
C. 390 कि.मी.   D. 415 कि.मी.

41. निम्नलिखित में से कौन-सी नदी व्यास नदी की सहायक नदी नहीं है?
A. भागा   B. चाकी
C. पार्वती   D. सुकेटी

42. हिमाचल प्रदेश में यमुना नदी का कुल जलग्रहण क्षेत्र कितने कि.मी. का है?
A. 1,255 कि.मी.
B. 3,115 कि.मी.
C. 2,320 कि.मी.
D. 2,388 कि.मी.

43. निम्नलिखित में से कौन-सी नदी 'शिमला' जिले से संबंधित नहीं है?
A. सतलुज नदी   B. व्यास नदी
C. पब्बर नदी   D. गिरी नदी

44. 'व्यास नदी' निम्नलिखित में से किस जिले से संबंधित नहीं है?
A. कुल्लू   B. मंडी
C. ऊना   D. कांगड़ा

45. 'सैंज', 'तीर्थन', 'मलाण', 'नालान' आदि खड्डे प्रदेश के किस जिले में हैं?
A. कुल्लू   B. हमीरपुर
C. कांगड़ा   D. चम्बा

46. 'मान', 'कुणाह' आदि प्रसिद्ध खड्डे हिमाचल के किस जिले में हैं?
A. किन्नौर   B. सोलन
C. बिलासपुर   D. हमीरपुर

47. प्रदेश के 'कांगड़ा' (धर्मशाला से 11 कि.मी.) क्षेत्र में स्थित 'डल' झील की ऊंचाई क्या है?

A. 1,500 फीट   B. 2,800 फीट
C. 2,500 फीट   D. 3,110 फीट

48. 'नाको' नामक झील हिमाचल प्रदेश के किस क्षेत्र में स्थित है?
A. किन्नौर   B. चम्बा
C. शिमला   D. मंडी

49. निम्नलिखित में से कौन-सी झील मंडी जिले में स्थित है?
A. चन्द्रताल   B. कमरुनाग
C. लामा   D. रेणुका

50. निम्नलिखित में से कौन-सी झील चम्बा जिले में स्थित नहीं है?
A. मणिमहेश   B. कमरवाह
C. महाकाली   D. लामा

51. निम्नलिखित में से कौन-सा हिमनद हिमाचल प्रदेश में स्थित है?
A. पार्वती हिमनद (कुल्लू)
B. लाहौल का बड़ा शिगड़ी हिमनद
C. मियार हिमनद (लाहौल)
D. उपरोक्त सभी

52. निम्नलिखित में से कौन-सा गर्ग पानी का झरना कुल्लू जिले में नहीं है?
A. खिरगंगा   B. मणिकर्ण
C. ज्योरी   D. वशिष्ठ

53. निम्नलिखित में से गलत जोड़ा इंगित कीजिए—

झील	ऊंचाई
A. कावेरी	1. 3048 मीटर
B. **मणिमहेश**	2. 3950 मीटर
C. डल	3. 5321 मीटर
D. महाकाली	4. 3657 मीटर

54. ''रिवाल्सर झील'' जो कि तैरने वाले टापू के लिए प्रसिद्ध है प्रदेश के किस जिले में स्थित है?
A. कांगड़ा   B. मंडी
C. चम्बा   D. बिलासपुर

55. कांगड़ा जिले में धर्मशाला नगर के समीप निम्नलिखित में से कौन-सी प्रसिद्ध झील स्थित है?
A. नाको झील
B. लामा झील
C. डल झील
D. कमरवाह झील

56. मंडी नगर से लगभग 22 मील की दूरी पर स्थित पराशर झील की समुद्र तल से ऊंचाई लगभग कितनी है?
A. 1,000 फीट   B. 3,000 फीट
C. 4,000 फीट   D. 6,000 फीट

57. निम्नलिखित में से कौन-सी झील मंडी जिले में स्थित नहीं है?
A. कमारवाह झील
B. नाको झील
C. कागरूनाग झील
D. रिवाल्सर झील

58. हिमाचल प्रदेश की सबसे बड़ी कृत्रिम झील कौन-सी है?
A. गोविन्दसागर झील
B. पौंग झील
C. **मणिमहेश** झील
D. रिवाल्सर झील

59. हिमाचल प्रदेश की सबसे बड़ी प्राकृतिक झील कौन-सी है?
A. पाराशर   B. कमरुनाग
C. नाको   D. रेणुका झील

60. बिलासपुर जिले में स्थित गोविन्द सागर झील, जो कि प्रदेश की सबसे बड़ी कृत्रिम झील है, उसका क्षेत्रफल कितना है?

A. 50 वर्ग मील   B. 66 वर्ग मील

C. 88 वर्ग मील   D. 95 वर्ग मील

61. हिमाचल प्रदेश की निम्नलिखित में से कौन-सी झील सात झीलों का समूह है?

A. लामा झील

B. खजियार झील

C. डल झील

D. **मणिमहेश**

62. हिमाचल प्रदेश में सबसे अधिक ऊंचाई पर स्थित झील कौन-सी है?

A. महाकाली

B. डल झील

C. **मणिमहेश** झील

D. चन्द्रताल झील

63. ज्वालामुखी नामक झरना प्रदेश में किस स्थान पर है?

A. **कुल्लू**   B. **चम्बा**

C. बड़सर   D. नदौन

64. सूरजताल व चन्द्रताल नामक झीलें प्रदेश के किस जिले में स्थित हैं?

A. लाहौल-स्पीति   B. कुल्लू

C. चम्बा   D. मंडी

65. 'सतधार झरना' प्रदेश के निम्नलिखित में से किस नगर के समीप स्थित है?

A. **किन्नौर**   B. **ऊना**

C. **डलहौजी**   D. **हमीरपुर**

उत्तरमाला

1	2	3	4	5	6	7	8	9	10
B	D	A	B	C	A	D	B	D	A

11	12	13	14	15	16	17	18	19	20
A	D	D	D	A	A	C	A	B	A

21	22	23	24	25	26	27	28	29	30
A	A	B	A	C	C	C	B	A	D

31	32	33	34	35	36	37	38	39	40
A	D	D	A	C	D	C	D	C	B

41	42	43	44	45	46	47	48	49	50
A	C	B	C	A	D	C	A	B	B

51	52	53	54	55	56	57	58	59	60
D	C	C	B	C	B	B	A	D	B

61	62	63	64	65
A	C	D	A	C

कृषि एवं पशुपालन

1. ज्यूरी, सरौली, नगवाई, ताल, कठछम और चूड़ी में किन पशुओं के प्रजनन केंद्र हैं?
   A. गाय
   B. भैंस
   C. भेड़
   D. कुक्कुट

2. निदेशालय, मत्स्य पालन विभाग हिमाचल प्रदेश में कहाँ स्थित है?
   A. शिमला में
   B. बिलासपुर में
   C. मंडी में
   D. धर्मशाला में

3. लाल सिन्धी, साहीवाल तथा थारपारकर हिमाचल प्रदेश में पाई जाने वाली किसकी नस्लें हैं?
   A. गाय
   B. भैंस
   C. बकरी
   D. घोड़े

4. सबसे अधिक प्रचलित एवं उपयुक्त गोधन की वह नस्त जो हिमाचल प्रदेश में पाई जाती है—
   A. लाल सिन्धी
   B. साहीवाल
   C. थारपारकर
   D. पवार

5. गाय की लाल सिन्धी नस्ल मूलतः किस क्षेत्र से उत्पन्न हुई है?
   A. हालैंड
   B. म्यांमार
   C. कराची व सिंध
   D. न्यूजीलैंड

6. हिमाचल प्रदेश में थारपारकर नस्ल की गाय जिसे सफेद सिन्धी व ग्रे सिन्धी कहते हैं, मूल रूप से कहां पैदा हुई है?
   A. गुजरात
   B. कर्नाटक
   C. हैदराबाद
   D. तमिलनाडु

7. हिमाचल प्रदेश में भैंस की कौन-कौन सी नस्लें प्रचलित हैं?
   A. मेहसाणा, सूरती एवं कुण्डी
   B. मुर्रा, भदावरी, नीली, रानी न कुण्डी
   C. मेहसाणा, सूरती एवं कुण्डी
   D. इनमें से कोई नहीं

8. चावल उत्पादन में हिमाचल प्रदेश का कौन-सा जिला शीर्ष पर है?
   A. ऊना
   B. कांगड़ा
   C. सिरमौर
   D. मंडी

9. हिमाचल प्रदेश में कौन-सा जिला सेब उत्पादन में शीर्ष पर है?
   A. सिरमौर
   B. किन्नौर
   C. कुल्लू
   D. शिमला

10. हिमाचल प्रदेश में कृषि भूमि का प्रतिशत कितना है?

A. 18.2% B. 15.3%

C. 13.8% D. 17.15%

11. हिमाचल प्रदेश के शुष्क शीतोष्ण क्षेत्र (किन्नौर, लाहौल-स्पीति और निचले पर्वतीय क्षेत्र) में निम्न में से किसका उत्पादन होता है?

A. अंगूर B. संतरा

C. खुमानी D. बादाम

12. जैतून के पेड़ समुद्र तल से कितने मीटर की ऊंचाई वाले क्षेत्रों में पाए जाते हैं?

A. 400 से 1000 मीटर

B. 1000 से 1300 मीटर

C. 2000 से 3000 मीटर

D. 500 मीटर से कम

13. सबसे पहले हिमाचल प्रदेश के किस सरकारी फार्म में जैतून की खेती शुरू की गई?

A. किंगस फार्म (मंडी)

B. पतली कूहल (कुल्लू)

C. मशोबरा फार्म (शिमला)

D. धौला कुआँ (सिरमौर)

14. कौन-सा पौधा रोशनी के प्रति संवेदनशील होता है और इसकी खेती 30°-54° अक्षांश के मध्य की जाती है?

A. संतरे का पौधा

B. लीची का पौधा

C. हाप्स का पौधा

D. नींबू का पौधा

15. एन्थरेक्नोज नामक बीमारी किस पौधे में लगती है?

A. बादाम B. जैतून

C. सेब D. लीची

16. हिमाचल प्रदेश की जलवायु को ध्यान में रखते हुए भारतीय कृषि अनुसंधान परिषद् (ICAR) की सहायता से ''हिमाचल प्रदेश में खुम्ब की खेती का विकास'' योजना के तहत कृषि महाविद्यालय सोलन में यूरोपियन खुम्ब की खेती कब शुरू की गई?

A. 1950-51 में B. 1960-61 में

C. 1970-71 में D. 1980-81 में

17. हिमाचल प्रदेश में प्राप्त माशीर और मिरर कार्प किसकी प्रसिद्ध किस्में हैं?

A. हल्दी B. मशरूम

C. मछली D. भेड़

18. राष्ट्रीय स्तर पर अदरक उत्पादन के क्षेत्र में हिमाचल प्रदेश का कौन-सा स्थान है?

A. पहला B. दूसरा

C. तीसरा D. चौथा

19. खुम्ब उत्पादन में आर्थिक तथा वैज्ञानिक दृष्टि से खुम्ब विकास परियोजना किस वर्ष आरंभ की गई?

A. 1950 में B. 1955 में

C. 1965 में D. 1975 में

20. निम्न जिलों में से किन जिलों में हाप्स उत्पादन किया जाता है?

A. मंडी, कुल्लू और बिलासपुर

B. लाहौल-स्पीति, किन्नौर और चंबा

C. सिरमौर, शिमला और सोलन

D. ऊना, हमीरपुर और कांगड़ा

21. 'सोलन गोला' किसकी प्रसिद्ध किस्म है?
A. आलू बुखारा   B. टमाटर
C. नींबू   D. खुबानी

22. लाहौल-स्पीति जिले के कुल कितने भाग में कृषि की जाती है?
A. 7%   B. 5%
C. 3%   D. 1% से कम

23. 'अंगूरों की भूमि' नाम से प्रसिद्ध टिब्बा हिमाचल प्रदेश के किस जिले में स्थित है?
A. कुल्लू   B. सोलन
C. किन्नौर   D. लाहौल-स्पीति

24. 'कुफरी ज्योति' प्रदेश में उत्पन्न होने वाली किस फसल की किस्म है?
A. गेहूँ   B. आलू
C. सेब   D. चावल

25. मोजेक, क्लोरोटिक धब्बे एवं ग्रीन क्रिकल रोग किस पौधे में पाया जाता है?
A. बादाम   B. सेब
C. आडू   D. अखरोट

26. भारतीय कृषि अनुसंधान परिषद (ICAR) ने खुम्ब उत्पादन के लिए निम्न में से किस जिले को उपयुक्त मानते हुए वहां पर ''राष्ट्रीय खुम्ब अनुसंधान एवं प्रशिक्षण केंद्र के स्थापना की है?
A. सोलन   B. किन्नौर
C. चंबा   D. मंडी

27. एगेरिक्स बाइस्पोरस एवं ढिंगरी (प्लूरोटस सेजरकाजू) किसकी किस्में हैं?
A. केला   B. बादाम
C. खुम्ब   D. अंगूर

28. थामसन सीडलैस, काली साहिबी, ब्यूटी सीडलैस, अनाबेशाही और कंधारी किस फल की किस्में हैं?
A. सेब   B. पपीता
C. आम   D. अंगूर

29. जैतून प्रजाति की निम्न में से किस श्रेणी से ज्यादातर फल एवं तेल उत्पादित किया जाता है?
A. ओलिया यूरोपिया
B. ओलिया अफ्रीका
C. ओलिया अमेरिका
D. ओलिया इण्डिया

30. समुद्र तल से लगभग कितनी ऊंचाई तक खुम्ब का उत्पादन किया जा सकता है?
A. 1000 मीटर तक
B. 1500 मीटर तक
C. 2500 मीटर तक
D. 2000 मीटर तक

31. हिमाचल प्रदेश में 1984 में 'जैतून विकास परियोजना' की शुरुआत किस देश की सहायता से की गई थी?
A. जापान   B. इटली
C. रूस   D. जर्मनी

32. मशरूम उत्पादन के लिए हिमाचल प्रदेश का कौन-सा शहर प्रसिद्ध है?
A. सोलन   B. नाहन
C. मंडी   D. शिमला

33. हिमाचल प्रदेश का कौन-सा जिला अदरक का सर्वाधिक उत्पादन करता है?
A. सोलन   B. सिरमौर
C. कांगड़ा   D. बिलासपुर

34. 'हिमाचल प्रदेश बड़ी भू-सम्पदा समाप्ति एवं भूमि सुधार अधिनियम' किस वर्ष पारित हुआ?
A. 1953 में   B. 1956 में
C. 1959 में   D. 1962 में

35. जैतून के फल किस महीने में तैयार होते हैं?
A. अप्रैल-मई
B. जून-जुलाई
C. अगस्त-सितंबर
D. अक्टूबर-नवंबर

36. केराटीना लेचीनो, सिपरेसीनो, पेन्डोलीनो, आटोब्राटिका, नौसीलारा, पीकोलीन, वेनकोलीसा, कारोलिया एवं एस्कोलीनो किस फल की किस्में हैं?
A. अनार   B. जैतून
C. नारियल   D. नाशपाती

37. सोलन में 'राष्ट्रीय खुम्ब अनुसंधान एवं प्रशिक्षण केंद्र' की स्थापना किस वर्ष की गई थी?
A. 1972-73   B. 1982-83
C. 1989-90   D. 1992-93

38. अर्ली कुंवारी, पूसा दीपाली, इम्प्रूवड जापानी, पूसा स्नोवाल-1, पूसा स्नोवाल k-1 तथा पूनम किस सब्जी की किस्में हैं?
A. फूलगोभी   B. गांठगोभी
C. टमाटर   D. आलू

39. हिमाचल प्रदेश के विषय में असत्य कथन की पहचान करें–
A. शुष्क समशीतोष्ण क्षेत्र समुद्रतल से 2723 मीटर ऊंचाई पर स्थित है?
B. समशीतोष्ण क्षेत्र में सभी फसलें अच्छी होती है।
C. राज्य का उत्तर-पश्चिम क्षेत्र, लाहौल-स्पीति, किन्नौर शुष्क जलवायु क्षेत्र हैं।
D. शुष्क क्षेत्रों में ग्रीष्म ऋतु में 25 से 40 से.मी. वर्षा तथा शरद ऋतु में 3 से 5 मीटर बर्फ गिरती है।

40. पर्पल टॉप, व्हाईट ग्लोब, पूसा चंद्रिमा और पूसा स्वर्णिमा प्रदेश में पाई जाने वाली किस सब्जी की किस्में हैं?
A. शलगम   B. फूलगोभी
C. मटर   D. गाजर

41. सेब के पौधों तथा पौधशालाओं में कौन-सा कीट सबसे अधिक नुकसान पहुंचाता है?
A. रूईला केला
B. कठोर-भृगु
C. रूईदार तेला
D. इनमें से कोई नहीं

42. हिमाचल प्रदेश में कुल कृषि योग्य भूमि का कितना प्रतिशत भाग वर्षा पर निर्भर करता है?
A. 50 प्रतिशत   B. 60 प्रतिशत
C. 70 प्रतिशत   D. 80 प्रतिशत

43. हिमाचल प्रदेश में किस फसल के अंतर्गत सबसे अधिक भूमि काम में लाई जाती है?
A. धान   B. गेहूं
C. बाजरा   D. मक्की

44. भेड़-बकरी का व्यवसाय किस क्षेत्र में अधिक लोकप्रिय है?

A. भरमौर   B. सिरमौर
C. लाहौल-स्पीति   D. कुल्लू

45. भेड़-बकरियों की अधिक संख्या किस जिले में है?
A. चंबा   B. कांगड़ा
C. किन्नौर   D. शिमला

46. प्रदेश में किस फसल का उत्पादन सबसे अधिक होता है?
A. मक्का   B. गेहूँ
C. धान   D. चना

47. हिमाचल प्रदेश के सर्वाधिक क्षेत्र पर कौन-सा फल लगाया जाता है?
A. नाशपाती   B. आड़ू
C. सेब   D. बादाम

48. शिमला के बाद किस जिले का सेब उत्पादन में दूसरा स्थान है?
A. किन्नौर   B. कुल्लू
C. मंडी   D. चंबा

49. निम्न में से किस फल के पौधे में स्कैब रोग विशेष रूप से पाया जाता है?
A. आड़ू   B. खुमानी
C. संतरे   D. सेब

50. हिमाचल प्रदेश के कुल राज्य घरेलू उत्पाद का लगभग कितना प्रतिशत कृषि तथा इससे संबंधित क्षेत्रों से प्राप्त होता है?
A. 30   B. 25
C. 9   D. 20

51. हिमाचल प्रदेश के किस जलाशय में मछली का सर्वाधिक उत्पादन होता है?
A. पौंग बाँध   B. स्लापर
C. बजौरा   D. गोविंद सागर

52. 'आलसू' मत्स्य प्रजनन केन्द्र हिमाचल प्रदेश के किस जिले में स्थित है?
A. कांगड़ा   B. सोलन
C. बिलासपुर   D. मंडी

53. हिमाचल प्रदेश में कहां-कहां पर सांढ़ प्रजनन केंद्र स्थित हैं?
A. कमांद (मंडी)
B. कुठेड़ा (हमीरपुर)
C. कोठीपुर (बिलासपुर
D. उपर्युक्त में सभी जगह

54. सिरमौर जिले के बाद किस जिले का अदरक उत्पादन में दूसरा स्थान है?
A. सोलन   B. बिलासपुर
C. शिमला   D. ऊना

55. हिमाचल प्रदेश का वह प्रमुख जिला जहां चुकन्दर का बीज तैयार किया जाता है?
A. चंबा   B. सोलन
C. किन्नौर   D. सिरमौर

56. हिमाचल प्रदेश में सर्वाधिक चाय का उत्पादन किस जिले में होता है?
A. किन्नौर   B. कांगड़ा
C. चंबा   D. शिमला

57. हिमाचल प्रदेश में चाय की कौन-सी किस्म उगाई जाती है?
A. बहार   B. बागेश्वरी
C. मल्हार   D. इनमें से सभी

58. हिमाचल प्रदेश में कांगड़ा के अतिरिक्त केवल एक और जिला चाय का उत्पादन करता है, उस जिले का क्या नाम है?
A. हमीरपुर   B. चंबा
C. मंडी   D. ऊना

59. कांगड़ा जिला हिमाचल प्रदेश में चाय उत्पादन का कुल कितना प्रतिशत भाग उत्पादित करता है?

A. 95 प्रतिशत   B. 90 प्रतिशत

C. 85 प्रतिशत   D. 80 प्रतिशत

60. हिमाचल प्रदेश में ''लघु कृषक विकास कार्यक्रम'' को किस जिले में प्रारंभ किया गया था?

A. सिरमौर   B. शिमला

C. चंबा   D. मंडी

61. हिमाचल प्रदेश में 'भूमि सुधार अधिनियम 1972' लागू होने के पश्चात् भूमि से बेदखल किए गए भूमि मालिकों को भूमि के लगान का कितना गुना मुआवजा दिया गया था?

A. 66 गुना   B. 76 गुना

C. 86 गुना   D. 96 गुना

62. निम्न में से असत्य कथन की पहचान करें–

A. शिमला मिर्च किन्नौर, लाहौल-स्पीति, ऊना तथा हमीरपुर जिलों की प्रमुख नकदी फसल है।

B. शिमला मिर्च मध्य पर्वतीय क्षेत्रों के निचले क्षेत्र की एक प्रमुख नकदी फसल है।

C. कैलीफोर्निया वंडर, येलो वंडर, भारत, सोलन हाईब्रिड-1 तथा सोलन हाईब्रिड-2 शिमला मिर्च की किस्में हैं।

D. प्रदेश में शिमला मिर्च की खेती लगभग 1014 हे. क्षेत्रफल में की जाती है तथा पैदावार लगभग 9,563 टन है।

64. लार्ज ग्रीन, व्हाइट विआना हिमाचल प्रदेश में उगाई जाने वाली किस सब्जी की किस्में हैं?

A. फूलगोभी   B. गांठगोभी

C. गाजर   D. मूली

65. जापानी व्हाइट, चाइनीज पिंक, व्हाइट आइसीकल और पूसा हिमानी हिमाचल में उगाई जाने वाली किस सब्जी की किस्में हैं?

A. अदरक   B. मूली

C. गाजर   D. शलगम

66. निम्न में से असत्य कथन की पहचान करें–

A. रेतीली दोमट या चिकनी दोमट भूमि, जिसमें कार्बन काफी मात्रा में हो तथा जल निकास का उचित प्रबंध हो, अदरक उत्पादन के लिए उपयुक्त है।

B. अदरक में किसी प्रकार का रोग नहीं लगता है।

C. सिरमौर जिले में सबसे अधिक अदरक होता है।

D. अदरक की फसल में गट्ठी, सड़न रोग, पीत रोग तथा ग्लानि सामान्य रोग हैं।

67. रेनबो ट्राउट तथा कॉमन कार्प में पाई जाने वाली निम्न में से किसकी किस्में हैं?

A. भैंस   B. मछली

C. मुर्गी   D. बत्तख

68. कांगड़ा, चंबा व मंडी जिलों में खुम्ब उद्योग को प्रोत्साहित करने के उद्देश्य से कांगड़ा के पालमपुर में डच सरकार की सहायता से खाद बनाने की परियोजना किस वर्ष स्थापित की गई?
A. 1980 में
B. 1985 में
C. 1990 में
D. 1995 में

69. ब्यूटी सीडलैस, कटा, ब्लैक प्रिंस, छोल्टू व्हाइट, छोल्टू रेड और ईसा बेला निम्न में से किसकी किस्में हैं?
A. सेब
B. पपीता
C. आम
D. अंगूर

70. सफेद रतुवा, सरकोस्पोरा ब्लाईट, चूर्ण तथा मोजैक रोग हिमाचल प्रदेश की किस सब्जी की फसल में पाया जाता है?
A. गोभी
B. मिर्च
C. पपीता
D. गाजर

71. भीतरी हिमालय में किस प्रकार की मिट्टी पाई जाती है?
A. रेतीली
B. लाल दानेदार
C. गहरी चिकनी एवं काली भूरी
D. रेतीली चिकनी मिट्टी

72. हिमाचल प्रदेश शामलात भूमि (निधान एवं उपयोग) अधिनियम कब लागू हुआ?
A. 1970 में
B. 1974 में
C. 1980 में
D. 1985 में

73. हिमाचल प्रदेश के शुष्क मिट्टी क्षेत्र में निम्नलिखित में से कौन-सा स्थान नहीं आता है?
A. शिमला
B. लाहौल-स्पीति
C. किन्नौर
D. पांगी

74. हिमाचल प्रदेश के कितने हेक्टेयर क्षेत्र में कृषि की जाती है?
A. 5 लाख हे.
B. 9.55 लाख हे.
C. 12 लाख हे.
D. 15 लाख हे.

75. किन्नौर और लाहौल-स्पीति जिलों में निम्न में से किस खाद्यान्न का उत्पादन अधिक मात्रा में होता है?
A. मक्का
B. गेहूं
C. जौ
D. चावल

76. हिमाचल प्रदेश के किस जिले के सर्वाधिक क्षेत्र में कृषि की जाती है?
A. हमीरपुर
B. कांगड़ा
C. मंडी
D. कुल्लू

77. हिमाचल प्रदेश के लाहौल-स्पीति जिले के कुल क्षेत्र के कितने प्रतिशत भाग में कृषि की जाती है?
A. 0.3%
B. 0.6%
C. 10.4%
D. 3.4%

78. हिमाचल प्रदेश में मवेशियों की संख्या लगभग कितनी है?
A. 25 लाख
B. 40 लाख
C. 48 लाख
D. 65 लाख

79. वर्ष 2018 तक हिमाचल प्रदेश में पशु जनगणना 2012 के अनुसार कितने पशु चिकित्सालय थे?
A. 348
B. 390
C. 270
D. 280

80. काला जीरा हिमाचल प्रदेश के किस जिले की नकदी फसल है?
A. शिमला
B. मंडी
C. हमीरपुर
D. लाहौल-स्पीति

81. हिमाचल प्रदेश के किस स्थान पर एशिया का सबसे बड़ा मत्स्य प्रजनन केंद्र स्थित है?
A. दयोली (बिलासपुर)
B. जगत खाना
C. कटराई (कुल्लू)
D. भटियात (चंबा)

82. हिमाचल प्रदेश के कुल कितने प्रतिशत भाग में चरागाह है?
A. 5%
B. 9%
C. 32.89%
D. 20%

83. हिमाचल प्रदेश के कृषि विभाग द्वारा प्रदेश की मिट्टी को कितने भागों में बांटा गया है?
A. 2 भागों में
B. 3 भागों में
C. 5 भागों में
D. 6 भागों में

84. प्रदेश के निम्न पहाड़ी मिट्टी वाले क्षेत्र में समुद्रतल से कितनी ऊंचाई वाले भाग आते हैं?
A. 1000 मीटर तक
B. 1500 मीटर तक
C. 2000 मीटर तक
D. 2300 मीटर तक

85. हिमाचल प्रदेश के किस मिट्टी क्षेत्र में कार्बन व नाइट्रोजन 10 : 1 के अनुपात में पाया जाता है?
A. निम्न पहाड़ी मिट्टी क्षेत्र
B. मध्य पहाड़ी मिट्टी क्षेत्र
C. उच्च पहाड़ी मिट्टी क्षेत्र
D. शुष्क पहाड़ी मिट्टी क्षेत्र

86. प्रदेश के 'निम्न पहाड़ी मिट्टी क्षेत्र' में निम्नलिखित में से किस चीज की पैदावार होती है?
A. धान
B. गन्ना
C. मक्का
D. इनमें से सभी

87. प्रदेश के 'उच्च पहाड़ी मिट्टी' वाले क्षेत्र में समुद्रतल से कितनी ऊंचाई वाले भाग आते हैं?
A. 1000 से 1100 मीटर
B. 1000 से 1500 मीटर
C. 1500 से 2100 मीटर
D. 2000 से 3000 मीटर

88. प्रदेश के किस मिट्टी क्षेत्र में नाइट्रोजन की मात्रा उच्च से मध्य श्रेणी की होती है?
A. मध्य पहाड़ी मिट्टी क्षेत्र
B. उच्च पहाड़ी मिट्टी क्षेत्र
C. पर्वतीय मिट्टी क्षेत्र
D. निम्न पहाड़ी मिट्टी क्षेत्र

89. शिमला, सिरमौर व चम्बा के ऊपरी भाग के क्षेत्र प्रदेश के किस मिट्टी क्षेत्र में आते हैं?
A. निम्न पहाड़ी मिट्टी क्षेत्र
B. उच्च पहाड़ी मिट्टी क्षेत्र
C. शुष्क पहाड़ी मिट्टी क्षेत्र
D. पर्वतीय मिट्टी क्षेत्र

90. प्रदेश के शुष्क पहाड़ी मिट्टी क्षेत्र में निम्नलिखित में से कौन सा स्थान नहीं आता है?
A. शिमला
B. लाहौल-स्पीति
C. किन्नौर
D. **पांगी**

91. प्रदेश में 'चैह' प्रकार की मिट्टी की सिंचाई किस विधि द्वारा की जाती है?
A. नहरों द्वारा
B. कुओं द्वारा

C. नदियों द्वारा

D. बरसात के पानी द्वारा

92. प्रदेश में 'नाद' प्रकार की मिट्टी में कौन-सी फसल उगाई जाती है?

A. गन्ना   B. गेहूं

C. धान   D. चना

93. मध्य हिमालय क्षेत्र में निम्नलिखित में से कौन-सी मिट्टी पाई जाती है?

A. दोमट मिट्टी

B. रेतीली मिट्टी

C. गहरी चिकनी व काली भूरी मिट्टी

D. इनमें से सभी

94. प्रदेश के शिवालिक क्षेत्र में निम्नलिखित में से कौन-सी मिट्टी पाई जाती है?

A. पथरीली चिकनी मिट्टी

B. कांप मिट्टी

C. दोमट मिट्टी

D. बलुआ मिट्टी

95. निम्नलिखित में से शिवालिक क्षेत्र में पड़ने वाले प्रदेश का कौन-सा भाग सबसे अधिक उपजाऊ है?

A. कुल्लू घाटी   B. बल्हघाटी

C. खजियार घाटी   D. इनमें से सभी

96. 'मंडी की बल्ह घाटी' व 'सोलन की कुनिहार घाटी' प्रदेश के किस पहाड़ी मिट्टी क्षेत्र में आती है?

A. मध्य पहाड़ी मिट्टी क्षेत्र

B. पर्वतीय मिट्टी क्षेत्र

C. शुष्क पहाड़ी मिट्टी क्षेत्र

D. निम्न पहाड़ी मिट्टी क्षेत्र

97. 'मध्य पहाड़ी मिट्टी क्षेत्र' की मिट्टी निम्नलिखित में से किस चीज की पैदावार के लिए उपयोगी है?

A. चना व ज्वार   B. धान व गन्दम

C. आलू व **मक्का** D. नींबू व आम

98. हिमाचल प्रदेश **के किस जिले में कुल भौगोलिक क्षेत्र (% में) का सर्वाधिक भाग चरागाह** है?

A. कांगड़ा   B. चंबा

C. सोलन   D. शिमला

99. प्रदेश के लाहौल-स्पीति जिले में कुल क्षेत्र के कितने प्रतिशत भाग में कृषि की जाती है?

A. 0.3 प्रतिशत   B. 0.5 प्रतिशत

C. 10.4 प्रतिशत   D. 8.14 प्रतिशत

100. प्रदेश के किस जिले में सर्वाधिक क्षेत्र में कृषि की जाती है?

A. हमीरपुर   B. कांगड़ा

C. मंडी   D. कुल्लू

101. प्रदेश के किन जिलों में आधुनिक तकनीकों को लोकप्रिय बनाने के उद्देश्य से पश्चिमी जर्मनी सरकार के सहयोग से पैकेज कार्यक्रम आरम्भ किए गए?

A. मंडी व कुल्लू

B. कांगड़ा व चम्बा

C. हमीरपुर व शिमला

D. बिलासपुर व ऊना

102. प्रदेश में निम्नलिखित में से किस स्थान पर कृषि विश्वविद्यालय की स्थापना की गई है?

A. कांगड़ा   B. कुल्लू

C. पालमपुर   D. ऊना

103. प्रदेश में आषाढ़ी (खरीफ) की फसलें प्रायः कब बोई जाती हैं?

A. मार्च-अप्रैल

B. अगस्त-सितम्बर

C. दिसम्बर-जनवरी

D. मई-जून

104. हिमाचल प्रदेश के कुल कृषि क्षेत्र के कितने प्रतिशत भाग में धान की खेती की जाती है?

A. 10 प्रतिशत   B. 20 प्रतिशत

C. 40 प्रतिशत   D. 70 प्रतिशत

105. प्रदेश के किस जिले में धान का सर्वाधिक उत्पादन होता है?

A. शिमला   B. सोलन

C. कांगड़ा   D. चम्बा

106. किन्नौर व लाहौर-स्पीति जिलों में निम्नलिखित में से किस खाद्यान्न का उत्पादन अधिक मात्रा में होता है?

A. मक्का   B. गेहूं

C. जौ   D. चना

107. मक्का का उत्पादन प्रदेश के निम्नलिखित में से किस जिले में होता है?

A. शिमला

B. हमीरपुर

C. सोलन

D. उपरोक्त सभी

108. ज्वार, बाजरा, महुआ व रागी आदि छोटे अनाजों का सर्वाधिक उत्पादन प्रदेश के किस जिले में होता है?

A. किन्नौर   B. चम्बा

C. ऊना   D. कांगड़ा

109. वर्ष में औसतन कितने टन दालें हिमाचल प्रदेश में पैदा होती हैं?

A. 60.00 हजार मी.

B. 17.00 हजार मी.

C. 45.15 हजार मी.

D. 25 हजार मी.

110. प्रदेश में पहली बार आलू की फसल कब बोई गई थी?

A. द्वितीय विश्व युद्ध के दौरान

B. भारत-चीन युद्ध के दौरान

C. प्रथम विश्व युद्ध के दौरान

D. भारत-पाक युद्ध के दौरान

111. प्रदेश में लगभग कितने हेक्टेयर क्षेत्र में आलू बोया जाता है?

A. लगभग 1000 हेक्टेयर

B. लगभग 13000 हेक्टेयर

C. लगभग 12000 हेक्टेयर

D. लगभग 16000 हेक्टेयर

112. आलू की निम्नलिखित में से किस किस्म का उत्पादन हिमाचल प्रदेश में किया जाता है?

A. कुफरी-चन्द्रमुखी

B. कुफरी-ज्योति

C. कुफरी-जीवन

D. उपरोक्त सभी

113. दयोली नामक स्थान जहां पर एशिया का सबसे बड़ा मत्स्य प्रजनन केंद्र स्थित है, किस जिले के अंतर्गत आता है?

A. बिलासपुर   B. कांगड़ा

C. ऊना   D. शिमला

114. 'काला जीरा' हिमाचल प्रदेश में कहां पर पैदा किया जाता है?

A. चम्बा व कांगड़ा

B. सोलन व शिमला

C. किन्नौर व लाहौल-स्पीति

D. ऊना व बिलासपुर

115. हिमाचल प्रदेश में पैदा की जाने वाली कुठ नामक बूटी का निर्यात भारत से बाहर किस देश में किया जाता है?

A. अमेरिका   B. कनाडा

C. फ्रांस   D. उपरोक्त सभी

116. हिमाचल प्रदेश में सेब का सबसे पहला बाग कहां पर लगाया गया था?

A. शिमला में

B. कांगड़ा में

C. कुल्लू घाटी के बुन्दोरल में

D. लाहौल-स्पीति में

117. हिमाचल प्रदेश में सेब का सबसे पहला बाग किसके द्वारा लगाया गया था?

A. कैप्टन ए.ए. ली

B. जान क्रिस्टल

C. सर हेनरी

D. लेडी माउण्टबेटन

118. शिमला की पहाड़ियों में मशोबरा नामक स्थान पर सबसे पहले सेब की पैदावार कब की गई थी?

A. सन् 1850 में   B. सन् 1855 में

C. सन् 1887 में   D. सन् 1865 में

119. 1823 में शिमला की पहाड़ियों में सर्वप्रथम किसने आलू उत्पादन शुरू किया था?

A. मेजर हेनरी   B. ए.ओ. ह्यूम

C. सर चार्ल्स   D. मेजर कैनडी

120. हिमाचल प्रदेश में कुल पशुधन का लगभग कितना भाग गाय एवं बैलों का है?

A. 48%   B. 60%

C. 70%   D. 80%

121. 1876 में भू-सुधारों की शुरूआत किसने की थी?

A. हेनरी सर   B. राजा रायसेन

C. कर्नल पीटर   D. कर्नल रीड

122. निम्नलिखित में से किसकी खेती हिमाचल प्रदेश में नहीं होती है?

A. कपास   B. धान

C. मक्का   D. मशरूम

123. हिमाचल प्रदेश की ''कल्याण सोना'', '' 'सोनालिका' और ''आर.आर. 21'' किस फसल की उन्नत किस्में हैं?

A. गेहूं   B. चावल

C. जौ   D. गन्ना

124. हिमाचल प्रदेश के कितने क्षेत्र में बागवानी की जाती है?

A. 10 प्रतिशत   B. 21 प्रतिशत

C. 30 प्रतिशत   D. 35 प्रतिशत

125. 'कुफरी-जीवन' व 'कुफरी-ज्योति' प्रदेश में उत्पन्न होनेवाली किस फसल की दो प्रसिद्ध किस्में हैं?

A. आलू   B. गेहूं

C. सेब   D. चावल

126. हिमाचल प्रदेश में किस वर्ष 'भूमि क्षेत्र कानून' पास किया गया था?

A. 1950 ई.   B. 1953 ई.

C. 1972 ई.   D. 1981 ई.

127. प्रदेश में सन्तरों का उत्पादन प्रमुख रूप से कहां पर किया जाता है?

A. शिमला व मनाली

B. कुल्लू व कांगड़ा

C. लाहौल व किन्नौर

D. कसौली

128. प्रदेश के किस जिले में सेब का उत्पादन सबसे अधिक होता है?

A. बिलासपुर   B. सिरमौर

C. सोलन   D. शिमला

129. प्रदेश के सिरमौर जिले में किस स्थान पर भारत सरकार द्वारा खाद्य प्रसंस्करण (फूड प्रोसेसिंग) इकाई की स्थापना की गई है?

A. धौला कुआं   B. नाहन

C. राजगढ़   D. नौरा

130. प्रदेश का कौन-सा भू-भाग नींबू प्रजाति के फल उत्पादन के लिए सर्वोत्तम है?

A. नालागढ़ क्षेत्र

B. मनाली क्षेत्र

C. चम्बा क्षेत्र

D. शिवालिक घाटी

131. हिमाचल प्रदेश में प्रदेश का सबसे बड़ा फल प्रसंस्करण (प्रोसेसिंग) कारखाना किस स्थान पर स्थित है?

A. चम्बा में   B. बडसर में

C. भरमौर में   D. परवानू में

132. निम्नलिखित में से कौन-सी प्रदेश में उत्पादित होने वाली सेब की किस्म नहीं है?

A. शेरवाजी

B. जौनाथन

C. ब्यूटी ऑफ बाथ

D. रोम ब्यूटी

133. प्रदेश के निम्नलिखित में से किस क्षेत्र में चरवाहे, गद्दी, किन्नर व गूजर लोग पशुपालन द्वारा जीवन निर्वाह करते है?

A. किन्नौर   B. लाहौल-स्पीति

C. पांगी   D. उपरोक्त सभी

134. प्रदेश के चम्बा जिले में किस स्थान पर भेड़ प्रजनन केंद्र खोला गया है?

A. पांगी   B. चूड़ी

C. भटियात   D. सलूनी

135. प्रदेश में पशुधन में सुधार के लिए निम्नलिखित में से कौन-सी योजना चलाई गई है?

A. पशुधन विकास

B. पशुधन स्वास्थ्य

C. रोग नियंत्रण

D. उपरोक्त सभी

136. निम्नलिखित में से किस किस्म की मछली हिमाचल प्रदेश में पाई जाती है?

A. महाशीर   B. मिर्र **कार्प**

C. ट्राउट   D. उपरोक्त सभी

137. अंगोरा खरगोश की नस्ल में वृद्धि के लिए प्रदेश के किस जिले में सात इकाइयां स्थापित की गई हैं?

A. चम्बा   B. शिमला

C. कांगड़ा   D. बिलासपुर

138. हिमाचल प्रदेश में निम्नलिखित में से किस स्थान पर भेड़ प्रजनन केंद्र खोला गया है?

A. ज्यूरी (शिमला)

B. नगवाई (मंडी)

C. ताल (हमीरपुर)

D. उपरोक्त सभी में

139. हिमाचल प्रदेश में मछली का वार्षिक उत्पादन लगभग कितना है?

   A. 8 हजार मीट्रिक टन से ऊपर

   B. 2 हजार मीट्रिक टन से ऊपर

   C. 20 हजार मीट्रिक टन से ऊपर

   D. 15 हजार मीट्रिक टन से ऊपर

140. हिमाचल प्रदेश सरकार द्वारा निम्नलिखित में से किस स्थान पर मत्स्य प्रजनन केंद्र की स्थापना की गई है?

   A. जगातखाना (नालागढ़)

   B. आलसू (मंडी)

   C. मिलवा (कांगड़ा)

   D. उपरोक्त सभी स्थानों पर

उत्तरमाला

1	2	3	4	5	6	7	8	9	10
C	B	A	A	C	C	B	B	D	D

11	12	13	14	15	16	17	18	19	20
A	B	A	C	B	B	C	B	C	B

21	22	23	24	25	26	27	28	29	30
B	D	B	B	B	A	C	D	A	D

31	32	33	34	35	36	37	38	39	40
B	A	B	A	D	B	B	A	B	A

41	42	43	44	45	46	47	48	49	50
C	D	B	A	A	B	C	B	D	C

51	52	53	54	55	56	57	58	59	60
D	D	D	B	C	B	D	C	B	A

61	62	63	64	65	66	67	68	69	70
D	A	B	B	B	B	B	C	D	D

71	72	73	74	75	76	77	78	79	80
C	B	A	B	C	C	A	C	A	D

81	82	83	84	85	86	87	88	89	90
A	C	C	A	A	D	C	B	D	A

91	92	93	94	95	96	97	98	99	100
B	C	A	A	B	D	C	B	A	C

101	102	103	104	105	106	107	108	109	110
A	C	D	A	C	C	D	C	A	A

111	112	113	114	115	116	117	118	119	120
D	D	A	C	D	C	A	C	D	A

121	122	123	124	125	126	127	128	129	130
D	A	A	B	A	C	B	D	A	D

131	132	133	134	135	136	137	138	139	140
D	A	D	B	D	D	C	D	A	D

वन, वन्यजीव अभयारण्य एवं राष्ट्रीय उद्यान

1. निम्न में से कौन-सा हिमाचल प्रदेश का राजपक्षी है?

A. मोर   B. किंगफिशर
C. मोनाल   D. जूजूराना

2. पिन घाटी राष्ट्रीय उद्यान कहां स्थित है?

A. किन्नौर   B. कांगड़ा
C. लाहौल-स्पीति   D. चंबा

3. हिमाचल प्रदेश सरकार का 'ग्रीन फिल्ड प्रोजेक्ट' (Green Field Project) क्या है?

A. स्वास्थ्य शिक्षा का प्रसार
B. पर्यावरण शिक्षा का प्रसार
C. A एवं B दोनों
D. इनमें से कोई नहीं

4. सुकेती जीवाश्म पार्क (Suketi Fossil Park) किस जिले में स्थित है?

A. शिमला   B. चंबा
C. सोलन   D. सिरमौर

5. हिमाचल प्रदेश के भौगोलिक क्षेत्रफल के कितने भू-क्षेत्र पर वनों का विस्तार है?

A. 37,033 वर्ग किलोमीटर
B. 36,055 वर्ग किलोमीटर
C. 35,011 वर्ग किलोमीटर
D. 34,018 वर्ग किलोमीटर

6. हिमाचल प्रदेश में वन्यजीव अभयारण्य के अंतर्गत कुल कितना भू-क्षेत्र शामिल है?

A. 36,115 किमी.   B. 5,562 किमी.
C. 1,440 किमी.   D. 2,100 किमी.

7. हिमाचल प्रदेश में कुल कितने राष्ट्रीय उद्यान हैं?

A. एक   B. पाँच
C. तीन   D. चार

8. हिमाचल प्रदेश में कुल कितने वन्यजीव अभयारण्य है?

A. 30   B. 31
C. 32   D. 33

9. हिमाचल प्रदेश में राष्ट्रीय उद्यान के अंतर्गत कुल कितना भू-क्षेत्र शामिल है?

A. 1,523 किमी.   B. 1,440 किमी.
C. 1,340 किमी.   D. 1,320 किमी.

10. हिमालयन नेशनल पार्क किस जिले में है?
A. सिरमौर   B. चंबा
C. ऊना   D. कुल्लू

11. हिमाचल प्रदेश का राज्य वृक्ष है–
A. देवदार   B. आम
C. चील   D. सेब

12. हिमाचल प्रदेश में मध्य हिमालय जलागम विकास परियोजना किस वर्ष शुरू की गई थी?
A. 2014   B. 2015
C. 2016   D. 2017

13. हिमाचल प्रदेश में दरांती बनाने के लिए मुख्यतया कौन-सी लकड़ी का प्रयोग किया जाता है?
A. शीशम   B. सागौन
C. अखरोट   D. ओक

14. हिमाचल प्रदेश का राजकीय पशु क्या है?
A. शेर   B. बाघ
C. कस्तूरी मृग   D. बर्फानी चीता

15. हिमाचल प्रदेश में वनस्पति कितनी ऊंचाई तक मिलती है?
A. 3600 मीटर
B. 3950 मीटर
C. 4012 मीटर
D. इनमें से कोई नहीं

16. हिमाचल प्रदेश के किस वन्य जीव विहार को भाखड़ा बांध संरक्षण अधिनियम के तहत अधिनियमित किया गया है?
A. कनावर वन्य जीव विहार
B. गोविन्द सागर वन्य जीव विहार
C. दरान घाटी वन्य जीव विहार
D. नयना देवी वन्य जीव विहार

17. तिर्थन वन्यजीव अभयारण्य किस जिले में स्थित है?
A. कुल्लू   B. सोलन
C. शिमला   D. चंबा

18. शिमला जिले में कस्तूरी मृग प्रजनन फर्म कहां पर स्थित है?
A. कण्डाघाट   B. समरहिल
C. तारादेवी   D. कुफरी

19. कुगती वन्यजीव अभयारण्य कहां स्थित है?
A. कांगड़ा   B. सिरमौर
C. चंबा   D. कुल्लू

20. कियास वन्यजीव विहार किस जिले में स्थित है?
A. किन्नौर   B. लाहौल-स्पीति
C. कुल्लू   D. शिमला

21. चंबा जिले में स्थित टुंडाह वन्यजीव विहार कितने क्षेत्रफल में विस्तृत है?
A. 5435.16 हेक्टेयर
B. 5065.04 हेक्टेयर
C. 6640.18 हेक्टेयर
D. 6422.08 हेक्टेयर

22. निम्न में से किस स्थान पर मधुमक्खी पालन केन्द्र स्थित है?
A. पालमपुर   B. कमांड
C. सरोल   D. कोठीपुरा

23. हिमाचल प्रदेश के भौगोलिक क्षेत्रफल का कितना क्षेत्र स्थायी रूप से बर्फ से ढका रहता है?
A. 16,376 वर्ग किमी.
B. 20,657 वर्ग किमी.
C. 22,116 वर्ग किमी.
D. 10,518 वर्ग किमी.

24. 'हिमालयन बोटेनिकल गार्डन' (Himalyan Botanical Garden) शिमला में कहां पर स्थित है?
A. कुफरी
B. ठियोग
C. नालदेहरा
D. नारकंडा

25. निम्न में से कौन वन्य जीव अभयारण्य सोलन जिले में स्थित है?
A. रेणुका वन्यजीव अभयारण्य
B. शिल्ली वन्यजीव अभयारण्य
C. खोखन वन्यजीव अभयारण्य
D. कनावर वन्यजीव अभयारण्य

26. 'कालाटोप खजियार' वन्यजीव अभयारण्य हिमाचल प्रदेश के किस जिले में स्थित है?
A. चंबा
B. कुल्लू
C. किन्नौर
D. शिमला

27. हिमाचल प्रदेश में कितना प्रतिशत क्षेत्र वनों के अधीन है?
A. 60.5%
B. 62.5%
C. 65.3%
D. 66.5%

28. हिमाचल प्रदेश का राजकीय पुष्प क्या है?
A. गुलाबी बुरांश
B. पलाश
C. सूर्यमुखी
D. सफेद गुलाब

29. हिमाचल प्रदेश में कियांग पशु कहां पाया जाता है?
A. किन्नौर
B. लाहौल-स्पीति
C. A एवं B दोनों
D. इनमें से कोई नहीं

30. दरानघाटी वन्यजीव विहार जो कि 171.50 वर्ग किमी क्षेत्र में फैला हुआ है किस जिले में स्थित है?
A. चम्बा
B. शिमला
C. सिरमौर
D. कुल्लू

31. राष्ट्रीय वन नीति के तहत हिमाचल प्रदेश जैसे पर्वतीय राज्य में भौगोलिक भू-भाग का कितना प्रतिशत वन वनाच्छादित होना चाहिए?
A. 33%
B. 35%
C. 45%
D. 50%

32. हिमाचल प्रदेश का सबसे बड़ा (754 वर्ग किमी.) राष्ट्रीय उद्यान कौन-सा है?
A. पिन घाटी राष्ट्रीय उद्यान
B. ग्रेट हिमालयन राष्ट्रीय उद्यान
C. खीरगंगा राष्ट्रीय उद्यान
D. सिम्बलबाड़ा राष्ट्रीय उद्यान

33. हिमाचल प्रदेश में लगभग कितना क्षेत्र पुष्प खेती के अन्तर्गत आता है?
A. 441 है.
B. 600 है.
C. 770 है.
D. 250 है.

34. हिमाचल प्रदेश को वन क्षेत्र से होने वाली वार्षिक आय कितनी है?
A. 40 से 45 करोड़ रुपए के लगभग
B. 50 से 52 करोड़ रुपए के लगभग
C. 55 से 60 करोड़ रुपए के लगभग
D. 70 से 85 करोड़ रुपए के लगभग

35. हिमाचल प्रदेश के कुल वनों का कितने प्रतिशत भाग यमुना और सतलज नदी की पूर्वी घाटियों में स्थित है?
A. 57 प्रतिशत
B. 65 प्रतिशत
C. 77 प्रतिशत
D. 88 प्रतिशत

36. प्रदेश के कुल वनों का कितने प्रतिशत भाग व्यास और रावी नदी की पश्चिमी घाटियों में स्थित है?

A. 30 प्रतिशत   B. 33 प्रतिशत
C. 37 प्रतिशत   D. 42 प्रतिशत

37. प्रदेश के वनों में वृक्षों एवं पौधों की लगभग कितनी ऐसी प्रजातियां पाई जाती हैं, जिनका औषधियों में प्रयोग किया जाता है?

A. 500   B. 1200
C. 1500   D. 200

38. प्रदेश के वनों में अधिकांश रूप से किस प्रकार के वृक्ष पाये जाते हैं?

A. देवदार
B. ओक
C. स्प्रूश
D. उपर्युक्त सभी

39. हिमाचल प्रदेश में फलों के अधीन कुल क्षेत्र कितना है?

A. 2,30,852 हेक्टेयर
B. 1,80,570 हेक्टेयर
C. 2,90,180 हेक्टेयर
D. 1,60,980 हेक्टेयर

40. प्रदेश के लाहौल, किन्नौर व पांगी क्षेत्रों में किस प्रकार के वन स्थित हैं?

A. पर्वतीय वन
B. आर्द्र पर्वतीय वन
C. उप पर्वतीय वन
D. सभी प्रकार के

41. प्रदेश के पर्वतीय वन समुद्र तल से कितने मीटर की ऊंचाई पर स्थित हैं?

A. 3650-4650 मीटर

B. 3055-4560 मीटर
C. 4650-6420 मीटर
D. 5065-3560 मीटर

42. प्रदेश में मंडी और व्यास नदी के किनारे किस प्रकार के वन पाये जाते हैं?

A. पर्वतीय वन
B. आर्द्र पर्वतीय वन
C. उपोष्ण कटिबंधीय झाड़ी वन
D. उप पर्वतीय वन

43. प्रदेश के 'आर्द्र शीतोष्ण कटिबंधीय वन' समुद्र तल से कितने मीटर की ऊंचाई पर स्थित हैं?

A. 1000-1500 मीटर
B. 1500-2000 मीटर
C. 1800-2000 मीटर
D. 2200 मीटर

44. प्रदेश के नाहन एवं होशियारपुर क्षेत्रों में प्रमुख रूप से किस प्रकार के वृक्ष पाए जाते हैं?

A. चीड़   B. देवदार
C. साल   D. पीपल

45. शीतोष्ण कटिबंधीय कंटीले वन प्रदेश के किस क्षेत्र में स्थित हैं?

A. नालागढ़
B. पचाढ़
C. लाहौल एवं स्पीति
D. उपर्युक्त सभी में

46. प्रदेश के उत्तरी शीतोष्ण कटिबंधीय पर्णपाती वन समुद्र तल से कितने मीटर की ऊंचाई पर स्थित हैं?

A. 1250 मीटर से ऊपर

B. 1250 मीटर से नीचे
C. 1350 मीटर
D. 1312 मीटर

47. प्रदेश के शीतोष्ण कटिबंधीय एवं मिश्रित वनों में प्रमुख रूप से किस प्रकार के वृक्ष पाए जाते हैं?
A. चीड़
B. देवदार
C. नीम
D. ओक

48. एकोनिटम, आर्टिमेसिया, लोनिसेरा, कांटोनिएटर नामक वृक्ष प्रमुख रूप से प्रदेश के किस वन में पाये जाते हैं?
A. पर्वतीय वन
B. उप पर्वतीय वन
C. शीतोष्ण कटिबंधीय कंटीले वन
D. उपोष्ण कटिबंधीय झाड़ी वन

49. प्रदेश के उपोष्ण कटिबंधीय चीड़ वनों में प्रमुख रूप से कौन-से वृक्ष पाये जाते हैं?
A. चीड़, देवदार
B. खैर, खार
C. ओक, मैपल
D. एकोनिटम, आर्टिमेसिया

50. प्रदेश के किन्नौर जिले के कितने क्षेत्र में वन स्थित हैं?
A. 421 **वर्ग किमी.** में
B. 604 **वर्ग किमी.** में
C. 332 **वर्ग किमी.** में
D. 403 **वर्ग किमी.** में

51. प्रदेश के सिरमौर जिले के कितने क्षेत्र में वन स्थित हैं?
A. 1000 **वर्ग किमी.** में

B. 1,200 **वर्ग किमी.** में
C. 1,385 **वर्ग किमी.** में
D. 1,680 **वर्ग किमी.** में

52. प्रदेश के कांगड़ा जिले का कितना क्षेत्र वनों से घिरा है?
A. 1,245 **वर्ग किमी.** में
B. 2,502 **वर्ग किमी.** में
C. 2,280 **वर्ग किमी.** में
D. 2,068 **वर्ग किमी.** में

53. 'शिकारी देवी' वन्य जीव अभयारण्य प्रदेश में कहां स्थित है?
A. मंडी
B. चम्बा
C. हमीरपुर
D. कांगड़ा

54. तिरथन वन्य जीव अभयारण्य प्रदेश के किस जिले में स्थित है?
A. कांगड़ा
B. ऊना
C. कुल्लू
D. शिमला

55. निम्नलिखित में से कौन-सा पक्षी, हिमाचल प्रदेश में पाया जाता है, जो अत्यन्त सुन्दर व दुर्लभ है?
A. मोनाल
B. सफेद मोर
C. काला तीतर
D. चितकबरा कबूतर

56. निम्नलिखित में से किस किस्म की मछली हिमाचल प्रदेश में पाई जाती है?
A. महाशीर
B. कारप
C. नाड
D. उपरोक्त सभी

57. निम्नलिखित में से कौन-सा वन्य प्राणी हिमाचल प्रदेश में पाया जाता है?

A. बर्फानी चीता
B. तिब्बती हिम-कुक्कड़
C. भूरा भालू
D. उपरोक्त सभी

58. प्रदेश में 'ग्रेट हिमालयन राष्ट्रीय उद्यान' की स्थापना कुल्लू जिले में कब की गई थी?
A. मई, 1983 में
B. मार्च, 1984 में
C. अप्रैल, 1985 में
D. जून, 1989 में

59. कुल्लू जिले में स्थित 'ग्रेट हिमालयन राष्ट्रीय उद्यान' की समुद्रतल से औसत ऊंचाई कितनी है?
A. 2,500 मीटर   B. 3,200 मीटर
C. 4,100 मीटर   D. 2,100 मीटर

60. प्रदेश का 'ग्रेट हिमालयन राष्ट्रीय उद्यान' कितने क्षेत्र में फैला हुआ है?
A. 660 **वर्ग किमी.**
B. 1000 **वर्ग किमी.**
C. 754.40 **वर्ग किमी.**
D. 400 **वर्ग किमी.**

61. प्रदेश के 'पिनघाटी राष्ट्रीय उद्यान' को राष्ट्रीय उद्यान की मान्यता कब प्राप्त हुई?
A. जनवरी, 1985 में
B. जनवरी, 1987 में
C. दिसंबर, 1990 में
D. फरवरी, 1992 में

62. प्रदेश का 'पिनघाटी राष्ट्रीय उद्यान' कितने क्षेत्र में विस्तृत है?

A. 460 **वर्ग किमी.**
B. 500 **वर्ग किमी.**
C. 375 **वर्ग किमी.**
D. 675 **वर्ग किमी.**

63. प्रदेश का 'बंदली वन्यजीव विहार' किस जिले में स्थित है?
A. चम्बा   B. मंडी
C. कांगड़ा   D. सिरमौर

64. प्रदेश के 'बंदली वन्यजीव विहार' में अधिकांश रूप से कौन से वृक्ष पाये जाते हैं?
A. चीड़   B. नीम
C. देवदार   D. ओक

65. प्रदेश के 'बंदली वन्यजीव विहार' को सुरक्षित क्षेत्र के अधीन लाने के लिए पहला अधिनियम 1962 में बनाया गया था। इसकी सुरक्षा के लिए दूसरा अधिनियम कब बनाया गया?
A. 1970 में   B. 1974 में
C. 1980 में   D. 1981 में

66. प्रदेश का चैल वन्यजीव विहार कितने क्षेत्र में फैला हुआ है?
A. 16 **वर्ग किमी.**
B. 50 **वर्ग किमी.**
C. 80 **वर्ग किमी.**
D. 100 **वर्ग किमी.**

67. 'दरन घाटी वन्यजीव विहार' प्रदेश के किस जिले में स्थित है?
A. कांगड़ा   B. शिमला
C. किन्नौर   D. बिलासपुर

68. निम्नलिखित में से गलत जोड़ा छांटिए–
- A. **गामगुल** सियावेही वन्यजीव विहार—चम्बा जिले में
- B. कनावर वन्यजीव विहार—कुल्लू जिले में
- C. लिप्पा असरंग वन्यजीव विहार—किन्नौर जिले में
- D. गोविन्द सागर वन्यजीव विहार—कांगड़ा जिले में

69. नरगू वन्य जीव विहार किस जिले में है?
- A. **चम्बा**
- B. **सिरमौर**
- C. **मंडी**
- D. **कुल्लू**

70. प्रदेश के 'गोविन्द सागर वन्यजीव विहार' के संरक्षण का भार किसे सौंपा गया है?
- A. हिमाचल विकास समिति को
- B. बिलासपुर वन विभाग को
- C. मंडी जिला प्रशासन को
- D. भाखड़ा प्रबंधन समिति को

71. चम्बा जिले में स्थित 'कालाटोप खज्जियार वन्यजीव विहार' किस नदी के तट पर स्थित है?
- A. रावी
- B. व्यास
- C. जीवा
- D. सैंज

72. कुल्लू जिले में स्थित 'कनावर वन्यजीव विहार' क्षेत्र में औसत वार्षिक वर्षा लगभग कितनी होती है?
- A. 500 मिलीमीटर के लगभग
- B. 1500 मिलीमीटर के लगभग
- C. 1000 मिलीमीटर के लगभग
- D. 2000 मिलीमीटर के लगभग

73. प्रदेश के सोलन और बिलासपुर जिले में स्थित 'दलीघाट वन्यजीव विहार' के संरक्षण को ध्यान में रखते हुए इसे प्रथम बार 1962 में अधिसूचित किया गया था। इसे दूसरी बार कब अधिसूचित किया गया?
- A. 1974 में
- B. 1978 में
- C. 1982 में
- D. 1990 में

74. चम्बा जिले में स्थित 'गमगूल सियावेही वन्यजीव विहार' की समुद्रतल से न्यूनतम व अधिकतम ऊंचाई कितनी है?
- A. न्यूनतम ऊंचाई 1600 मीटर तथा अधिकतम ऊंचाई 3812 मीटर
- B. न्यूनतम ऊंचाई 1800 मीटर तथा अधिकतम ऊंचाई 2920 मीटर
- C. न्यूनतम ऊंचाई 1900 मीटर तथा अधिकतम ऊंचाई 2800 मीटर
- D. न्यूनतम ऊंचाई 2200 मीटर तथा अधिकतम ऊंचाई 3260 मीटर

75. प्रदेश के कुल्लू जिले में स्थित 'कनावर वन्यजीव विहार' के संरक्षण की दृष्टि से कब अधिसूचित किया गया था?
- A. 1954 ई. में
- B. 1960 ई. में
- C. 1956 ई. में
- D. 1969 ई. में

76. कुल्लू जिले में स्थित 'खोखन वन्यजीव विहार' कितने क्षेत्र में फैला हुआ है?
- A. 1202 हेक्टेयर
- B. 1608 हेक्टेयर
- C. 1500 हेक्टेयर
- D. 1405 हेक्टेयर

77. प्रदेश का 1419.03 हेक्टेयर क्षेत्र में फैला 'कियास वन्यजीव विहार' प्रदेश के किस जिले में स्थित है?

A. चम्बा   B. कुल्लू
C. बिलासपुर   D. किन्नौर

78. चम्बा जिले में स्थित 'कुगती वन्यजीव विहार' कितने क्षेत्र में विस्तृत है?

A. 37886.68 हेक्टेयर
B. 40775.22 हेक्टेयर
C. 29886.18 हेक्टेयर
D. 36565.68 हेक्टेयर

79. किन्नौर जिले में स्थित 'लिप्पा असरांग वन्यजीव विहार' प्रमुख रूप से किस लिए प्रसिद्ध है?

A. भूरे भालू
B. लियोपार्ड बिल्ली
C. याक
D. हिरण

80. व्यास नदी की सहायक नदी मनाल्सू नाला के तट पर स्थित प्रदेश का 'मनाली वन्यजीव विहार' किस जिले में स्थित है?

A. कुल्लू   B. शिमला
C. कांगड़ा   D. बिलासपुर

81. प्रदेश के शिमला जिले में स्थित किस वन्यजीव विहार में ओक के वृक्ष पाये जाते हैं?

A. मजाथल हासरांग वन्यजीव विहार
B. मनाली वन्यजीव विहार
C. कियास वन्यजीव विहार
D. कुगती वन्यजीव विहार

82. शिवालिक श्रेणी में स्थित नयना देवी वन्यजीव विहार प्रदेश के किस जिले में स्थित है?

A. कुल्लू   B. बिलासपुर
C. चम्बा   D. मंडी

83. 27,837 हेक्टेयर क्षेत्र में फैला 'नरगू वन्यजीव विहार' प्रदेश के किस जिले में स्थित है?

A. बिलासपुर   B. कांगड़ा
C. मंडी   D. चम्बा

84. समुद्रतल से न्यूनतम ऊंचाई 3,200 मीटर तथा अधिकतम ऊंचाई 5,486 मीटर पर किन्नौर जिले में कौन-सा वन्यजीव विहार स्थित है?

A. रेणुका वन्यजीव विहार
B. कनावर वन्यजीव विहार
C. बंदली वन्यजीव विहार
D. रक्षम चितकुल वन्यजीव विहार

85. सिरमौर जिले में स्थित 'रेणुका वन्यजीव विहार' को संरक्षण प्रदान करने के लिए पहली बार 1964 में अधिसूचित किया गया था। इसे दूसरी बार कब अधिसूचित किया गया?

A. 1987 में   B. 1990 में
C. 1989 में   D. 1991 में

86. किन्नौर जिले में स्थित 'रूपी भापा वन्यजीव विहार' किस लिए प्रसिद्ध है?

A. चीड़ वृक्षों के लिए
B. सफेद भालू के लिए
C. संजय विद्युत गृह के लिए
D. बर्फ वृष्टि के लिए

87. 10,295 हेक्टेयर क्षेत्र में फैला हुआ 'सेचु तुंआ नाला वन्यजीव विहार' प्रदेश के किस जिले में स्थित है ?

A. बिलासपुर

B. चम्बा

C. मंडी

D. शिमला

88. समुद्र तल से न्यूनतम ऊंचाई 1800 मीटर तथा अधिकतम ऊंचाई 3360 मीटर पर स्थित 'शिकारी देवी वन्यजीव विहार' प्रदेश के किस जिले में है ?

A. मंडी   B. सोलन

C. चम्बा   D. शिमला

89. प्रदेश का 'मनाली वन्यजीव विहार' किस जिले में स्थित है?

A. सोलन   B. शिमला

C. कुल्लू   D. चम्बा

90. गलत जोड़ा इंगित कीजिए–

A. सिम्बलबरा **राष्ट्रीय उद्यान**–जिला सिरमौर

B. **चूड़धार** वन्यजीव विहार–जिला चम्बा

C. **तालरा** वन्यजीव विहार–जिला शिमला

D. तीर्थन वन्यजीव विहार–जिला कुल्लू

उत्तरमाला

1	2	3	4	5	6	7	8	9	10
D	C	B	D	A	B	B	C	B	D
11	**12**	**13**	**14**	**15**	**16**	**17**	**18**	**19**	**20**
A	B	A	D	C	B	A	D	C	C
21	**22**	**23**	**24**	**25**	**26**	**27**	**28**	**29**	**30**
D	C	A	A	B	A	D	A	C	B
31	**32**	**33**	**34**	**35**	**36**	**37**	**38**	**39**	**40**
D	B	A	C	A	D	C	D	A	D
41	**42**	**43**	**44**	**45**	**46**	**47**	**48**	**49**	**50**
A	C	B	C	D	A	D	C	A	B
51	**52**	**53**	**54**	**55**	**56**	**57**	**58**	**59**	**60**
C	D	A	C	A	D	D	B	A	C
61	**62**	**63**	**64**	**65**	**66**	**67**	**68**	**69**	**70**
B	D	B	A	B	A	B	D	C	D
71	**72**	**73**	**74**	**75**	**76**	**77**	**78**	**79**	**80**
A	C	A	B	A	D	B	A	C	A
81	**82**	**83**	**84**	**85**	**86**	**87**	**88**	**89**	**90**
A	B	C	D	A	C	B	A	C	B

खनिज एवं उद्योग

1. हिमाचल प्रदेश में नमक (चट्टानी नमक) की खाने कहां पर स्थित हैं?
A. गुम्मा एवं ड्रंग (मंडी)
B. बीड़ (कांगड़ा)
C. पांगी (चंबा)
D. घुमारवीं (बिलासपुर)

2. हिमाचल प्रदेश में लघु उद्योग (Small Industries) की सर्वाधिक इकाइयां किस जिले में स्थित हैं?
A. शिमला
B. सोलन
C. हमीरपुर
D. कांगड़ा

3. हिमाचल प्रदेश में सीमेंट उत्पादन के कितने प्लांट हैं?
A. छह
B. पांच
C. सात
D. नौ

4. हिमाचल प्रदेश के निम्न में से किस जिले का सर्वाधिक विकास हुआ है?
A. शिमला
B. सोलन
C. बिलासपुर
D. कांगड़ा

5. हिमाचल प्रदेश के कांगड़ा जिले का खनियारा किस खनिज के लिए प्रसिद्ध है?
A. स्लेट
B. लौह-अयस्क
C. जिप्सम
D. तांबा

6. बिलासपुर जिले के निम्न में से किस स्थान पर ए.सी.सी. सीमेंट (ACC Cement) प्लांट स्थित है?
A. बरमाणा
B. कहलूर
C. गेहड़वी
D. भरारी

7. हिमाचल प्रदेश के सोलन जिले में किस स्थान पर निजी क्षेत्र में 50 टन का वनस्पति घी प्लांट स्थापित है?
A. अर्की
B. सोलन
C. परवाणू
D. नालागढ़

8. हिमाचल प्रदेश के सोलन जिले के तीन मुख्य औद्योगिक नगरों में से कौन शामिल नहीं है?
A. बद्दी
B. परवाणू
C. नालागढ़
D. कण्डाघाट

9. हिमाचल प्रदेश का सबसे बड़ा औद्योगिक शहर निम्न में कौन-सा है?
A. बद्दी
B. सोलन
C. शिमला
D. नंगल

10. 'क्वार्ट्जाइट ग्लास सैंड' हिमाचल प्रदेश के किस स्थान पर पाया जाता है?
A. बिलासपुर
B. घुमारवीं
C. नालागढ़
D. परवाणू

11. हिमाचल प्रदेश के किस जिले में जिप्सम के भंडार हैं?
A. कांगड़ा
B. सोलन
C. सिरमौर
D. अर्की

12. हिमाचल प्रदेश में सर्वप्रथम किस स्थान पर आधुनिक फल प्रसंस्करण संयंत्र की स्थापना की गई थी?
A. परवाणू
B. सोलन
C. कसौली
D. बद्दी

13. हिमाचल प्रदेश में छह सीमेंट प्लांट हैं। निम्न में से वह कौन-सा स्थान है जहां सीमेंट प्लांट स्थित नहीं है?
A. राजबन (सिरमौर)
B. बरमाणा (बिलासपुर)
C. दाड़ला-घाट (सोलन)
D. कटौला (कुल्लू)

14. मोहन-मीकिंग ब्रेवरेज हिमाचल प्रदेश के किस स्थान पर स्थित है?
A. सोलन
B. बछी
C. शिमला
D. डरला

15. हिमाचल प्रदेश के निम्न में से किस जिले में कत्था उद्योग केंद्रित है?
A. कांगड़ा
B. शिमला
C. बिलासपुर
D. सोलन

16. हिमाचल प्रदेश में अंबूजा सीमेंट फैक्टरी निम्न में से कहां स्थित है?
A. बरमाणा (सिरमौर)
B. राजबन (बिलासपुर)
C. दाड़ला-घाट (सोलन)
D. बड़सर (हमीरपुर)

17. निम्न में से कौन-सा एक औद्योगिक शहर है?
A. नाहन
B. शिमला
C. बिलासपुर
D. ऊना

18. हिमाचल प्रदेश के निम्न में से किस स्थान पर सहकारी क्षेत्र में 100 टन प्रतिदिन क्षमता वाला वनस्पति घी संयंत्र स्थापित किया गया है?
A. मंडी
B. कांगड़ा
C. सोलन
D. ऊना

19. सिरमौर जिले के राजबन में 'CCI' सीमेंट फैक्टरी की स्थापना कब हुई?
A. 1905 में
B. 1963 में
C. 1971 में
D. 1980 में

20. रेजीन और तारपीन तेल की फैक्ट्रियां हिमाचल प्रदेश में किन स्थानों पर स्थित हैं?
A. नाहन और बिलासपुर
B. मंडी और ऊना
C. नूरपुर और परवाणू
D. कुल्लू और मनाली

21. मंडी जिले की नमक की खानों को सर्वप्रथम किस वर्ष खोजा गया?
A. 1941 में
B. 1841 में
C. 1891 में
D. इनमें से कोई नहीं

22. हिमाचल प्रदेश में पहला सीमेंट प्लांट किस कंपनी द्वारा स्थापित किया गया?

A. ए.सी.सी. (ACC)

B. अंबूजा (Ambuja)

C. सी.सी.आई. (CCI)

D. अल्ट्रा टेक (Ultra Tech)

23. हिमाचल प्रदेश के किस जिले में बांस उद्योग केंद्रित है?

A. **कुल्लू**　　　B. **बिलासपुर**

C. **सिरमौर**　　　D. **कांगड़ा**

24. हिमाचल प्रदेश के किस जिले में यूरेनियम के भंडार पाए गए हैं?

A. कुल्लू　　　B. किन्नौर

C. चंबा　　　D. लाहौल-स्पीति

25. हिमाचल प्रदेश का सबसे कम उद्योगों वाला जिला कौन-सा है?

A. चंबा

B. कांगड़ा

C. लाहौल-स्पीति

D. बिलासपुर

26. हिमाचल प्रदेश के मंडी में पाया जाने वाला 'गुम्मा नमक' का रंग कैसा होता है?

A. सफेद

B. काला

C. गहरा नीला

D. हल्का-नीला

27. हिमाचल प्रदेश में बहने वाली किस नदी में सोना पाया जाता है?

A. सतलज　　　B. चिनाब

C. रावी　　　D. पब्बर

28. हिमाचल प्रदेश में **सीमेंट पत्थर** किस **जिले में** पाया जाता है?

A. सिरमौर　　　B. नाहन

C. कांगड़ा　　　D. पालमपुर

29. प्रदेश के निम्नलिखित में से किस स्थान पर तेल व प्राकृतिक गैस के भंडार मिले हैं?

A. दयोट सिद्ध

B. ज्वालामुखी

C. रामशहर

D. **उपर्युक्त** सभी में

30. प्रदेश में किन्नौर जिले में किस स्थान पर चांदी उपलब्ध है?

A. चरागाह

B. कल्पा

C. पूह

D. **उपर्युक्त** सभी में

31. प्रदेश के मंडी जिले में स्थित नमक की खानें वर्तमान में किसके नियंत्रण में हैं?

A. निजी क्षेत्र

B. केन्द्रीय सरकार

C. विदेशी कंपनी

D. राज्य सरकार

32. सोलन जिले में जिप्सम धातु किस स्थान पर पाई जाती है?

A. कुठार　　　B. कसौली

C. अर्की　　　D. कुनिहार

33. कांगड़ा जिले में किस स्थान पर 'अभ्रक' पाई जाती है?

A. मुरदी   B. अरांग
C. तांगलिंग   D. चैतान

34. हिमाचल प्रदेश के किस जिले में कुछ वर्ष पूर्व यूरेनियम के नये भंडारों का पता लगा है?
A. शिमला जिले में
B. ऊना जिले में
C. कांगड़ा जिले में
D. कुल्लू जिले में

35. प्रदेश की टौंस नदी के तल में निम्नलिखित में से कौन-सी धातु पाई जाती है?
A. शीशा
B. जिप्सम
C. लोहा
D. इनमें से कोई नहीं

36. हिमाचल प्रदेश के रेणुका व राजगढ़ नामक स्थान पर कौन-सी धातु प्राप्त होती है?
A. लोहा   B. चांदी
C. तांबा   D. सोना

37. हिमाचल प्रदेश में किस स्थान पर नमक की ऐसी खानें हैं जो भारत के अन्य किसी भाग में नहीं पाई जाती हैं?
A. चम्बा   B. सोलन
C. मंडी   D. बिलासपुर

38. प्रदेश में किस स्थान पर 'अमरबेल सूखान एवं छंटाई केन्द्र' की स्थापना की गई है?
A. कोटगढ़   B. कांगड़ा
C. जहलमान   D. नाहन

39. हिमाचल प्रदेश में सर्वाधिक इलेक्ट्रॉनिक्स इकाइयां दो स्थानों पर कहां स्थित हैं?
A. सुन्दरनगर तथा डलहौजी
B. हमीरपुर तथा ऊना
C. नदौन तथा धर्मशाला
D. चम्बा घाट तथा जुब्बल हट्टी

40. ''रेशम बीज केन्द्र'' कांगड़ा जिले में किस स्थान पर स्थापित किया गया है?
A. डाडा सिबा   B. भरमौर
C. कुल्लू   D. नाहन

41. प्रदेश में लगभग कितने ग्रामीण परिवारों को रेशम कोकून उत्पाद से रोजगार प्राप्त हो रहा है?
A. 7,500   B. 8,400
C. 3,900   D. 9,200

42. प्रदेश में किस स्थान पर शराब व एल्कोहल उद्योग स्थित हैं?
A. शिमला व नालागढ़
B. बिलासपुर व घुमारवीं
C. सोलन व कसौली
D. किन्नौर व सांगला

43. प्रदेश के हमीरपुर जिले में भेड़ पालन केन्द्र कहां पर स्थित है?
A. ताल   B. शिवनगर
C. कम्भार   D. सुन्दरा

44. प्रदेश के मण्डी जिले में दो पशु प्रजनन केन्द्र कहां पर स्थित हैं?
A. नबैन व सम्बाला
B. बैजनाथ व पालमपुर
C. कमंद व करसोग
D. पांगी व भरमौर

45. निम्नलिखित में से कहां पर सोलन जिले का औद्योगिक केन्द्र नहीं है?
A. बरोटीवाला B. सोलन
C. परवाणू D. सुल्तानी

46. हमीरपुर जिले में किस स्थान पर ग्रामीण औद्योगिक प्रशिक्षण केन्द्र स्थित हैं?
A. नदौन
B. रायला
C. गोड्डा
D. सुजारपुर टीरा

47. हिमाचल प्रदेश का कौन-सा जिला 'पहाड़ी नमक' की खानों के लिए प्रसिद्ध है?
A. कुल्लू B. मण्डी
C. बिलासपुर D. कांगड़ा

48. प्रदेश में एच०पी०एम०पी०सी० द्वारा स्थापित 'सेब प्रोसेसिंग प्लांट' कहां पर स्थित है?
A. मण्डी B. परवाणू
C. जोगिन्द्रनगर D. धर्मपुर

49. प्रदेश के ऊना जिले में 'बीज प्रजनन केन्द्र' किस स्थान पर स्थापित किया गया है?
A. रेखूबेला B. हमीरपुर
C. सिरमौर D. बिलासपुर

50. प्रदेश के मण्डी जिले में किस स्थान पर भारत जर्मन सहयोग कार्यक्रम के अनुसार 'दुग्धशाला विकास इकाई' की स्थापना की गई है?
A. करसोग B. चक्कर
C. कटुला D. अमरी

उत्तरमाला

1	2	3	4	5	6	7	8	9	10
A	D	A	B	A	A	D	D	A	A

11	12	13	14	15	16	17	18	19	20
C	A	D	A	A	C	D	A	D	A

21	22	23	24	25	26	27	28	29	30
B	A	D	A	C	C	B	A	D	A

31	32	33	34	35	36	37	38	39	40
B	A	C	D	A	A	C	C	D	A

41	42	43	44	45	46	47	48	49	50
D	C	A	C	D	A	A	B	A	B

परिवहन

1. हिमाचल प्रदेश में यात्री परिवहन का लगभग कितना प्रतिशत कार्य हिमाचल पथ परिवहन निगम द्वारा किया जाता है?
   A. 60 प्रतिशत B. 70 प्रतिशत
   C. 80 प्रतिशत D. 90 प्रतिशत

2. पठानकोट से मंडी राष्ट्रीय राजमार्ग क्रमांक है–
   A. 21 B. 20
   C. 23 D. 24

3. हिमाचल पथ परिवहन निगम की स्थापना कब की गई थी?
   A. 1971 में B. 1972 में
   C. 1973 में D. 1974 में

4. हिमाचल प्रदेश के किस जिले में ब्रॉड गेज रेलवे लाइन है?
   A. शिमला B. मण्डी
   C. ऊना D. सोलन

5. हिमाचल प्रदेश में स्थित निम्न में से कौन-सा हवाई अड्डा पर्यटन की दृष्टि से महत्वपूर्ण है?
   A. जुब्बर हट्टी B. गग्गल
   C. भुंतर D. रोहड़

6. निम्न में से कौन-सा हिमाचल प्रदेश का सबसे बड़ा हवाई अड्डा है?
   A. गग्गल (कांगड़ा)
   B. भुंतर (कुल्लू)
   C. जुब्बर हट्टी (शिमला)
   D. नांगल (सिरमौर)

7. हिमाचल प्रदेश में कुल कितनी रेलवे लाइनें हैं?
   A. एक B. दो
   C. तीन D. चार

8. कालका-शिमला रेलवे लाइन में वर्तमान समय में कुल कितनी सुरंगें हैं?
   A. 102 B. 104
   C. 101 D. 100

9. निम्नलिखित कथनों पर विचार कीजिए तथा दिए गए कूट से सही उत्तर चुनिए :
   1. राष्ट्रीय राजमार्ग 1A जालंधर-श्रीनगर-उरी को जोड़ता है।

   2. राष्ट्रीय राजमार्ग 1A की हिमाचल प्रदेश में लंबाई 14 किमी. है।

कूट :

A. केवल 1

B. 1 एवं 2 दोनों

C. केवल 2

D. इनमें से कोई नहीं

10. कालका-शिमला रेलमार्ग में सबसे लंबी सुरंग निम्नलिखित में से कौन-सी है?

A. धामी   B. तारादेवी

C. बड़ोग   D. समरहिल

11. यूनेस्को (UNESCO) द्वारा कालका-शिमला रेल सेवा को किस वर्ष विश्व धरोहर स्थल (World Heritage Site) सूची में शामिल किया गया?

A. 1999 में   B. 2005 में

C. 2008 में   D. 2009 में

12. निम्नलिखित कथनों पर विचार कीजिए तथा दिए गए कूट से सही उत्तर चुनिए:

1. कालका-शिमला रेलवे लाइन का निर्माण 1903 में हुआ था।

2. इसका निर्माण पठानकोट-जोगिंदर नगर रेलवे लाइन के बाद हुआ था।

कूट :

A. 1 और 2 दोनों सही है।

B. केवल 2 सही है।

C. केवल 1 सही है।

D. इनमें से कोई नहीं

13. कांगड़ा घाटी रेलवे (Kangra Valley Railway) की कुल लंबाई कितनी है?

A. 57 किमी.   B. 56 किमी.

C. 55 किमी.   D. 54 किमी.

14. कालका-शिमला रेलमार्ग के पटरियों (Tracks) का प्रकार है–

A. मीटर लाइन (Metre Gauge)

B. छोटी लाइन (Narrow Gauge)

C. बड़ी लाइन (Broad Gauge)

D. मानक लाइन (Standard Gauge)

15. कांगड़ा घाटी रेलवे (Kangra Valley Railway) में सुरंगों की कुल संख्या कितनी है?

A. दो   B. चार

C. छह   D. आठ

16. कालका-शिमला रेल सेवा के अंतर्गत कुल रेलवे स्टेशन कितने हैं?

A. 15   B. 18

C. 20   D. 23

17. हिमाचल प्रदेश में रेलवे लाइनों की कुल लंबाई लगभग कितनी है?

A. 135 किमी   B. 242 किमी

C. 170 किमी   D. 275 किमी

18. कालका-शिमला रेलमार्ग की कुल लंबाई कितनी है?

A. 92 किमी   B. 94 किमी

C. 96 किमी   D. 98 किमी

19. कांगड़ा घाटी रेल सेवा का परिचालन कब हुआ?

A. 1926   B. 1927

C. 1928   D. 1929

20. लार्ड कर्जन ने कालका-शिमला रेलवे लाइन का शुभारंभ कब किया?

A. 1903 में   B. 1904 में

C. 1905 में   D. 1907 में

21. सन् 1948 ई० में हिमाचल प्रदेश के निर्माण के समय, वहां की सड़कों की लम्बाई लगभग कितनी थी?
A. 150 कि०मी० के लगभग
B. 228 कि०मी० के लगभग
C. 250 कि०मी० के लगभग
D. 290 कि०मी० के लगभग

22. हिमाचल प्रदेश में परिवहन का कार्य अधिकांशत: किसके द्वारा चलाया जाता है?
A. हिमाचल पथ परिवहन निगम
B. निजी परिवहन
C. जिला परिषद् द्वारा
D. नगर निगम द्वारा

23. हिमाचल की निम्नलिखित में से किस स्थान की सड़क 'हिन्दुस्तान तिब्बत राष्ट्रीय राजमार्ग' से संबंधित है?
A. कालका   B. शिमला
C. रामपुर   D. इनमें से सभी

24. हिमाचल में किन स्थानों के मध्य छोटी रेल लाइन की रेल चलती हैं?
A. कुल्लू से कांगड़ा
B. पठानकोट से जोगिन्दनगर
C. चम्बा से शिमला
D. मंडी से कुल्लू

25. हिमाचल में नांगल से तलवाड़ा के बीच बन रही बड़ी रेल लाइन को निम्नलिखित में से किस जिले तक विकसित किया **जाना** है?
A. जिला सोलन
B. जिला कुल्लू
C. जिला बिलासपुर
D. जिला ऊना

26. हिमाचल में निम्नलिखित में से किस स्थान पर हैलीपेड उपलब्ध हैं?
A. डोडरा-क्वार
B. काजा
C. किलर
D. इनमें से सभी में

27. हिमाचल के किस हवाई अड्डे से सिर्फ दिल्ली के लिए ही हवाई उड़ानें होती हैं?
A. शिमला
B. सोलन-जुब्बर हट्टी
C. काजा व रंगरीक
D. हमीरपुर

28. प्रदेश में निम्नलिखित में से किस स्थान पर हवाई अड्डा नहीं है?
A. काजा   B. भुन्तर
C. सोलन   D. रंगरीक

उत्तरमाला

1	2	3	4	5	6	7	8	9	10
C	B	D	C	C	A	C	A	B	C
11	**12**	**13**	**14**	**15**	**16**	**17**	**18**	**19**	**20**
C	C	A	B	A	C	B	C	D	A
21	**22**	**23**	**24**	**25**	**26**	**27**	**28**		
B	A	D	B	D	D	C	C		

जनसंख्या एवं क्षेत्रफल

1. 2011 की जनगणना के अनुसार हिमाचल प्रदेश के कौन-से जिले में जनसंख्या की दशकीय वृद्धि (2001-11) कम दर्ज की गई है?
A. लाहौल व स्पीति B. किन्नौर
C. शिमला   D. बुशहर

2. जनसंख्या की दृष्टि से हिमाचल का देश के राज्यों और केन्द्र शासित प्रदेशों में कौन-सा स्थान है?
A. 26वाँ   B. 24वाँ
C. 23वाँ   D. 22वाँ

3. 2001 की जनगणना के अनुसार हिमाचल प्रदेश गें लिंगानुपात ९७० था। 2011 की जनगणना में यह अनुपात कितना हो गया है?
A. 972   B. 975
C. 976   D. 977

4. 2011 की जनगणना के अनुसार घटते क्रम में लिंगानुपात वाले जिलों का निम्न में से कौन-सा विकल्प सही है?
A. कांगड़ा, मंडी, हमीरपुर, चंबा
B. हमीरपुर, कांगड़ा, मंडी, चंबा
C. मंडी, चंबा, हमीरपुर, कांगड़ा
D. चंबा, कांगड़ा, मंडी, हमीरपुर

5. 1951 की जनगणना के अनुसार हिमाचल प्रदेश की जनसंख्या कितनी थी?
A. 13,51,144   B. 15,51,144
C. 17,51,144   D. 18,51,144

6. हिमाचल प्रदेश का वह जिला जिसे देश में सबसे कम जनसंख्या घनत्व वाले जिले के रूप में जाना जाता है?
A. किन्नौर   B. सिरमौर
C. कुल्लू   D. लाहौल-स्पीति

7. 2011 की जनगणना के अनुसार हिमाचल प्रदेश में जनसंख्या का प्रति वर्ग किलोमीटर घनत्व है–
A. 120 व्यक्ति   B. 121 व्यक्ति
C. 122 व्यक्ति   D. 123 व्यक्ति

8. हिमाचल प्रदेश में कांगड़ा जिले की जनसंख्या सबसे अधिक है। निम्न में से वह जिला जो कांगड़ा के बाद दूसरे स्थान पर है–
A. शिमला   B. सोलन
C. मंडी   D. सिरमौर

9. हिमाचल प्रदेश के वे दो जिले कौन-से हैं, जिनकी जनसंख्या एक लाख से कम है?
A. किन्नौर व कुल्लू
B. किन्नौर व लाहौल-स्पीति
C. ऊना व बिलासपुर
D. कुल्लू व लाहौल-स्पीति

10. 2011 की जनगणना के अनुसार हिमाचल प्रदेश के वह दो जिले जिनका जनसंख्या घनत्व सर्वाधिक है–
A. हमीरपुर व ऊना
B. हमीरपुर व बिलासपुर
C. शिमला व सोलन
D. कांगड़ा व मंडी

11. हिमाचल प्रदेश की जनसंख्या में वृद्धि के स्थान पर कमी निम्न में से किस दशक में हुई थी?
A. 1901-1911
B. 1911-2011
C. 1921-31
D. 1931-41

12. नामधारी (सिख) की जनसंख्या किस स्थान पर सबसे अधिक है?
A. चंबा
B. पांवटा
C. मंडी
D. शिमला

13. 2011 की जनगणना के अनुसार हिमाचल प्रदेश की कुल जनसंख्या बताइए।
A. 6,864,602
B. 6,110,877
C. 5,505,766
D. 6,150,458

14. प्रदेश के मंडी जिले का कुल क्षेत्रफल कितना है?
A. 3,950 वर्ग कि.मी.
B. 3,440 वर्ग कि.मी.
C. 2,1000 वर्ग कि.मी.
D. 4,150 वर्ग कि.मी.

15. 2011 की जनगणना के अनुसार हिमाचल प्रदेश में प्रति हजार पुरुषों पर महिलाओं की संख्या कितनी है?
A. 870
B. 796
C. 976
D. 972

16. हिमाचल प्रदेश के नगरों में प्रदेश की कितने प्रतिशत जनसंख्या निवास करती है?
A. 6.64%
B. 7.72%
C. 8.22%
D. 10.04%

17. प्रदेश के किन्नौर जिले की आबादी (**जनगणना 2011**) कितनी है?
A. 81,640
B. 73,324
C. 84,121
D. 82,750

18. प्रदेश के किस जिले में अनुसूचित जनजातियों की सर्वाधिक जनसंख्या निवास करती है?
A. चम्बा
B. ऊना
C. शिमला
D. हमीरपुर

19. 2011 की जनगणना के अनुसार प्रदेश में साक्षरों की कुल जनसंख्या कितनी है?
A. 5,10,400
B. 60,16,058
C. 50,39,736
D. 40,35,068

20. 2001-2011 के दौरान प्रदेश की नगरीय जनसंख्या की वृद्धि दर कितने प्रतिशत है?
A. 11.02%
B. 0.24%
C. 13.08%
D. 12.09%

21. हिमाचल प्रदेश के किस जिले में अनुसूचित जातियों की जनसंख्या सबसे कम है?
A. लाहौल-स्पीति
B. हमीरपुर

C. कांगड़ा   D. शिमला

22. 2011 की जनगणना के अनुसार सिरमौर जिले की जनसंख्या कितनी है ?
A. 558,292   B. 542,842
C. 587,602   D. 529,855

23. प्रदेश के किस जिले में अनुसूचित जातियों की जनसंख्या सबसे अधिक है ?
A. कुल्लू   B. मंडी
C. कांगड़ा   D. ऊना

24. 2011 की जनगणना के अनुसार बिलासपुर जिले में पुरुषों की जनसंख्या 192,764 है। बताइए इस जिले में स्त्रियों की जनसंख्या कितनी है ?
A. 189,192   B. 150,445
C. 165,078   D. 152,106

25. 2011 की जनगणना के अनुसार ऊना जिले की कुल जनसंख्या कितनी है ?
A. 562,680   B. 521,173
C. 502.865   D. 410,115

26. प्रति 1000 पुरुषों पर स्त्रियों की संख्या प्रदेश के किस जिले में सबसे अधिक है ?
A. चम्बा   B. ऊना
C. **हमीरपुर**   D. कुल्लू

27. हिमाचल प्रदेश में सबसे कम जनसंख्या घनत्व वाला जिला कौन-सा है ?
A. कांगड़ा   B. लाहौल-स्पीति
C. शिमला   D. सोलन

28. हिमाचल प्रदेश में सबसे अधिक आबाद गांव वाला जिला कौन-सा है ?
A. हमीरपुर   B. चम्बा
C. बिलासपुर   D. कांगड़ा

29. प्रदेश में 2001 से 2011 के बीच कितनी प्रतिशत जनसंख्या की वृद्धि हुई ?
A. 10.86%   B. 12.9%
C. 25.89%   D. 30.277%

30. प्रदेश में अनुसूचित जनजातियों की जनसंख्या सबसे कम किस जिले में है ?
A. ऊना   B. सिरमौर
C. सोलन   D. मंडी

31. हिमाचल प्रदेश के लाहौल-स्पीति जिले का मुख्यालय कहाँ पर है ?
A. नाहन   B. सोलन
C. केलांग   D. काल्पा

32. 2011 की जनगणना के अनुसार प्रदेश के निम्नलिखित में से किस **जिले** की जनसंख्या 50,000 से कम है ?
A. सिरमौर   B. मंडी
C. **लाहौल-स्पीति**   D. सोलन

33. प्रदेश की कितने प्रतिशत जनसंख्या व्यापार एवं वाणिज्य में लगी है ?
A. 1.94 प्रतिशत   B. 2.15 प्रतिशत
C. 2.55 प्रतिशत   D. 3.10 प्रतिशत

34. शिमला जिले के अतिरिक्त किस जिले में नगरीय जनसंख्या सबसे अधिक है ?
A. सोलन   B. मंडी
C. कुल्लू   D. कांगड़ा

35. प्रदेश में 2011 की जनगणना के अनुसार पुरुषों की जनसंख्या कितनी है ?
A. 3,154,295   B. 3,168,952
C. 24,018,188   D. 3,481,873

36. 2011 की जनगणना के अनुसार प्रदेश में निवास करने वाली स्त्रियों की कुल जनसंख्या कितनी है?
   A. 3,502,650   B. 3,664,155
   C. 3,382,729   D. 3,007,529

37. 2011 की जनगणना के अनुसार प्रदेश की कुल जनसंख्या में साक्षर व्यक्तियों का प्रतिशत कितना है?
   A. 80.51%   B. 88.26%
   C. 82.8%   D. 80.24%

38. 2011 की जनगणना के अनुसार प्रदेश की कुल जनसंख्या में (0 से 6 वर्ष के) बच्चों का प्रतिशत कितना है?
   A. 10.67%   B. 16.24%
   C. 12.24%   D. 11.14%

39. 2011 की जनगणना के अनुसार प्रदेश के नाहन नगर की कुल जनसंख्या कितनी है?
   A. 28,899   B. 27,450
   C. 21,432   D. 35,821

40. हिमाचल प्रदेश का कुल क्षेत्रफल कितना है?
   A. 44,575 वर्ग कि.मी.
   B. 50,291 वर्ग कि.मी.
   C. 55,673 वर्ग कि.मी.
   D. 61,177 वर्ग कि.मी.

41. प्रदेश के किन्नौर जिले का कुल क्षेत्रफल बताइए–
   A. 6002 वर्ग कि.मी.
   B. 6401 वर्ग कि.मी.
   C. 5503 वर्ग कि.मी.
   D. 4805 वर्ग कि.मी

42. प्रदेश के सिरमौर जिले का कुल क्षेत्रफल कितना है?
   A. 2825 वर्ग कि.मी.
   B. 3375 वर्ग कि.मी.
   C. 1288 वर्ग कि.मी.
   D. 4228 वर्ग कि.मी.

43. प्रदेश के लाहौल व स्पीति जिले का कुल क्षेत्रफल कितना है?
   A. 18325 वर्ग कि.मी.
   B. 13835 वर्ग कि.मी.
   C. 29416 वर्ग कि.मी.
   D. 10045 वर्ग कि.मी.

उत्तरमाला

1	2	3	4	5	6	7	8	9	10
A	D	A	B	A	D	D	C	B	A
11	**12**	**13**	**14**	**15**	**16**	**17**	**18**	**19**	**20**
A	C	A	A	D	D	C	A	C	B
21	**22**	**23**	**24**	**25**	**26**	**27**	**28**	**29**	**30**
A	D	C	A	B	C	B	D	B	A
31	**32**	**33**	**34**	**35**	**36**	**37**	**38**	**39**	**40**
C	C	A	A	D	C	C	D	A	C
41	**42**	**43**							
B	A	B							

जनजातियां

1. लाहौला (Lahaulas) जनजाति की उत्पत्ति किन जातियों के मेल से मानी जाती है?
   A. आर्य व मंगोल
   B. हूण तथा आर्य
   C. शक एवं आर्य
   D. आर्य व पंगवाल

2. किन्नौर (किन्नर) किस प्रकार की जनजाति है?
   A. शिकारी जनजाति
   B. भेड़ पालक जनजाति
   C. घुमंतु जनजाति
   D. इनमें से कोई नहीं

3. हिमाचल प्रदेश के किस क्षेत्र में 'गद्दी' जनजाति बहुतायत में है?
   A. भरमौर
   B. डोडरा क्वार
   C. रिब्बा
   D. नाहन

4. 'घिरथ' जाति के लोग हिमाचल प्रदेश के किस क्षेत्र में पाए जाते हैं?
   A. सिरमौर घाटी
   B. लाहौल घाटी
   C. कांगड़ा घाटी
   D. शिमला घाटी

5. हिमाचल प्रदेश की 'तूरी' जाति का मुख्य व्यवसाय क्या होता है?
   A. बर्तन बनाना
   B. गाना-बजाना
   C. जूते बनाना
   D. वस्त्र बुनना

6. 'जाद' जनजाति कहां पाई जाती है?
   A. सराहन
   B. पांगी
   C. किन्नौर
   D. डोडराक्वार

7. 'पंगवाल' जनजाति हिमाचल में कहां पाई जाती है?
   A. रिब्बा
   B. उदयपुर
   C. पांगी
   D. डोडरा क्वार

8. गुज्जर जनजाति बिरा संप्रदाय से सबद्ध है?
   A. हिन्दू
   B. मुस्लिम
   C. बौद्ध
   D. A एवं B दोनों

9. 'कुलिंद' स्थाई रूप से कहां के निवासी थे?
   A. बिलासपुर
   B. लाहौल-स्पीति
   C. शिमला व सिरमौर
   D. कुल्लू

10. हिमाचल प्रदेश के गुज्जरों को किसका वंशज माना जाता है?
A. आर्य   B. द्रास
C. हूण   D. मंगोल

11. 'जाद' जनजाति का संबंध किस धर्म से है?
A. बौद्ध   B. पारसी
C. हिन्दू   D. जैन

12. भोट और पंगवाल जनजातियां किस क्षेत्र में पाई जाती हैं?
A. पांगी   B. भरमौर
C. किन्नौर   D. लाहौल-स्पीति

13. निम्न क्षेत्रों में कौन-सा क्षेत्र जनजातीय क्षेत्र नहीं है?
A. पांगी   B. होली
C. बड़ा भंगाल   D. स्पीति

14. निम्न में से किस जिले में अनुसूचित जनजातियों की सर्वाधिक जनसंख्या निवास करती है?
A. लाहौल-स्पीति   B. शिमला
C. हमीरपुर   D. चंबा

15. आरंभिक युग में हिमाचल प्रदेश में कौन-सी जनजाति नहीं पाई जाती थी?
A. किरात   B. किन्नर
C. पंगवाल   D. दस्यु

16. हिमाचल प्रदेश में किस स्थान पर तिब्बती लोगों को 'भोट' कहा जाता है?
A. पांगी   B. नाहन
C. किन्नौर   D. धर्मशाला

17. हिमाचल प्रदेश में किस जाति के लोग सबसे अधिक हैं?
A. ब्राह्मण

B. वैश्य
C. राजपूत
D. अनुसूचित जनजाति

18. किस जिले में 'सूद' जाति के लोग बहुतायत में पाए जाते हैं?
A. शिमला   B. बिलासपुर
C. कुल्लू   D. कांगड़ा

19. 'लवाणा' किस क्षेत्र की एक व्यावसायिक उपजाति है?
A. सिरमौर   B. शिमला
C. सोलन   D. कांगड़ा

20. सिरमौर में लकड़ी के व्यावसायिक वर्ग को 'बाड़ी' कहा जाता है। इसी वर्ग को कांगड़ा क्षेत्र में क्या कहा जाता है?
A. तरखाण   B. तूरी
C. थेरूआ   D. तान्दा

21. हिमाचल प्रदेश की औंदुबर जनजाति प्राचीन समय में किन दो नदियों के बीच निवास करती थी?
A. व्यास और सतलज
B. रावी और झेलम
C. व्यास और रावी
D. चिनाब और सतलज

22. हिमाचल प्रदेश के निवासी 'गुज्जर' निम्नलिखित में से किसके वंशज माने जाते हैं?
A. क्षत्रिय   B. राजपूत
C. हूण   D. खस

23. हिमाचल प्रदेश में वर्ष 2011 की जनगणना के अनुसार, जनजातियों की संख्या कितनी है?
A. 1,24,214   B. 2,25,445
C. 3,92,126   D. 3,50,257

24. जनसंख्या की दृष्टि से प्रदेश के किस जिले में सर्वाधिक जनजातियां पाई जाती हैं ?

   A. मंडी   B. ऊना

   C. कुल्लू   D. चम्बा

25. हिमाचल प्रदेश के कुल आबादी के कितने प्रतिशत लोग अनुसूचित जनजाति के हैं ?

   A. 5.7 प्रतिशत   B. 5.12 प्रतिशत

   C. 4.8 प्रतिशत   D. 6.44 प्रतिशत

26. प्रदेश की गद्दी जनजाति की बस्ती को क्या कहा जाता है ?

   A. गपारन   B. गचोप

   C. गद्देरन   D. गच्चीला

27. हिमाचल प्रदेश की किस जनजाति को 'खोसिया' नाम से भी जाना जाता है ?

   A. गद्दी   B. पंगवाल

   C. गुज्जर   D. किन्नर

28. प्रदेश की किस जनजाति में शोन, बुकुम, जाबरू आदि लोकगीत व लोक नृत्यों का प्रचलन है ?

   A. गद्दी

   B. लाहौलां व स्पीतियन

   C. गुज्जर

   D. पंगवाल

29. 2011 की जनगणना के अनुसार हमीरपुर जिले में जनजातियों की संख्या कितनी है ?

   A. 3044   B. 5080

   C. 3650   D. 4850

30. प्रदेश की 'स्पीतियन' जनजाति को अन्य किस नाम से जाना जाता है ?

   A. भोट   B. पागी

   C. चारू   D. सीलानी

31. प्रदेश के किन क्षेत्रों की जनजातियों में 'जिन्द फूंक' या 'जराड फूंकी' विवाह प्रथा प्रचलित है ?

   A. कांगड़ा व चम्बा

   B. सिरमौर व हमीरपुर

   C. भरमौर व बिलासपुर

   D. कुल्लू व कांगड़ा

32. 'दरोश' या 'दब दब' या 'नयामश दोपांग' या 'नयामश लीमोड' या 'आशीश' या 'हुची शादी' रस्म, जो किन्नौर जिले में प्रचलित है, का क्या अर्थ है ?

   A. प्रेम विवाह

   B. जबरदस्ती या सहमतिपूर्ण विवाह

   C. विधवा विवाह

   D. सामूहिक विवाह

33. प्रदेश में 'जांजि' या 'जानि' किस्म की विवाह रस्म, जो पंगवाल जनजाति में प्रचलित है, का क्या अर्थ है ?

   A. उत्कृष्ट विवाह

   B. स्वयंवर विवाह

   C. अपहरण विवाह

   D. प्रेम विवाह

34. 'जाद' जनजाति किस क्षेत्र में पाई जाती है ?

   A. लाहौल

   B. कुल्लू

   C. पांगी

   D. इनमें से कोई नहीं

35. किन्नौर जिले में प्रचलित 'जानीकांग' या 'जानीतांग' विवाह का क्या अर्थ है ?

A. प्रेम विवाह

B. दूसरे की पत्नी के साथ विवाह

C. अपहरण विवाह

D. व्यवस्थित विवाह

36. हिमाचल प्रदेश में खस जाति के लोगों में दो प्रकार के विवाहों का प्रचलन है जिनमें एक हारा कहलाता है, दूसरे प्रकार के विवाह को क्या कहते हैं ?

A. साई   B. मंगनी

C. हुची   D. दरोश

37. ठाकुर नामक श्रेष्ठ उपजाति प्रदेश की किस जनजाति से संबंधित है ?

A. पांगी   B. पंगवाल

C. गद्दी   D. लाहौली

38. गद्दी जनजाति हिमाचल प्रदेश के किन क्षेत्रों में सर्वाधिक पाई जाती है ?

A. बिलासपुर, किन्नौर

B. भरमौर, चम्बा

C. बजौर, कुल्लू

D. इनमें से कोई नहीं

39. 'गुज्जर' जनजाति मुख्यत: किस धार्मिक सम्प्रदाय से संबंध रखती है ?

A. हिन्दू

B. मुस्लिम

C. ईसाई

D. A और B दोनों से

40. प्रदेश की गद्दी जनजाति में किस नदी को सबसे पवित्र नदी माना जाता है ?

A. यमुना   B. रावी

C. गंगा   D. सतलज

उत्तरमाला

1	2	3	4	5	6	7	8	9	10
A	B	A	C	B	B	C	D	C	C
11	**12**	**13**	**14**	**15**	**16**	**17**	**18**	**19**	**20**
A	A	C	A	C	A	C	D	D	A
21	**22**	**23**	**24**	**25**	**26**	**27**	**28**	**29**	**30**
A	C	C	D	A	C	D	B	A	A
31	**32**	**33**	**34**	**35**	**36**	**37**	**38**	**39**	**40**
A	B	A	C	D	B	D	B	D	C

प्रमुख जल विद्युत परियोजनाएँ

1. हिमाचल प्रदेश की निम्न में से वह जल विद्युत परियोजना जिसे पूरी तरह भूमिगत बनाया गया है?
A. संजय परियोजना
B. बास्पा परियोजना
C. डेहरा परियोजना
D. बनेर परियोजना

2. हिमाचल प्रदेश राज्य विद्युत बोर्ड की स्थापना किस वर्ष की गई?
A. 1968-69　　B. 1970-71
C. 1972-73　　D. 1974-75

3. कोल डैम परियोजना के कार्यान्वित होने से भाखड़ा बांध परियोजना को क्या लाभ होगा?
A. भाखड़ा बांध का सिल्ट से कुछ बचाव हो सकेगा।
B. भाखड़ा नंगल में विद्युत उत्पादन बढ़ जाएगा।
C. भाखड़ा बांध में मछली पकड़ने में सहायता मिलेगी।
D. इनमें से कोई नहीं

4. कोल डैम परियोजना की उत्पादन क्षमता कितने मेगावाट (MW) है?
A. 500 MW　　B. 600 MW
C. 700 MW　　D. 800 MW

5. रौंग-टौंग विद्युत परियोजना किस जिले में स्थित है?
A. चंबा　　　　B. मंडी
C. किन्नौर　　　D. लाहौल-स्पीति

6. गलत कथन की पहचान करें–
A. कड़छम वांगतु परियोजना की विद्युत उत्पादन क्षमता लगभग 600 MW है।
B. चमेरा-II विद्युत परियोजना का निर्माण NHPC द्वारा किया जा रहा है।
C. पार्वती विद्युत परियोजना की उत्पादन क्षमता 2051 MW है।
D. नाथपा-झाकड़ी परियोजना की उत्पादन क्षमता 2500 MW है।

7. वर्षा के दिनों में तिब्बत की 'पारच्छू' झील में पानी के बहाव के रुकने से

संभावित बाढ़ के कारण हिमाचल प्रदेश में स्थित किस 'जल विद्युत परियोजना' के कामकाज में बाधा पहुंचती है?

A. हिब्रा परियोजना

B. रौंग-टौंग परियोजना

C. नाथपा-झाकड़ी परियोजना

D. संजय विद्युत परियोजना

8. 'रेणुका बांध' का निर्माण निम्न में से किस नदी पर प्रस्तावित है?

A. टौंस   B. पब्बर

C. रेणुका   D. गिरी

9. विनवा विद्युत परियोजना की उत्पादन क्षमता कितने मेगावाट (MW) है?

A. 2 MW   B. 3 MW

C. 6 MW   D. 10 MW

10. थिरोट विद्युत परियोजना किस जिले में स्थित है?

A. सिरमौर   B. लाहौल-स्पीति

C. किन्नौर   D. चंबा

11. 260 MW की हिब्रा जल विद्युत परियोजना किस जिले में कार्यान्वित की जा रही है?

A. कांगड़ा   B. किन्नौर

C. शिमला   D. चंबा

12. हिमाचल प्रदेश में किस नदी बेसिन में अधिकतम जल विद्युत शक्ति उत्पादन की क्षमता है?

A. व्यास   B. सतलज

C. चंद्रभागा   D. रावी

13. नांथप-झाकड़ी परियोजना में हिमाचल प्रदेश की कितनी हिस्सेदारी है?

A. 40 प्रतिशत   B. 35 प्रतिशत

C. 33 प्रतिशत   D. 30 प्रतिशत

14. शिमला जिले में स्थित घुमराडी सुंडा परियोजना किस नदी पर कार्यान्वित की जा रही है?

A. सतलज   B. पब्बर

C. विनवा   D. टौंस

15. कोल डैम परियोजना किस नदी पर क्रियान्वित की जा रही है?

A. यमुना   B. सतलज

C. रावी   D. व्यास

16. रावी नदी पर क्रियान्वित की जा रही चमेरा जल विद्युत परियोजना प्रदेश के किस जिले में स्थित है?

A. किन्नौर   B. कांगड़ा

C. लाहौल-स्पीति   D. चंबा

17. हिमाचल प्रदेश में जल विद्युत उत्पादन की कुल चिह्नित क्षमता (Total Identified Potential) कितनी है?

A. 25230 MW   B. 23230 MW

C. 21150 MW   D. 18820 MW

18. हिमाचल प्रदेश में अभी तक लगभग कितनी जल विद्युत क्षमता का दोहन किया जा रहा है?

A. 7500 MW   B. 7000 MW

C. 6500 MW   D. 6000 MW

19. व्यास-सतलज लिंक परियोजना की कुल विद्युत क्षमता कितनी है?

A. 490 MW   B. 690 MW

C. 790 MW   D. 990 MW

20. निम्न में से गलत कथन की पहचान करें–

A. लारजी विद्युत परियोजना की उत्पादन क्षमता 126 MW है।

B. खौली विद्युत परियोजना की उत्पादन क्षमता 12 MW है।

C. ऊहल परियोजना शिमला जिले में निर्माणाधीन है।

D. ऊहल जल विद्युत परियोजना-III मंडी जिले में 2007 तक बनकर तैयार होनी थी।

21. हिमाचल प्रदेश में संपूर्ण विद्युतीकरण का लक्ष्य किस वर्ष पूरा हुआ?

A. 1970-71   B. 1988-89

C. 1998-99   D. 2000-2001

22. निम्न में से कौन-सा जोड़ा गलत है?

A. गिरिबाटा परियोजना – सिरमौर

B. थिरोट जल विद्युत – ऊना परियोजना

C. आंध्रा जल विद्युत – शिमला परियोजना

D. विनवा जल विद्युत – कांगड़ा परियोजना

23. शानन बिजली घर प्रदेश की सबसे पुरानी परियोजना है। यह बिजली घर किस वर्ष बनकर तैयार हुआ था?

A. 1922 में   B. 1932 में

C. 1942 में   D. 1952 में

24. कोल डैम परियोजना का निर्माण किस संस्था द्वारा किया जा रहा है?

A. NHPC द्वारा

B. NTPC द्वारा

C. HPSEB द्वारा

D. रिलायंस पावर द्वारा

25. डेहर परियोजना की इकाई की कुल उत्पादन क्षमता कितनी है?

A. 120 MW   B. 165 MW

C. 265 MW   D. 280 MW

26. हिमाचल प्रदेश की सबसे बड़ी जल विद्युत परियोजना, नाथपा-झाकड़ी किस नदी पर है?

A. रावी   B. व्यास

C. सतलज   D. चिनाब

27. किन्नौर जिले में स्थित संजय विद्युत परियोजना की उत्पादन क्षमता है–

A. 150 MW   B. 140 MW

C. 130 MW   D. 120 MW

28. 16.95 MW विद्युत उत्पादन क्षमता वाली आंध्रा जल विद्युत परियोजना किस जिले में स्थित है?

A. शिमला   B. चंबा

C. मंडी   D. कांगड़ा

29. कांगड़ा जिले में स्थित गज विद्युत परियोजना की विद्युत उत्पादन क्षमता है–

A. 11.6 MW   B. 10.5 MW

C. 9.5 MW   D. 8.5 MW

30. जोगिन्द्र नगर स्थित शानन विद्युत परियोजना का संचालन निम्न में से कौन करता है?

A. राष्ट्रीय ताप विद्युत निगम

B. पंजाब राज्य बिजली बोर्ड

C. राष्ट्रीय जल विद्युत निगम

D. हिमाचल प्रदेश बिजली बोर्ड

31. 12.5 MW विद्युत उत्पादन क्षमता वाली बनेर परियोजना हिमाचल प्रदेश के किस जिले में स्थित है?
A. लाहौल-स्पीति   B. किन्नौर
C. कांगड़ा   D. मंडी

32. किन्नौर जिले में स्थित कड़छम वांगतु परियोजना किस नदी पर क्रियान्वित की जा रही है?
A. रावी   B. व्यास
C. सतलज   D. टौंस

33. 6 MW विद्युत उत्पादन क्षमता वाली कांगड़ा जिले में स्थित विनवा परियोजना किस स्थान पर बनाई गई है?
A. पपरोला   B. बैजनाथ
C. धर्मशाला   D. उतराला

34. हिमाचल प्रदेश में विद्युतीकरण की प्रतिशत दर क्या है?
A. 80 प्रतिशत   B. 90 प्रतिशत
C. 95 प्रतिशत   D. शत्-प्रतिशत

35. शानन विद्युत परियोजना किस जिले में स्थित है?
A. ऊना   B. कांगड़ा
C. मंडी   D. कुल्लू

36. शानन विद्युत परियोजना को पूरा करने का श्रेय किसे दिया जाता है?
A. लार्ड रिपन   B. लार्ड डलहौजी
C. कर्नल बैटी   D. लार्ड कर्जन

37. नाथपा-झाकड़ी परियोजना से हिमाचल प्रदेश को कितनी मुफ्त बिजली मिलती है?
A. 20 प्रतिशत   B. 18 प्रतिशत
C. 15 प्रतिशत   D. 12 प्रतिशत

38. हिमाचल प्रदेश में स्थित कौन-सा बिजली घर उत्तरी भारत में स्थापित पहला बिजली घर था?
A. जतोग बिजली घर
B. शानन बिजली घर
C. सुंदर नगर बिजली घर
D. धनवाड़ी बिजली घर

39. गिरी बाटा परियोजना किस जिले में स्थित है?
A. शिमला   B. सोलन
C. मंडी   D. सिरमौर

40. नोगली परियोजना किस जिले में है?
A. मंडी   B. सोलन
C. चंबा   D. सिरमौर

41. 300 MW की बास्पा जल विद्युत परियोजना हिमाचल प्रदेश के किस जिले में स्थित है?
A. कुल्लू   B. मंडी
C. किन्नौर   D. शिमला

42. सिरमौर जिले में स्थित गिरी बाटा परियोजना निम्न में से किसके नियंत्रण में है?
A. राष्ट्रीय ताप विद्युत निगम
B. राष्ट्रीय जल विद्युत निगम
C. हिमाचल प्रदेश राज्य विद्युत बोर्ड
D. टाटा पावर कंपनी

43. प्रथम पंचवर्षीय योजना के प्रारंभ होने से पूर्व हिमाचल प्रदेश के कुल कितने गांवों में बिजली उपलब्ध कराई गई थी?
A. 91   B. 61
C. 31   D. 11

44. हिमाचल प्रदेश में चल रही विभिन्न विद्युत परियोजनाओं में से किससे प्रदूषण का खतरा नहीं है?

A. बास्पा परियोजना

B. संजय परियोजना

C. ऊहल-III परियोजना

D. कोल डैम परियोजना

45. निम्नलिखित जल विद्युत परियोजनाओं में से कौन-सी सबसे कम उत्पादन क्षमता वाली है?

A. चमेरा विद्युत परियोजना

B. बास्पा विद्युत परियोजना

C. संजय विद्युत परियोजना

D. विनवा विद्युत परियोजना

46. हिमाचल प्रदेश के कितने गांवों को 1971 तक बिजली उपलब्ध कराई गई थी?

A. 2,162　　　B. 3,162

C. 4,162　　　D. 6,162

47. निम्न में से कौन हिमाचल प्रदेश राज्य विद्युत बोर्ड की सबरो बड़ी परियोजना है?

A. गिरी बाटा विद्युत परियोजना

B. बनेर विद्युत परियोजना

C. संजय विद्युत परियोजना

D. गज विद्युत परियोजना

48. 165 MW की डेहर परियोजना प्रदेश के किस जिले में स्थित है?

A. किन्नौर　　　B. कांगड़ा

C. मंडी　　　　D. सिरमौर

49. हिमाचल प्रदेश राज्य विद्युत बोर्ड की सबसे बड़ी परियोजना, संजय विद्युत परियोजना की उत्पादन क्षमता कितनी है?

A. 80 MW　　　B. 100 MW

C. 120 MW　　　D. 140 MW

50. कुल्लू जिले में स्थित लारजी जल विद्युत परियोजना की उत्पादन क्षमता कितनी है?

A. 100 MW　　　B. 120 MW

C. 126 MW　　　D. 130 MW

51. गलत कथन की पहचान करें–

A. प्रदेश में बहने वाली पांच प्रमुख नदियों में कुल उत्पादन क्षमता लगभग 20744 MW चिह्नित की गई है।

B. कुल चिह्नित विद्युत उत्पादन क्षमता का 9657 MW सतलज नदी, 4398 MW व्यास नदी, 2315 MW रावी नदी, 1073 MW यमुना नदी और 3301 MW चिनाब नदी पर संभव है।

C. लघु जल विद्युत परियोजनाओं से उत्पादन क्षमता 500 MW संभव है।

D. हिमाचल प्रदेश राज्य विद्युत बोर्ड द्वारा 1000 MW बिजली का उत्पादन किया जाता है।

52. हिमाचल प्रदेश में देशभर की जल विद्युत क्षमता का साकितना प्रतिशत चिह्नित किया गया है?

A. 80 प्रतिशत　　　B. 65 प्रतिशत

C. 40 प्रतिशत　　　D. 25 प्रतिशत

53. गलत कथन की पहचान करें–
   A. तीन चरणों वाली पार्वती जल विद्युत परियोजना की उत्पादन क्षमता 2051 MW है।
   B. पार्वती जल विद्युत परियोजना रावी नदी पर निर्मित की जा रही है।
   C. पार्वती जल विद्युत परियोजना व्यास की सहायक नदी 'पार्वती' पर बनाई जा रही है।
   D. पार्वती जल विद्युत परियोजना का निर्माण राष्ट्रीय जल विद्युत निगम (NHPC) द्वारा किया जा रहा है।

54. लारजी जल विद्युत परियोजना निम्न में से किसके द्वारा निर्मित की गई है?
   A. हिमाचल प्रदेश राज्य विद्युत बोर्ड
   B. रिलायंस पावर कंपनी
   C. राष्ट्रीय जल विद्युत निगम
   D. राष्ट्रीय ताप विद्युत निगम

55. निर्माणाधीन रामपुर जल विद्युत परियोजना में राज्य सरकार की भागीदारी 30 प्रतिशत निश्चित की गई है। इस परियोजना को पूरा करने का कार्य निम्न में से किसे सौंपा गया है?
   A. नेशनल पावर कार्पोरेशन
   B. सतलज जल विद्युत निगम
   C. हिमाचल प्रदेश राज्य विद्युत बोर्ड
   D. रामपुर विद्युत प्राधिकरण

56. निम्नलिखित में से कौन सी परियोजना हिमाचल प्रदेश से सम्बन्धित है?
   A. दलहस्ती जल-विद्युत परियोजना
   B. चमेरा जल-विद्युत परियोजना
   C. डरी जल-विद्युत परियोजना
   D. रंगीत जल-विद्युत परियोजना

57. हिमाचल प्रदेश सरकार ने 1988 में नाथपा झाकड़ी विद्युत निगम 'एन० जे० पी०' किसके सहयोग से चलाई थी?
   A. भारत सरकार   B. जर्मन सरकार
   C. जापान सरकार D. नेपाल सरकार

58. कोल बांध परियोजना किस प्रदेश के लिए है?
   A. उत्तर प्रदेश   B. मध्य प्रदेश
   C. हिमाचल प्रदेश D. पंजाब

59. हिमाचल प्रदेश में स्थित, सिखों के दसवें गुरु गोविन्द सिंह के नाम पर बांध के पीछे बने जलाशय का क्या नाम है?
   A. गोपी सागर   B. गिरिजा सागर
   C. गावी सागर   D. गोविन्द सागर

60. हिमाचल प्रदेश की सबसे बड़ी सिंचाई योजना कौन सी है?
   A. शाह नहर परियोजना
   B. सिंगापुर नहर परियोजना
   C. जलालपुर नहर परियोजना
   D. ईष्टा पौरी-नहर परियोजना

61. हिमाचल प्रदेश में सतलुज नदी पर निम्नलिखित में से कौन सी परियोजना बनाई गई है?
   A. दुलहस्ती जल विद्युत परियोजना
   B. गिरना परियोजना
   C. नाथपा-झाकड़ी परियोजना
   D. गोविन्द सागर परियोजना

62. हिमाचल में निर्मित पोंग बांध की लम्बाई व ऊंचाई कितनी है ?

A. 15 मी० ल० व 60 मी० चौ०

B. 110 मी० ल० व 8 मी० चौ०

C. 100 मी० ल० व 10 मी० चौ०

D. 116 मी० ल० व 12 मी० चौ०

63. प्रदेश में जल विस्तार की दृष्टि से सबसे बड़ी नदी कौन सी है ?

A. व्यास   B. यमुना

C. रावी   D. चिनाब

64. पार्वती परियोजना निम्नलिखित में से किस राज्य की सबसे बड़ी जल विद्युत परियोजना है ?

A. जम्मू-कश्मीर   B. हिमाचल प्रदेश

C. बिहार   D. उत्तर प्रदेश

65. निम्नलिखित में से कौन-सी नदी हिमाचल प्रदेश में होकर प्रवाहित नहीं होती है ?

A. सतलज   B. रावी

C. चिनाब   D. झेलम

उत्तरमाला

1	2	3	4	5	6	7	8	9	10
A	B	A	D	D	D	C	D	C	B
11	12	13	14	15	16	17	18	19	20
D	B	D	B	B	D	B	C	D	C
21	22	23	24	25	26	27	28	29	30
B	B	B	B	B	C	D	A	B	B
31	32	33	34	35	36	37	38	39	40
A	C	D	D	C	C	D	B	D	D
41	42	43	44	45	46	47	48	49	50
C	C	D	B	D	C	C	C	C	C
51	52	53	54	55	56	57	58	59	60
D	D	B	A	B	B	A	C	D	A
61	62	63	64	65					
C	D	D	B	D					

हिमाचल प्रदेश का गठन

1. 15 अप्रैल, 1948 में हिमाचल प्रदेश के गठन के समय कुल क्षेत्रफल कितना था?
   A. 45,673 वर्ग किमी.
   B. 19,154 वर्ग किमी.
   C. 32,291 वर्ग किमी.
   D. 27,018 वर्ग किमी.

2. हिमाचल प्रदेश के गठन के समय कितने जिले थे?
   A. 6   B. 5
   C. 4   D. 3

3. कितनी रियासतों को मिलाकर 15 अप्रैल, 1948 को हिमाचल प्रदेश का गठन हुआ था?
   A. 35 पहाड़ी प्रदेश
   B. 30 रियासतें
   C. 16 ब्रिटिश शासित प्रदेश
   D. 6 पंजाब शासित राज्य

4. निम्न में से कौन-सा जिला गठन के समय हिमाचल प्रदेश में सम्मिलित किया गया था?
   A. सिरमौर   B. महासू
   C. चंबा   D. बिलासपुर

5. बिलासपुर रियासत का हिमाचल प्रदेश के साथ विलय कब हुआ?
   A. 15 अगस्त, 1947
   B. 15 अगस्त, 1948
   C. 1 जुलाई, 1954
   D. 25 जनवरी, 1966

6. हिमाचल प्रदेश में विलय के पूर्व बिलासपुर रियासत किस श्रेणी का राज्य था?
   A. श्रेणी 'ए'   B. श्रेणी 'बी'
   C. श्रेणी 'सी'   D. श्रेणी 'डी'

7. 25 जनवरी, 1971 को हिमाचल प्रदेश को भारतीय संघ में कौन-से राज्य के रूप में मिलाया गया?
   A. 16वां   B. 18वां
   C. 20वां   D. 22वां

8. किन्नौर जिले को हिमाचल प्रदेश में कौन-से जिले के रूप में शामिल किया गया?
   A. तीसरे   B. चौथे
   C. पांचवे   D. छठे

9. हिमाचल प्रदेश को पूर्ण राज्य का दर्जा किस वर्ष मिला?
A. 15 अप्रैल, 1948
B. 1 नवंबर, 1966
C. 25 जनवरी, 1971
D. 25 अगस्त, 1986

10. किस जिले की दो तहसीलें पुराने एवं तीन तहसीलें नए हिमाचल प्रदेश के विलय से बनी हैं?
A. सोलन
B. कुल्लू
C. कांगड़ा
D. सिरमौर

11. कांगड़ा जिले की सीमाओं का क्षेत्रफल निम्न में से किस जिले से सर्वाधिक लगता है?
A. ऊना
B. चंबा
C. कुल्लू
D. मंडी

12. शिमला जिले के डोडरा क्वार को क्या दर्जा प्राप्त है?
A. उप-मंडल
B. उप-तहसीलें
C. तहसीलें
D. इनमें से कोई नहीं

13. 1951 में कौन-सा हिमाचल प्रदेश का जिला नहीं था?
A. मंडी
B. शिमला
C. सिरमौर
D. चंबा

14. 1966 में हिमाचल प्रदेश में विलय से पूर्व नालागढ़ किस जिले का भाग था?
A. पंचकूला
B. कालका
C. चंडीगढ़
D. अंबाला

15. डलहौजी हिमाचल प्रदेश में विलय से पूर्व किसका भाग था?
A. फिरोजपुर
B. गुरदासपुर
C. होशियारपुर
D. किरतपुर

16. 1954 में निम्न में से कौन-सा भाग हिमाचल प्रदेश का पांचवां जिला बना?
A. कुल्लू
B. बिलासपुर
C. मंडी
D. सोलन

17. 1960 में कौन-सा जिला हिमाचल प्रदेश का छठा जिला बना?
A. किन्नौर
B. महासू
C. ऊना
D. सिरमौर

18. राज्य के कुल क्षेत्रफल का कितना भाग सिरमौर जिले में आता है?
A. 3.6 प्रतिशत
B. 4.1 प्रतिशत
C. 5.02 प्रतिशत
D. 9.2 प्रतिशत

19. 1966-1972 तक जिला बनने से पूर्व ऊना निम्न में से किसका भाग था?
A. हमीरपुर
B. कांगड़ा
C. बिलासपुर
D. मंडी

20. 1950 से पूर्व 'कोटगढ़ तथा कोटखाई' किस क्षेत्र के भाग थे?
A. पूर्वी पंजाब
B. पेप्सू
C. कांगड़ा
D. सिरमौर

21. 1966 में हिमाचल प्रदेश में विलय से पूर्व ऊना क्षेत्र किस जिले का भाग था?
A. होशियारपुर
B. अंबाला
C. पठानकोट
D. पटियाला

22. अंग्रेजों ने कांगड़ा मुख्यालय को कब धर्मशाला स्थानांतरित किया था?
A. 1835 में
B. 1845 में
C. 1855 में
D. 1865 में

23. नूरपुर का प्राचीन नाम क्या था?
  A. नरेटी   B. धमेरी
  C. न्याजपुर   D. शाहपुर

24. स्पीति घाटी का अंतिम गांव कौन-सा है?
  A. गेमूर   B. भृगुटी
  C. लोसार   D. सलोह

25. कुल्लू जिले का ''मलाना गांव'' निम्न में से किस बात के लिए प्रसिद्ध है?
  A. खनिज भंडारों के लिए
  B. मंदिरों के लिए
  C. विश्व के प्राचीनतम लोकतंत्र के लिए
  D. चांदी भंडार के लिए

26. भारत के स्वतंत्र होने (15 अगस्त, 1947) तक संपूर्ण हिमाचल क्षेत्र कितनी छोटी-बड़ी रियासतों व राजकीय क्षेत्रों में विभक्त था?
  A. 31   B. 29
  C. 40   D. 25

27. हिमाचल के सारे पहाड़ी क्षेत्र को एक कर उसे 'हिमाचल प्रदेश' नाम कब दिया गया था?
  A. 15 अगस्त, 1947
  B. 15 जनवरी, 1950
  C. 15 अप्रैल, 1948
  D. 15 फरवरी, 1949

28. बघाट रियासत के राजा दुर्गासिंह की अध्यक्षता में शिमला की पहाड़ी रियासतों के राजाओं और प्रजामंडल के प्रतिनिधियों का सम्मेलन सोलन में कब हुआ था, जिसमें पहाड़ी

रियासतों को मिलाकर एक प्रशासनिक इकाई बनाने का निर्णय लिया गया था?
  A. 1 अप्रैल, 1947 में
  B. 26 से 28 जनवरी, 1948 में
  C. 10 मई, 1949 में
  D. 15 दिसम्बर, 1950 में

29. शिमला हिल्स की 27 पहाड़ी रियासतों का विलय हिमाचल प्रदेश में कब किया गया था?
  A. 16 दिसम्बर, 1947 को
  B. 10 मई, 1949 को
  C. 8 नवंबर, 1948 को
  D. 8 मार्च, 1948 को

30. 23 मार्च, 1948 को हिमाचल प्रदेश में किस रियासत को सम्मिलित किया गया था?
  A. बिलासपुर रियासत
  B. सुजानपुर रियासत
  C. सिरमौर रियासत
  D. धामी रियासत

31. 15 अप्रैल, 1948 को हिमाचल प्रदेश के अस्तित्व में आने पर प्रदेश का प्रथम चीफ कमिश्नर किसे बनाया गया था?
  A. श्री एन.सी. मेहता
  B. पं. जवाहरलाल नेहरू
  C. पैण्ड्रुल मून
  D. जयवंत राम

32. प्रदेश का प्रथम डिप्टी चीफ कमिश्नर किस व्यक्ति को बनाया गया था?
  A. श्रीमती विजय लक्ष्मी पंडित

B. पैण्ड्रल मून

C. पं. गौरी प्रसाद

D. डॉ. परमार

33. 15 अप्रैल, 1948 को हिमाचल प्रदेश में कितनी रियासतों का विलय किया गया था?

A. 15 B. 16

C. 25 D. 30

34. शिमला हिल स्टेट्स की 26 छोटी-**बड़ी** रियासतों को मिला कर 1948 में कौन-सा जिला बनाया गया था?

A. मंडी B. सिरमौर

C. बिलासपुर D. महासू

35. बिलासपुर रियासत का हिमाचल प्रदेश में विलय कब हुआ था?

A. जुलाई, 1954

B. जनवरी, 1950

C. अगस्त, 1948

D. अप्रैल, 1948

36. प्रदेश में मंडी के साथ किस अन्य रियासत को मिलाकर मंडी जिला बनाया गया था?

A. चम्बा B. महासू

C. सुकेत D. बिलासपुर

37. हिमाचल प्रदेश में विधान सभा का गठन संविधान के कौन-से संशोधन द्वारा किया गया था?

A. बारहवें संशोधन द्वारा

B. चौदहवें संशोधन द्वारा

C. सोलहवें संशोधन द्वारा

D. बीसवें संशोधन द्वारा

38. 1942-43 ई. तक शिमला किस देश की विस्थापित राजधानी रहा था?

A. चीन B. जापान

C. बर्मा (म्यांमार) D. किसी की नहीं

39. पठानकोट भू-भाग जो हिमाचल प्रदेश में 1 नवंबर, 1966 को स्थानान्तरित किया गया था, पहले किस जिले का भाग था?

A. शिमला B. गुरदासपुर

C. चम्बा D. बिलासपुर

40. पूर्वी पंजाब सरकार का मुख्यालय शिमला में कब तक था?

A. 1955 तक B. 1965 तक

C. 1957 तक D. 1966 तक

41. पंजाब के पहाड़ी क्षेत्र-शिमला, कांगड़ा, कुल्लू, लाहौल-स्पीति, नालागढ़, ऊना, डलहौजी, बकलोह और भालून आदि हिमाचल प्रदेश में कब मिलाए गए थे?

A. 1 नवंबर, 1966 को

B. 1 जनवरी, 1965 को

C. 10 दिसम्बर, 1969 को

D. 22 जून, 1970 को

42. 1948 में हिमाचल प्रदेश के लिए स्थापित की गई अल्पकालिक सरकार का प्रथम अध्यक्ष कौन था?

A. पं. शिवहरि

B. श्री परमानंद

C. पं. शिवानंद रमोल

D. श्री राम सहाय

43. हिमाचल की पहाड़ी रियासतों में से सर्वप्रथम किसमें लोकतांत्रिक व्यवस्था की शुरुआत की गई थी?

A. चम्बा B. कांगड़ा

C. किन्नौर D. भागत

44. भारतीय संविधान सभा में हिमाचल प्रदेश का नेतृत्व किसने किया था?

A. डॉ. वाई.एस. परमार

B. डॉ. राधा स्वामी

C. श्री चन्द्र मोहन

D. श्री केशव दास

45. संसद द्वारा हिमाचल राज्य कानून कब पास किया गया था?

A. 10 दिसम्बर, 1955

B. 15 अप्रैल, 1960

C. 5 जनवरी, 1956

D. 18 दिसम्बर, 1970

46. हिमाचल प्रदेश में विधान सभा के लिए सर्वप्रथम चुनाव कब हुए थे?

A. 1952 में B. 1950 में

C. 1955 में D. 1960 में

47. हिमाचल प्रदेश का प्रथम राज्यपाल किसे बनाया गया था?

A. रामास्वामी

B. डॉ. शशि भूषण

C. एस. चक्रवर्ती

D. डॉ. यशवंत राव

48. डॉ. यशवंत सिंह परमार प्रदेश के प्रथम मुख्यमंत्री कब बने थे?

A. 14 मार्च, 1951 में

B. 15 अगस्त, 1952 में

C. 10 नवंबर, 1950 में

D. 24 मार्च, 1950 में

49. 31 अक्टूबर, 1956 में हिमाचल प्रदेश, विधान सभा को किस एक्ट के फलस्वरूप समाप्त कर दिया गया?

A. स्टेट्स रिआर्गेनाइजेशन एक्ट

B. यूनियन एक्ट

C. गवर्नमेंट ऑफ यूनियन एक्ट

D. **काउंसिल** एक्ट

50. हिमाचल प्रदेश को केन्द्र शासित प्रदेश का दर्जा कब प्राप्त हुआ था?

A. 10 जनवरी, 1954

B. 5 दिसम्बर, 1955

C. 1 नवंबर, 1956

D. 1 फरवरी, 1957

51. प्रदेश विधान सभा का प्रथम अध्यक्ष किसे बनाया गया था?

A. करतार सिंह B. जसवंत राम

C. भगतराम D. जीवनप्रसाद

52. सन् 1975 में प्रदेश में क्षेत्रीय परिषद् के लिए हुए चुनाव में परिषद् का प्रथम अध्यक्ष किसे बनाया गया?

A. ठाकुर वीरभद्र सिंह

B. मनमोहन सिंह

C. कर्णपाल सिंह

D. ठाकुर कर्मसिंह

53. क्षेत्रीय परिषद् को प्रदेश विधान सभा में परिवर्तित करने के लिए लोक सभा ने 1963 में कौन-सा एक्ट पास किया था?

A. यूनियन एक्ट

B. **काउंसिल** एक्ट

C. गवर्नमेंट आर्फ यूनियन एक्ट

D. गवर्नमेंट ऑफ स्टेट एक्ट

54. श्रीमती इंदिरा गांधी ने लोक सभा में हिमाचल प्रदेश को पूर्ण राजत्व प्रदान करने की घोषणा कब की थी?

A. 30 नवंबर, 1960 को

B. 31 जुलाई, 1970 को
C. 10 जुलाई, 1971 को
D. 31 अप्रैल, 1972 को

55. हिमाचल प्रदेश को पूर्ण राज्य का दर्जा कब प्राप्त हुआ था?
A. 25 जनवरी, 1971 को
B. 25 अप्रैल, 1972 को
C. 25 अगस्त, 1973 को
D. 25 जून, 1976 को

56. विधान सभा ने प्रस्ताव पास कर हिमाचल प्रदेश को एक पृथक् राज्य बनाने की मांग कब की थी?
A. 1960 में   B. 1970 में
C. 1968 में   D. 1971 में

57. भारत के 18वें राज्य के रूप में हिमाचल प्रदेश कब अस्तित्व में आया?
A. 25 जनवरी, 1968
B. 25 जनवरी, 1969
C. 25 जनवरी, 1970
D. 25 जनवरी, 1971

58. प्रदेश में मुख्यायुक्त के स्थान पर उप-राज्यपाल की नियुक्ति कब हुई थी?
A. 18 मार्च, 1954
B. 1 मार्च, 1952
C. 1 अप्रैल, 1950
D. 20 मार्च, 1956

59. प्रदेश में जमींदारी प्रथा का अंत कब हुआ था?
A. 1950-51 में   B. 1954-55 में
C. 1952-53 में   D. 1966-67 में

60. 1967 से 1971 के बीच हिमाचल प्रदेश किस राज्य के उच्च न्यायालय के अधीनस्त था?
A. दिल्ली   B. उत्तर प्रदेश
C. पंजाब   D. महाराष्ट्र

उत्तरमाला

1	2	3	4	5	6	7	8	9	10
D	C	B	D	C	C	B	D	C	A

11	12	13	14	15	16	17	18	19	20
B	A	B	D	B	B	A	C	B	A

21	22	23	24	25	26	27	28	29	30
A	C	B	C	C	A	C	B	D	C

31	32	33	34	35	36	37	38	39	40
A	B	D	D	A	C	B	C	B	D

41	42	43	44	45	46	47	48	49	50
A	C	D	A	D	A	C	D	A	C

51	52	53	54	55	56	57	58	59	60
B	D	C	B	A	C	D	B	B	A

प्रशासनिक संरचना

1. हिमाचल प्रदेश के वर्तमान विधान सभा भवन का निर्माण किस वर्ष हुआ था?
A. 1925 में   B. 1935 में
C. 1945 में   D. 1955 में

2. प्रशासनिक सुविधा के लिए हिमाचल प्रदेश को शिमला एवं कांगड़ा मंडल (Commissionary) नामक दो भागों में कब बांटा गया?
A. 1952 में   B. 1971 में
C. 1969 में   D. 1979 में

3. हिमाचल प्रदेश से प्रथम राज्य सभा सदस्य निम्न में से कौन बने थे?
A. महारानी अमृत कौर
B. चिरंजीलाल वर्मा
C. कृष्णलाल शर्मा
D. चंद्रेश कुमारी

4. पुनर्गठन से पूर्व पंजाब का उच्च न्यायालय किस भवन में रहा है?
A. पीटर हॉफ भवन
B. गोरटन कैसल
C. इर्लस्ली भवन
D. संजोली कैसल

5. शिमला नगर निगम की स्थापना किस वर्ष हुई?
A. 1852 में   B. 1862 में
C. 1872 में   D. 1882 में

6. 1952 में हिमाचल प्रदेश विधान सभा के प्रथम सचिव कौन थे?
A. सुभाष कश्यप
B. आर.के. महाजन
C. एन.सी. नंदी
D. अनंग पाल

7. चीफ कमिशनर शासित प्रांतों का भविष्य निर्धारित करने के लिए 1949 में स्थापित समिति के अध्यक्ष कौन थे?
A. डॉ. वाई.एस. परमार
B. पट्टाभि सीतारमैय्या
C. के.एम. पाणिक्कर
D. कर्ण सिंह

8. हिमाचल प्रदेश में पहला 'पंचायती राज अधिनियम' कब पारित किया गया?
A. 1955 में   B. 1966 में
C. 1968 में   D. 1971 में

9. 1952 में नवगठित हिमाचल प्रदेश की पहली विधान सभा का अध्यक्ष कौन था?
A. दीनानाथ
B. विद्याधर
C. जसवंत राम
D. टी.एस. नेगी

10. निम्न में से किस वर्ष हिमाचल प्रदेश को 'भाग-सी' राज्य घोषित किया गया?
A. 1947 में
B. 1948 में
C. 1950 में
D. 1952 में

11. हिमाचल प्रदेश विधान सभा के 'भाग-सी' राज्य की बैठकें विधान सभा कक्ष से पूर्व कहां होती थी?
A. वाइस रीगल लॉज
B. इर्लस्ली भवन
C. केनेडी हाउस
D. तारघर भवन

12. हिमाचल प्रदेश के पुराने सचिवालय भवन का नाम है–
A. पीटर हॉफ भवन
B. इर्लस्ली भवन
C. बार्नेस कोर्ट
D. आर्म्सडेल

13. डॉ. वाई.एस. परमार पहली बार हिमाचल प्रदेश के मुख्यमंत्री कब बने?
A. 1950 में
B. 1951 में
C. 1952 में
D. 1953 में

14. पंजाब की राजधानी शिमला, शिमला से चंडीगढ़ कब स्थानांतरित की गई?
A. 1953 में
B. 1956 में
C. 1966 में
D. 1971 में

15. हिमाचल प्रदेश को केंद्रशासित प्रदेश कब बनाया गया?
A. 1948 में
B. 1952 में
C. 1956 में
D. 1966 में

16. हिमाचल प्रदेश लोक प्रशासनिक संस्थान के पहले निदेशक कौन थे?
A. मोहनलाल
B. टी.एस. नेगी
C. बी.के. शर्मा
D. एन.सी. मेहता

17. हिमाचल प्रदेश के प्रथम विधान सभा चुनावों (1951-52) में कांग्रेस ने 36 में से कितनी सीटें जीती थीं?
A. 24
B. 32
C. 34
D. 36

18. हिमाचल प्रदेश के प्रथम लोकायुक्त थे–
A. आर.एस. पाठक
B. पी.सी. मल्होत्रा
C. टी.वी.आर. टाटाचारी
D. हीरा सिंह ठाकुर

19. रियासतों के विलय के उद्देश्य से 1948 में पहाड़ी रियासतों के प्रतिनिधि मंडल का नेतृत्व गृह मंत्रालय के समक्ष किसने उठाया था?
A. राजा दुर्गा सिंह–बघाट
B. राजा हितेंद्र सेन–क्योंथल
C. राजा जोगिन्दर सेन–मंडी
D. राजा वीरभद्र सिंह–बुशहर

20. 1951 में 'भाग-सी' राज्य बनने के बाद हिमाचल प्रदेश का प्रशासन निम्न में से किसके हाथ आ गया?
A. मंत्रिपरिषद
B. मुख्य आयुक्त
C. मंत्री सलाहकार समिति
D. उप-राज्यपाल

21. सर्वप्रथम हिमाचल प्रदेश को केंद्रशासित प्रदेश किस वर्ष बनाया गया?

A. 1951 में   B. 1952 में
C. 1953 में   D. 1954 में

22. 1950 के पुनर्गठन से पूर्व कोटगढ़ तथा कोटखाई क्षेत्र किस राज्य में थे?
A. पेप्सू   B. पंजाब
C. महासू   D. रामपुर

23. हिमाचल प्रदेश को भारत में कौन-सा राज्य के रूप में शमिल किया गया है?
A. 15वां   B. 18वां
C. 21वां   D. 23वां

24. मंडी का हिमाचल प्रदेश में विलय किस वर्ष हुआ था?
A. 1 मई, 1947 में
B. 1 मई, 1948 में
C. 1 मई, 1949 में
D. 1 मई, 1950 में

25. 1986 में स्थापित 'हिमाचल प्रदेश प्रशासनिक ट्रिब्यूनल' का प्रथम अध्यक्ष कौन था?
A. रूप सिंह ठाकुर
B. हीरा सिंह ठाकुर
C. आर.एस. ठाकुर
D. बालक राम

26. हिमाचल प्रदेश में अभी तक लोक सभा के लिए सबसे अधिक बार कौन चुने गए हैं?
A. सुखराम
B. वीरभद्र सिंह
C. के.डी. सुल्तानपुरी
D. डॉ. वाई.एस. परमार

27. निम्न में से किसे 1957 में प्रांतीय परिषद् का अध्यक्ष चुना गया?
A. ठाकुर सिंह नेगी
B. कर्म सिंह
C. ठाकुर हजार सिंह
D. डॉ. वाई.एस. परमार

28. 1971 में निम्न में से कौन हिमाचल प्रदेश के प्रथम राज्यपाल थे?
A. एस. चक्रवर्ती
B. मेजर (सेवानिवृत्त) हिम्मत सिंह जी
C. रमा देवी
D. के. बहादुर सिंह

29. भारतीय संविधान सभा में हिमाचल प्रदेश का नेतृत्व निम्न में से किसने किया था?
A. पद्म देव
B. भागमल सोहठा
C. डॉ. वाई.एस. परमार
D. ठाकुर दुर्गा सिंह

30. 1951 में निम्न में से कौन हिमाचल प्रदेश का प्रथम उप-राज्यपाल (Lieutenant Governor) बना था?
A. भगवान सहाय
B. मेजर (सेवानिवृत) हिम्मत सिंह जी
C. एस. चक्रवर्ती
D. एम.एस. मुखर्जी

31. निम्न में से कौन हिमाचल प्रदेश उच्च न्यायालय का प्रथम मुख्य न्यायाधीश था?
A. न्यायमूर्ति हमीदुल्ला बेग
B. न्यायाधीश हीरा सिंह ठाकुर
C. न्यायाधीश ए.एन. रे
D. न्यायाधीश आर.एस. पाठक

32. संसद में हिमाचल राज्य कानून कब पास किया गया?
A. 1 नवंबर, 1966
B. 25 अप्रैल, 1969
C. 18 दिसंबर, 1970
D. 26 नवंबर, 1979

33. कण्डाघाट क्षेत्र सोलन में विलय से पूर्व किसका भाग था?
A. बघाट
B. शिमला
C. पेप्सू (पंजाब)
D. सोलन

34. डॉ. वाई.एस. परमार के मंत्रिमंडल में पहली बार सदस्यों की संख्या कितनी थी?
A. पांच
B. चार
C. तीन
D. दो

35. 1971 में स्थापित 'हिमाचल प्रदेश राज्य लोक सेवा आयोग' के पहले अध्यक्ष निम्न में से कौन थे?
A. जे.सी. मल्होत्रा
B. ले. जनरल के.एस. कटोच
C. अनंग पाल
D. पी.के. मट्टू

36. महासू जिले कं प्रशासन का केंद्र निम्न में से कौन-सा स्थान रहा है?
A. समरहिल
B. सोलन
C. संजौली
D. कसुम्पटी

37. बिलासपुर 'भाग-सी' राज्य कब घोषित किया गया था?
A. 1948 में
B. 1949 में
C. 1950 में
D. 1951 में

38. बुशहर रियासत का हिमाचल प्रदेश में विलय कब हुआ?

A. 1948 में
B. 1949 में
C. 1950 में
D. 1951 में

39. वर्तमान में हिमाचल प्रदेश विधान सभा सदस्यों की कुल संख्या कितनी है?
A. 60
B. 64
C. 68
D. 70

40. राज्य सभा के सदस्यों के लिए हिमाचल प्रदेश में कितने सीटें हैं?
A. 5
B. 4
C. 3
D. 2

41. किस पहाड़ी रियासत ने 1934 में पहली बार ''पंचायती राज कानून'' बनाया था?
A. सिरमौर
B. क्योंथल
C. मण्डी
D. बिलासपुर

42. हिमाचल प्रदेश में चीफ कमिश्नर के स्थान पर लेफ्टिनेंट गवर्नर की नियुक्ति किस वर्ष की गई थी?
A. 1950 में
B. 1952 में
C. 1954 में
D. 1956 में

43. महासू जिले का नाग शिमला जिला कब रखा गया था?
A. 1956 में
B. 1966 में
C. 1971 में
D. 1976 में

44. ''महासू'' नाम का आधार क्या है?
A. सिरमौर जिले का एक स्थान नाम
B. एक स्थान पर पाए जाने वाले फूलों का नाम
C. असंख्य देवताओं में महासू का महत्वपूर्ण देवता होना
D. इनमें से कोई नहीं

45. महासू जिले का गठन कब किया गया?
  A. 15 अप्रैल, 1948 में
  B. 15 अप्रैल, 1950 में
  C. 15 अप्रैल, 1952 में
  D. 15 अप्रैल, 1954 में

46. हिमाचल प्रदेश में 1972 में जिलों का वर्गीकरण किया गया। इस वर्गीकरण के फलस्वरूप कौन-सा जिला अस्तित्व में आया?
  A. किन्नौर
  B. सिरमौर
  C. सोलन
  D. कांगड़ा

47. निम्न में से कौन-सा क्षेत्र पटियाला और क्योंथल की संयुक्त संपत्ति रही है?
  A. रामपुर
  B. सिरमौर
  C. शिमला
  D. सोलन

48. किन्नौर जिले का गठन कब किया गया?
  A. 1956 में
  B. 1960 में
  C. 1966 में
  D. 1971 में

49. किन्नौर पृथक जिला बनने से पूर्व किस जिले का भाग था?
  A. सिरमौर
  B. सोलन
  C. महासू
  D. इनमें से कोई नहीं

50. नालागढ़ उप-मंडल जो सोलन जिले का भाग है उसे प्रदेश में कब सम्मिलित किया गया था?
  A. 1966 में
  B. 1968 में
  C. 1970 में
  D. 1972 में

51. रोनहाट तथा पझौता उप-तहसीलें किस जिले में हैं?
  A. सोलन
  B. शिमला
  C. सिरमौर
  D. कुल्लू

52. शिलाई तहसील किस जिले में है?
  A. सोलन
  B. बिलासपुर
  C. सोलन
  D. सिरमौर

53. 1967 में ऊना तहसील किस जिले में थी?
  A. चंबा में
  B. कांगड़ा में
  C. हमीरपुर में
  D. इनमें से कोई नहीं

54. हिमाचल प्रदेश में कितने नगर-निगम हैं?
  A. 2
  B. 4
  C. 6
  D. 12

55. किन्नौर जिले का मुख्यालय (Head Quarter) कहां स्थित है?
  A. धर्मशाला
  B. रिकांगपियो
  C. केलांग
  D. मूरंग

56. हिमाचल प्रदेश की एक केंद्रशासित चीफ कमिश्नर प्रदेश के रूप में स्थापना कब हुई?
  A. 15 अप्रैल, 1948 में
  B. 25 जनवरी, 1950 में
  C. 12 अक्टूबर, 1963 में
  D. 16 मार्च, 1971 में

57. हिमाचल प्रदेश का कौन-सा जिला सबसे ज्यादा जिलों से सीमा बनाता है?
  A. मंडी
  B. शिमला
  C. कुल्लू
  D. लाहौल एवं स्पीति

58. बरोह तथा कुदियां स्थान किस जिले में है?

A. कांगड़ा   B. शिमला
C. हमीरपुर   D. ऊना

59. उदयपुर उप-तहसील किस जिले में है?

A. कुल्लू   B. कांगड़ा
C. लाहौल-स्पीति   D. ऊना

60. कांगड़ा जिले की सीमाओं का क्षेत्रफल किस जिले से सर्वाधिक लगता है?

A. ऊना   B. चंबा
C. कुल्लू   D. मंडी

61. पांगी उपमंडल का मुख्यालय कहां है?

A. केलांग   B. किलार
C. कल्पा   D. काजा

62. प्रदेश में कौन-से ऐसे दो जिले हैं जिनकी सीमाएँ सबसे अधिक जिलों से लगती हैं?

A. कांगड़ा-लाहौल व स्पीति
B. कांगड़ा-मंडी
C. कुल्लू-मंडी
D. बिलासपुर-मंडी

63. किन्नौर जिले की सीमाएं किस जिले के साथ नहीं लगती हैं?

A. सिरमौर   B. लाहौल-स्पीति
C. कुल्लू   D. शिमला

64. निम्न में से किन जिलों की सीमाएं चीन से लगती हैं?

A. लाहौल व स्पीति–किन्नौर
B. किन्नौर–शिमला
C. लाहौल व स्पीति–शिमला
D. सिरमौर–किन्नौर

65. लाहौल-स्पीति का जिला मुख्यालय (Head Quarter) कहां है?

A. उदयपुर   B. काजा
C. केलांग   D. तोदी

66. केन्द्रीय आलू अनुसंधान केन्द्र कहाँ स्थित है?

A. फेयरलांज   B. डरोह
C. समरहिल   D. कुफरी

67. प्रशासनिक सुविधा की दृष्टि से हिमाचल प्रदेश को किस वर्ष दो खण्डों (कांगड़ा व शिमला) में बांटा गया था?

A. 1966 में   B. 1970 में
C. 1973 में   D. 1979 में

68. इन्दिरा गांधी आयुर्विज्ञान संस्थान कहां है?

A. **शिमला**   B. **कुल्लू**
C. **कांगड़ा**   D. **कुफरी**

69. सन् 1948 में हिमाचल के अस्तित्व में आने के पश्चात् जनवरी, 1954 में प्रदेश का प्रथम राज्यपाल किसे बनाया गया?

A. श्री बजरंग बहादुर भद्री
B. श्री सी० राजगोपालाचारी
C. श्री वीरभद्र सिंह
D. श्री यशवन्त सिंह परमार

70. हिमाचल के सन् 1971 में पूर्ण राज्य प्राप्ति के पश्चात् प्रदेश का राज्यपाल किसे बनाया गया था?

A. श्री सी०वी० वैद्य
B. श्री एस० चक्रवर्ती
C. श्री यशवन्त सिंह परमार
D. श्री ई० पैडरलमून

71. हिमाचल प्रदेश में 1972-77 तक विधान सभा अध्यक्ष के पद पर निम्नलिखित में से किस व्यक्ति की नियुक्ति रही?
    A. श्री कुलतार चन्द राणा
    B. श्री कर्म सिंह
    C. श्री ठाकुर सेन नेगी
    D. श्री देशराज महाजन

72. प्रदेश में विधान सभा चुनाव क्षेत्र के लिए लगभग कितनी जनसंख्या निर्धारित की गई हैं?
    A. 65000   B. 86000
    C. 75000   D. 96000

73. चतुर्थ लोक सभा, 1967 के चुनाव में हिमाचल प्रदेश में कितनी सीटों के लिए चुनाव हुआ था?
    A. पांच   B. छ:
    C. सात   D. आठ

74. हिमाचल प्रदेश 'प्रशासनिक अधिकरण' की स्थापना कब हुई थी?
    A. 1986 में   B. 1989 में
    C. 1990 में   D. 1992 में

75. निम्नलिखित में से कौन-सा व्यक्ति प्रदेश की विधान सभा का अध्यक्ष रह चुका है?
    A. श्री श्रवण कुमार
    B. श्री जैवंतराम
    C. श्री ठाकुर सिंह नेगी
    D. **उपर्युक्त** सभी

76. किसी राज्य के राज्यपाल पद के लिए **कम-से-कम** आयु कितनी होनी चाहिए?
    A. 30 **वर्ष**   B. 35 **वर्ष**
    C. 25 **वर्ष**   D. 18 **वर्ष**

77. हिमाचल प्रदेश लोक सेवा आयोग का कार्यालय कहां पर स्थित है?
    A. शिमला   B. किन्नौर
    C. सोलन   D. ऊना

78. हिमाचल प्रदेश अधीनस्थ चयन बोर्ड कहां पर स्थित है?
    A. **हमीरपुर**   B. **सोलन**
    C. **धर्मशाला**   D. **बद्दी**

79. प्रदेश के प्रथम मुख्य मंत्री का नाम बताइये—
    A. लालबहादुर शास्त्री
    B. डॉ० यशवन्त सिंह परमार
    C. ठाकुर रामलाल
    D. श्री वीरभद्र सिंह

80. डॉ० यशवन्त सिंह परमार प्रदेश के मुख्य मंत्री कब बने?
    A. 24 मार्च, 1952 में
    B. 30 मार्च, 1953 में
    C. 26 जनवरी, 1954 में
    D. 23 अप्रैल, 1959 में

81. निम्नलिखित में से कौन हिमाचल प्रदेश का मुख्यमंत्री नहीं रहा?
    A. श्री वीरभद्र सिंह
    B. श्री शांता कुमार
    C. श्री सत्य प्रकाश ठाकुर
    D. श्री प्रेम कुमार धूमल

82. शिमला शहर में म्यूनिसिपल कमेटी के स्थान पर म्यूनिसिपल कार्पोरेशन की स्थापना कब की गई थी?
    A. 1978 में   B. 1980 में
    C. 1982 में   D. 1985 में

83. किस अंग्रेज अफसर के प्रयत्नों द्वारा 1864 में शिमला अंग्रेजों की ग्रीष्मकालीन राजधानी बनी थी?
A. जॉन हॉकम   B. लार्ड लॉरेंस
C. जॉन मिन्टो   D. लार्ड फ्रेजन

84. 1809 में महाराजा रणजीत सिंह द्वारा किसे कांगड़ा अधिकार क्षेत्र का प्रथम गवर्नर नियुक्त किया गया था?
A. देसासिंह मजीठिया
B. सर आनन्द दास
C. भीमा चौधरी
D. एनी बेसेंट

85. हिमाचल प्रदेश में उच्च न्यायालय की स्थापना कब की गई थी?
A. 5 जनवरी, 1966
B. 7 जनवरी, 1970
C. 25 जनवरी, 1971
D. 26 जनवरी, 1977

86. हिमाचल प्रदेश में प्रशासनिक अधिकरण के अध्यक्ष व उपाध्यक्षों की सेवानिवृत्ति की आयु कितनी है?
A. 65 वर्ष   B. 68 वर्ष
C. 62 वर्ष   D. 70 वर्ष

87. 1963 में राष्ट्रीय जल सेना कैडेट इकाई की स्थापना प्रदेश के किस जिले में की गई थी?
A. बिलासपुर   B. शिमला
C. ऊना   D. मण्डी

88. हिमाचल प्रदेश से सम्बन्धित किस व्यक्ति को 1962 ई० में परम वीर चक्र प्रदान किया गया था?
A. मेजर बलवीर सिंह

B. मेजर वीरपाल सिंह
C. मेजर धन सिंह थापा
D. मेजर आनन्द प्रकाश

89. थल सेना मुख्यालय शिमला से दिल्ली कब स्थानान्तरित कर दिया गया था?
A. 1924 में   B. 1941 में
C. 1948 में   D. 1950 में

90. हिमाचल प्रदेश से सम्बन्धित निम्नलिखित में से कौन-सा व्यक्ति थल सेनाध्यक्ष बना था?
A. सी०एस० शर्मा
B. जी०वी० कौल
C. सी०जी० वैद्य
D. बी०एन० शर्मा

91. हिमाचल प्रदेश उच्च न्यायालय कहाँ पर स्थित है?
A. शिमला   B. कांगड़ा
C. सिरमौर   D. कुल्लू

92. हिमाचल प्रदेश में कृषि सहकारिता स्टाफ प्रशिक्षण संस्थान कहाँ स्थित है?
A. डरोह (कांगड़ा)
B. सांगटी (शिमला)
C. पालमपुर (कांगड़ा)
D. मनाली (कुल्लू)

93. हिमाचल प्रदेश अधीनस्थ चयन बोर्ड की स्थापना कहाँ की गई है?
A. हमीरपुर   B. सिरमौर
C. चम्बा   D. मंडी

94. हिमाचल प्रदेश में पर्वतारोहण संस्थान कहाँ है?
A. मनाली (कुल्लू)
B. धर्मशाला (कांगड़ा)

C. पंजपूला (चम्बा)

D. सुन्दरनगर (मंडी)

95. ऊन विश्लेषण प्रयोगशाला व प्रशिक्षण केन्द्र कहाँ स्थित है?

A. सरोल (चम्बा)

B. बद्दी (सोलन)

C. समरहिल (शिमला)

D. पालमपुर (कांगड़ा)

96. पालमपुर विधान सभा क्षेत्र किस जिले में पड़ता है?

A. शिमला   B. कांगड़ा

C. मण्डी   D. ऊना

97. पौंटा साहिब विधान सभा क्षेत्र किस जिले में पड़ता है?

A. सोलन   B. किन्नौर

C. सिरमौर   D. बिलासपुर

98. हिमाचल प्रदेश में सबसे अधिक गाँवों वाला जिला कौन-सा है?

A. बिलासपुर   B. हमीरपुर

C. कांगड़ा   D. मण्डी

99. हिमाचल प्रदेश के किस जिले में सबसे कम गाँव हैं?

A. बिलासपुर   B. लाहौल-स्पीति

C. कुल्लू   D. सिरमौर

100. हिमाचल प्रदेश पुलिस प्रशिक्षण केन्द्र कहाँ है?

A. सपड़ी   B. योल

C. मण्डी   D. डरोह

उत्तरमाला

1	2	3	4	5	6	7	8	9	10
A	D	B	A	A	C	B	C	C	D
11	12	13	14	15	16	17	18	19	20
A	B	C	A	C	C	A	C	C	D
21	22	23	24	25	26	27	28	29	30
A	B	B	B	B	C	C	A	C	B
31	32	33	34	35	36	37	38	39	40
A	C	C	C	B	D	A	A	C	C
41	42	43	44	45	46	47	48	49	50
C	B	B	C	A	C	C	B	C	A
51	52	53	54	55	56	57	58	59	60
C	D	B	A	B	A	A	A	C	B
61	62	63	64	65	66	67	68	69	70
B	B	A	A	C	D	D	A	A	B
71	72	73	74	75	76	77	78	79	80
A	C	B	A	D	B	A	A	B	A
81	82	83	84	85	86	87	88	89	90
C	A	B	A	C	A	A	C	B	D
91	92	93	94	95	96	97	98	99	100
A	B	A	A	A	B	C	C	C	D

शिक्षा, भाषा एवं साहित्य

1. 'उसने कहा था' कहानी के लेखक चंद्रधर शर्मा गुलेरी का पैतृक गांव 'गुलेर' हिमाचल प्रदेश के किस जिले में स्थित है?
   A. कांगड़ा   B. हमीरपुर
   C. शिमला   D. मंडी

2. बिलासपुर जिले में कौन-सी बोली, बोली जाती है?
   A. कांगड़ी   B. बघाटी
   C. महासूवी   D. कहलूरी

3. निकोलस रोरिक का जन्म स्थान निम्न में से कौन-सा देश है?
   A. संयुक्त राज्य अमेरिका
   B. पूर्व सोवियत संघ
   C. जापान
   D. यूनाइटेड किंगडम

4. स्वतंत्रता के बाद 1951 में हिमाचल प्रदेश में साक्षरता का प्रतिशत क्या था?
   A. 5.98 प्रतिशत
   B. 7.98 प्रतिशत
   C. 9.18 प्रतिशत
   D. 11.22 प्रतिशत

5. हिमाचल प्रदेश विश्वविद्यालय, शिमला की स्थापना कब की गई थी?
   A. 1951 में   B. 1961 में
   C. 1971 में   D. 1981 में

6. निम्न में से असत्य कथन की पहचान करें–
   A. सोलन के नौणी में डॉ. वाई.एस. परमार उद्यान एवं वानिकी विश्व-विद्यालय स्थित है।
   B. कांगड़ा के पालमपुर में चौ. श्रवण कुमार कृषि विश्वविद्यालय स्थित है।
   C. वर्तमान में हिमाचल प्रदेश में तीन विश्वविद्यालय हैं।
   D. हिमाचल प्रदेश का एकमात्र सरकारी आयुर्वेदिक कॉलेज बिलासपुर में स्थित है।

7. महाराज अमर प्रकाश द्वारा 1926 में स्थापित 'महिमा पुस्तकालय' कहां स्थित है?
   A. चंबा में
   B. नाहन में
   C. ऊना में
   D. पांवटा साहिब में

8. हिमाचल प्रदेश के शिक्षित रूप से चार पिछड़े जिलों में ''जिला प्राथमिक शिक्षा कार्यक्रम'' (DPEP) किस वर्ष प्रारंभ किया गया?
A. 1992-93 में   B. 1996-97 में
C. 1998-99 में   D. 2000-01 में

9. 6-14 वर्ष की आयु वर्ग के बच्चों के लिए अनिवार्य प्रारंभिक शिक्षा कार्यक्रम ''सर्व शिक्षा अभियान'' हिमाचल प्रदेश में किस वर्ष प्रारंभ किया गया?
A. 1996-97 में   B. 1997-98 में
C. 1998-99 में   D. 2001-02 में

10. हिमाचल प्रदेश में प्राथमिक शिक्षा को अनिवार्य बनाने हेतु ''हिमाचल प्रदेश अनिवार्य प्राथमिक शिक्षा एक्ट'' किस वर्ष लागू किया गया?
A. 1993-94   B. 1997-98
C. 1998-99   D. 1999-2000

11. हिमाचल प्रदेश के किन शिक्षित रूप से पिछड़े चार जिलों में ''जिला प्राथमिक शिक्षा कार्यक्रम'' (DPEP) प्रारंभ किया गया था?
A. हमीरपुर–किन्नौर–चंबा–सिरमौर
B. सिरमौर–कुल्लू–चंबा–लाहौल-स्पीति
C. शिमला–बिलासपुर–चंबा–कांगड़ा
D. कुल्लू–मंडी–सिरमौर–चंबा

12. प्राथमिक शिक्षा से संबद्ध ''सरस्वती बाल विकास संकल्प योजना'' कब शुरू की गई?
A. 1995 में   B. 1997 में
C. 1999 में   D. 2003 में

13. 2011 की जनगणना के अनुसार हिमाचल प्रदेश के किस जिले की साक्षरता दर सबसे कम है?
A. कुल्लू
B. लाहौल एवं स्पीति
C. चंबा
D. सिरमौर

14. सरस्वती बाल विकास संकल्प योजना का उद्देश्य है–
A. प्राथमिक शिक्षा में गुणात्मक एवं संस्थागत सुधार लाना।
B. प्रत्येक प्राथमिक पाठशाला में न्यूनतम तीन कमरों का निर्माण।
C. प्राथमिक पाठशालाओं में बच्चों को पौष्टिक भोजन उपलब्ध कराना।
D. A एवं B दोनों

15. 2011 की जनगणना के अनुसार हिमाचल प्रदेश में कुल साक्षरता का प्रतिशत है–
A. 77.13%   B. 82.8%
C. 87.13%   D. 90.83%

16. 'Bilaspur–Past, Present and Future' पुस्तक के लेखक कौन हैं?
A. एस.एस. गांधी   B. जे. हचिन्सन
C. एम.एस. गिल   D. आनंद चंद

17. हिमाचल प्रदेश के मेडिकल कॉलेजों, डेंटल कॉलेजों तथा आयुर्वेदिक कॉलेजों में चल रहे विभिन्न कार्यक्रमों में समन्वय स्थापित करने के लिए शिमला स्थित इंदिरागांधी मेडिकल कॉलेज में ''चिकित्सा शिक्षा एवं अनुसंधान निदेशालय'' की स्थापना कब की गई?

A. 1996-97   B. 1999-2000
C. 2000-01   D. 2003-04

18. निम्न में से गलत जोड़े की पहचान करें–
A. सर्वाधिक साक्षर जिला–हमीरपुर
B. सबसे कम साक्षरता वाला जिला–लाहौल एवं स्पीति
C. हिमाचल प्रदेश शिक्षा बोर्ड का मुख्यालय–धर्मशाला
D. भारतीय उच्चतर अध्ययन संस्थान– शिमला

19. हिमाचल प्रदेश के ''प्रादेशिक इंजीनियरिंग कॉलेज'' हमीरपुर, को अब किस नाम से जाना जाता है?
A. भारतीय तकनीकी संस्थान (IIT)
B. राष्ट्रीय प्रयोगशाला केंद्र (NLC)
C. राष्ट्रीय तकनीकी संस्थान (NIT)
D. क्षेत्रीय अनुसंधान केंद्र (RRC)

20. हिमाचल प्रदेश में कहलूरी मुख्यतः किस जिले में बोली जाती है?
A. कुल्लू
B. ऊना
C. बिलासपुर
D. लाहौल एवं स्पीति

21. लेखिका एवं चित्रकार नौराह रिचर्ड कहां रहती थी?
A. मनाली   B. धर्मशाला
C. अन्द्रेटा   D. शिमला

22. तिब्बत के लोग किन्नौर को किस नाम से पुकारते हैं?
A. रिब्बा   B. खूनू
C. मोन   D. बुशहर

23. निम्न में से किसका मुख्यालय शिमला में है?
A. उत्तरी कमान
B. दक्षिणी कमान
C. पश्चिमी कमान
D. आर्मी प्रशिक्षण कमान

24. हिमाचल प्रदेश कृषि विश्वविद्यालय कहां स्थित है?
A. शिमला के समरहिल में
B. कांगड़ा के पालमपुर में
C. सोलन के नौणी में
D. इनमें से कोई नहीं

25. प्रसिद्ध उपन्यासकार यशपाल का संबंध किस जिले से था?
A. कांगड़ा   B. बिलासपुर
C. हमीरपुर   D. मंडी

26. भूरि सिंह संग्रहालय कहां स्थित है?
A. शिमला में   B. मंडी में
C. धर्मशाला में   D. चंबा में

27. हिमाचल प्रदेश में 2011 की जनगणना के अनुसार सबसे अधिक एवं कम साक्षरता वाले जिले क्रमशः हैं–
A. शिमला व सोलन
B. हमीरपुर व चंबा
C. ऊना व चंबा
D. हमीरपुर व चंबा

28. गलत जोड़े की पहचान करें–
A. शोभा सिंह कला संग्रहालय–अन्द्रेटा
B. तपोवन ''संदीपनी हिमालय''– सिद्धबाड़ी (धर्मशाला)
C. पहाड़ी गांधी के नाम से चर्चित– बाबा बढ़भाग सिंह
D. किलार स्थित है–पांगी में

29. 'तारीख-ए-रियासत सिरमौर' नामक पुस्तक के लेखक हैं–
A. कंवर रंजौर सिंह B. इनायत खान
C. ऑक्टरसोनी   D. ताराचंद

30. हिमाचल की कौन-सी भाषा प्राचीन काल में 'टांकरी' लिपि में लिखी जाती थी?
A. लाहौली   B. चम्बियाली
C. हिन्दी   D. कहलूरी

31. बिलासपुर के इतिहास का मुख्य स्रोत 'शशिवंश विनोद' नामक पुस्तक किसके द्वारा लिखी गई है?
A. गणेश सिंह   B. आनंद सिंह
C. हीरा चंद   D. हरिहर चंद

32. 'हिमाचल के मंदिर और उनसे जुड़ी कथाएं' नामक पुस्तक के लेखक कौन हैं?
A. लालचंद पार्थी
B. रामकृष्ण पंत
C. डॉ. शिवलाल
D. एस.आर. हरनोट

33. 'कामनिया किन्नौर' पुस्तक के लेखक हैं–
A. राहुल सांस्कृत्यायन
B. रामकृष्ण कौशल
C. टी.एस. नेगी
D. मौलाराम ठाकुर

34. 'हिमालयन डिस्ट्रिक्टस ऑफ कुल्लू एण्ड लाहौल-स्पीति' के लेखक निम्न में से कौन हैं?
A. ए.पी. एफ. हारकोर्ट
B. मूर क्राफ्ट
C. सर बनिंघम
D. कल्हण

35. 'हिमालय के राज्यों में राजनैतिक दलों की राजनीति' पुस्तक के लेखक कौन हैं?
A. ओ.सी. सूद
B. एम.एस. रंघावा
C. डॉ. रणवीर शर्मा
D. किशोरी लाल

36. 'सेब और बागवानी' पुस्तक के लेखक कौन हैं?
A. मियां गोवर्धन सिंह
B. एस.एम. कंवर
C. एम.एस. रंघावा
D. लालचंद पार्थी

37. 'कुल्लूत देश की कहानी' नामक पुस्तक के लेखक हैं–
A. एम.एस. रंघावा B. जे.सी. फ्रैंक
C. लाल चंदपार्थी D. गोपाल शर्मा

38. 'History of Mandi State' पुस्तक किसने लिखी है?
A. जे.सी. फ्रैंक
B. मनमोहन सिंह
C. विक्रम कायस्थ
D. लाल चंद पार्थी

39. 'History of Punjab Hill States' के लेखक कौन हैं?
A. मनमोहन सिंह B. एच. शास्त्री
C. जे. हचिंसन   D. मूर क्राफ्ट

40. 'Antiquities of Chamba State' किसके द्वारा लिखी गई है?
A. आर.सी. पाल
B. किशोरी लाल वैद्य
C. जे.पी.एच. वोगल
D. डी.पी. मिश्र

41. 'हिमाचल प्रदेश की अनुसूचित जनजातियां' नामक पुस्तक के लेखक कौन हैं?
A. डॉ. वाई.एस. परमार
B. टी.एस. नेगी
C. बी.सी. नेगी
D. विश्वचंद ओहरी

42. 'महाराज संसार चंद' पुस्तक के लेखक कौन हैं?
A. भजन सिंह
B. देवदत्त शुक्ल
C. राजेश्वर नारायण सिंह
D. विशाखदत्त

43. 'अर्की की गोरखा विजय' नामक पुस्तक के लेखक हैं–
A. यू.एस. परमार
B. जी.एफ. होडा
C. ऊधमसिंह
D. आर.एस. शर्मा

44. 'हिमाचल प्रदेश–इतिहास और परंपरा' के लेखक हैं–
A. डॉ. वी.एस. कपूर
B. डॉ. वाई.एस. परमार
C. एस.सी. बोस
D. डॉ. मनोहर लाल

45. 'हिमाचल में बहु-पति-पत्नी प्रथा' के लेखक कौन हैं?
A. चतुर सेन
B. एम.एस. रंघावा
C. डॉ. वाई.एस. परमार
D. आर.एस. शर्मा

46. 'चंबा के प्राचीन काष्ठ मंदिर' के लेखक हैं–
A. जी.ए. फोस्टर   B. भान सिंह
C. हरमन गोट्ज   D. एम.एस. रंघावा

47. 'पहाड़ी/हिमाचल लोक कला' नामक पुस्तक के लेखक हैं–
A. ओ.सी. हांडा   B. अक्षर सिंह
C. शरब सिंह नेगी D. डी.पी. मिश्र

48. कुल्लू के 'उलूत' शब्द का प्रयोग निम्न में कहां मिलता है?
A. रामायण में
B. विष्णु पुराण में
C. मार्कण्डेय पुराण में
D. मनु स्मृति में

49. 'Himalyas Abode of Light' नामक पुस्तक के लेखक कौन हैं?
A. निकोलस रोरिक B. जे. हचिंसन
C. जी.ए. फोस्टर   D. मूर क्राफ्ट

50. सन् 1948 में शिमला में प्रथम केंद्रीय विद्यालय की स्थापना किसने की थी?
A. एडवर्ड   B. जॉन मार्शल
C. अल्फ्रेड   D. स्मिथ

51. प्रदेश का 'सरकारी आयुर्वेदिक कॉलेज' कहां पर स्थित है?
A. सोलन   B. शिमला
C. कांगड़ा   D. जोगिन्दर नगर

52. चम्बा राज्य में प्रथम प्राथमिक विद्यालय कब खोला गया था?
A. 1810 में   B. 1821 में
C. 1863 में   D. 1895 में

53. स्पीति के काजा क्षेत्र में सर्वप्रथम प्राथमिक विद्यालय कब खोला गया था?

   A. 1899 में   B. 1932 में
   C. 1926 में   D. 1955 में

54. 1863 में हिमाचल में 'बिशप कॉटन स्कूल' की स्थापना किसने की थी?

   A. जॉन लारेंस   B. जॉन रिजर्ड
   C. एडवर्ड   D. सर हेनरी

55. लाहौल घाटी में कांगड़ा जिला शिक्षा बोर्ड ने प्रथम नियमित विद्यालय की स्थापना कब की थी?

   A. 1842 में   B. 1865 में
   C. 1901 में   D. 1919 में

56. हिमाचल प्रदेश के निम्नलिखित में से किस स्थान पर चिकित्सा व आयुर्वेदिक महाविद्यालय स्थित हैं?

   A. पपरौला
   B. जोगिन्दर नगर
   C. शिमला
   D. इनमें से सभी में

57. 1 नवंबर, 1978 को प्रदेश के किस स्थान पर कृषि विश्वविद्यालय की स्थापना हुई?

   A. पालमपुर
   B. मंडी
   C. मशोबरा
   D. चम्बा

58. डॉ. यशवंतसिंह परमार उद्यान एवं वानिकी विश्वविद्यालय (नौणी, जिला सोलन) की स्थापना कब हुई?

   A. 1 जनवरी, 1985

   B. 5 अप्रैल, 1985
   C. 1 दिसम्बर, 1985
   D. 7 मई, 1985

59. हिमाचल की कौन-सी भाषा में 'भरमौरी' व 'चुराही' का प्रभाव दिखाई पड़ता है?

   A. चुराही   B. भटयाती
   C. चम्बियाली   D. पांगी

60. हिमाचल प्रदेश के निम्नलिखित में से किस स्थान पर बी.एड. कॉलेज हैं?

   A. धर्मशाला   B. बिलासपुर
   C. कांगड़ा   D. कुल्लू

61. प्रदेश में निम्नलिखित में से किस स्थान पर एन.सी.ई.आर.टी. शिक्षा संस्थान स्थित है?

   A. भरमौर   B. बिलासपुर
   C. चम्बा   D. सोलन

62. हाई/सीनियर सैकेण्डरी शिक्षा से संबंधित 'शिक्षा बोर्ड' का मुख्यालय प्रदेश में निम्न में से कहां पर स्थित है?

   A. धर्मशाला   B. मंडी
   C. बिलासपुर   D. कुल्लू

63. हिमाचल प्रदेश विश्वविद्यालय, शिमला की स्थापना कब की गई थी?

   A. 1966 में   B. 1974 में
   C. 1971 में   D. 1985 में

64. इन्दिरा गांधी मेडिकल कॉलेज, हिमाचल प्रदेश में कहां पर स्थित है?

   A. सोलन   B. हमीरपुर
   C. कांगड़ा   D. शिमला

65. 'इंडियन इंस्टीट्यूट ऑफ एडवांस स्टडी' (ILAS) हिमाचल प्रदेश में कहां पर स्थित है?

A. ऊना   B. किन्नौर

C. शिमला   D. कांगड़ा

66. हिमाचल प्रदेश का सबसे कम साक्षरता वाला जिला कौन-सा है?

A. चम्बा   B. कांगड़ा

C. कुल्लू   D. बिलासपुर

67. 1974 में हिमाचल प्रदेश लोक प्रशासनिक प्रशिक्षण संस्थान की स्थापना की गई थी, यह संस्थान प्रदेश में कहां पर स्थित है?

A. ऊना   B. चम्बा

C. फेयरलान्स   D. बिलासपुर

68. शिमला स्थित भारतीय उच्च अध्ययन संस्थान के 9वें निर्देशक के रूप में किसे नियुक्त किया गया था?

A. प्रो. मृणाल गिरी

B. प्रो. शिव चरण पालीवाल

C. प्रो. श्याम पांडे

D. प्रो. मृणाल सेन

69. नेशनल बायोलॉजीकल लेबोरेट्री हिमाचल प्रदेश में कहां पर स्थित है?

A. नाहन   B. पालमपुर

C. शिमला   D. सोलन

70. प्रदेश से सम्बन्धित निम्नलिखित में से किस व्यक्ति का नाम गिनीज बुक ऑफ वर्ल्ड रिकॉर्ड्स में नहीं है?

A. तिलक राज

B. रंजीत सिंह

C. मदन सिंह

D. गुरिंदर जीत आसी

71. 1986 में हिन्दी साहित्य के लिए दिया जाने वाला प्रथम 'चन्द्रधर शर्मा गुलेरी' पुरस्कार प्रदेश के किस व्यक्ति को प्रदान किया गया था?

A. श्री केशव

B. श्री देवधर

C. श्री प्रकाश चन्द

D. श्री विद्यादेव

72. निम्नलिखित में से कौन-सा साहित्यकार हिमाचल प्रदेश का नहीं है?

A. शांता कुमार

B. शिवपूजन सहाय

C. पी०एन० सिब्बल

D. डॉ० बरियाम सिंह

73. गणेश सिंह बेदी की किस कृति से हिमाचल प्रदेश के इतिहास की जानकारी प्राप्त होती है?

A. शशिवंश विनोद

B. विनोद मंत्र

C. हिमाचल का इतिहास

D. किसी से नहीं

74. ई० की प्रथम शताब्दी में हिमाचल के राज्य छोटे-छोटे शासकों में विभक्त थे। ये शासक प्राय: राणा, ठाकुर और मावी कहलाते थे यह मत किस प्रसिद्ध इतिहासकार का है?

A. अल्बेरुनी

B. इत्सिंग

C. फरिश्ता

D. इनमें से किसी का नहीं

75. हिमाचल के कांगड़ा राज्य की चर्चा सर्वप्रथम किस इतिहासकार के द्वारा की गई?
A. फरिश्ता   B. इत्सिंग
C. अलबेरुनी   D. टॉलेमी

76. 1989 ई० में प्रथम पहाड़ी गांधी बाबा कांशीराम पुरस्कार किसे मिला था?
A. श्री शरद उपाध्याय
B. श्री जयदेव किरण
C. श्री श्याम चौधरी
D. श्री प्रकाश झा

77. पूर्वकाल में प्रदेश की पहाड़ी भाषा किस लिपि में लिखी जाती थी?
A. टांकरी   B. द्रविड़
C. देवनागरी   D. ब्राह्मी

78. प्रदेश के किस क्षेत्र में 'कहलूरी' भाषा बोली जाती है?
A. पहाड़ा   B. हिन्दी
C. बिलासपुर   D. पंजाबी

79. प्रदेश के किस क्षेत्र में 'भागती भाषा' बोली जाती है?
A. कांगड़ा   B. ऊना
C. बिलासपुर   D. सोलन

80. ईसा से हजार डेढ़ हजार वर्ष पूर्व हिमाचल में पनपी आर्यपूर्व संस्कृति पर प्रकाश डालने वाला प्राचीनतम धार्मिक ग्रन्थ कौन-सा है?
A. ब्राह्मण ग्रन्थ   B. ऋग्वेद
C. आरण्यक   D. पुराण

उत्तरमाला

1	2	3	4	5	6	7	8	9	10
A	D	B	B	C	D	B	B	D	B

11	12	13	14	15	16	17	18	19	20
B	C	C	D	B	D	A	B	C	C

21	22	23	24	25	26	27	28	29	30
C	B	D	B	C	D	B	C	A	B

31	32	33	34	35	36	37	38	39	40
A	D	B	A	C	B	C	B	C	C

41	42	43	44	45	46	47	48	49	50
B	C	A	A	C	C	A	B	A	A

51	52	53	54	55	56	57	58	59	60
D	C	B	A	D	D	A	C	C	A

61	62	63	64	65	66	67	68	69	70
D	A	C	D	C	A	C	A	B	B

71	72	73	74	75	76	77	78	79	80
A	B	A	C	A	B	A	C	D	B

कला एवं संस्कृति

1. पहाड़ी चित्रकला की कांगड़ा चित्रशैली का मुख्य विषय रहा है–
   A. युद्ध
   B. राजदरबार
   C. श्रीकृष्ण एवं राधा
   D. प्राकृतिक सौंदर्य

2. पहाड़ी चित्रकला की चंबा शैली किसके काल में अपनी उत्कर्ष पर पहुंची?
   A. राजा भीम सिंह
   B. राजा उम्मेद सिंह
   C. राजा भूरी सिंह
   D. इनमें से कोई नहीं

3. हिमाचल प्रदेश ''पर्वतारोहण एवं संबंधित खेल निदेशालय'' की स्थापना कब और कहां की गई?
   A. 1961, मनाली
   B. 1964, शिमला
   C. 1965, पालमपुर
   D. 1971, धर्मशाला

4. 13वीं शताब्दी में निर्मित प्रसिद्ध बैजनाथ मंदिर का 19वीं शताब्दी में किस शासक ने जीर्णोद्धार कराया?
   A. राजा संसारचंद
   B. राजा विधिचंद
   C. राजा घमण्ड सिंह
   D. फिरोजशाह तुगलक

5. हिमाचल प्रदेश का कौन-सा जिला रूमाल कला के लिए प्रसिद्ध है?
   A. किन्नौर   B. कुल्लू
   C. हमीरपुर   D. चंबा

6. गलत कथन की पहचान करें–
   A. क्षेत्रीय पर्वतारोहण केंद्र धर्मशाला में स्थित है।
   B. जलक्रीड़ा उपकेंद्र बिलासपुर में स्थित है।
   C. ट्रैकिंग एवं स्कींग केंद्र, लारोट, चांशल में है।
   D. जनजातीय पर्वतारोहण उपकेंद्र नाहन में स्थित है।

7. अर्की कला शैली किस रियासत में विकसित हुई?
   A. भांगल   B. बाघल
   C. क्योंथल   D. बिलासपुर

8. आठवीं सदी में हिमाचल प्रदेश में निर्मित वह मंदिर जो अपनी पत्थर पर नक्काशी के लिए ''हिमाचल प्रदेश का अजंता एलौरा'' कहा जाता है?

A. ब्रजेश्वरी मंदिर

B. भूतनाथ मंदिर

C. मसरूर मंदिर

D. लक्ष्मी नारायण मंदिर

9. निम्न में से कौन हिमाचल प्रदेश की प्राचीनतम चित्रकला शैली है?

A. अर्की कलम शैली

B. कांगड़ा कलम शैली

C. गलेर कलम शैली

D. बंशोली कलम शैली

10. निम्न में से कौन-सा लोकगीत चम्बा जिले से संबंधित नहीं है?

A. कुंज चंचलो

B. लगदूदी

C. फुलमु रांझु

D. राजा गद्दन

11. 'रोरिक कला संग्रहालय' कहां स्थित है?

A. गुलेर

B. सोलन

C. राजबन

D. नग्गर

12. शिमला स्थित ''गेटी थियेटर'' का शुभारंभ किस वर्ष हुआ?

A. 1865 में

B. 1885 में

C. 1887 में

D. 1914 में

13. 'कांगड़ा ब्राइट' किसकी पेंटिंग है?

A. नौराह रिचर्ड्स

B. शोभा सिंह

C. अमृत शेरगिल

D. इनमें से कोई नहीं

14. झांकी किस जिले का लोकनृत्य है?

A. मण्डी

B. चम्बा

C. कांगड़ा

D. कुल्लू

15. श्रीमती महेश देवी को 1965 में किस कला क्षेत्र में राष्ट्रीय पुरस्कार दिया गया?

A. चित्रकारी

B. कसीदाकारी

C. नृत्य

D. गायन

16. सातवीं शताब्दी के किस कश्मीरी शासक के समय चंबा रियासत में कश्मीरी कला का आगमन हुआ?

A. अवन्ति वर्मा

B. ललितादित्य

C. अनन्त देव

D. आनन्दवर्धन

17. कांगड़ा का 'चेतरू बौद्ध स्तूप' किस राजा के शासन काल में निर्मित हुआ?

A. अशोक

B. हर्षवर्धन

C. अजातशत्रु

D. कनिष्क

18. किस राजा की छत्र-छाया में कांगड़ा चित्रकला शैली का विकास हुआ?

A. घमंड चंद

B. आलम चंद

C. विधि चंद

D. संसार चंद

19. निम्न में से किसका संबंध चित्रकला से नहीं है?

A. सजनू सिंह

B. रोशनी देवी

C. पंडित सीयू

D. गुलेर बख्श

20. 'क्योग', बाकयांग' और 'बन्यागंछू' किस जिले के नृत्य हैं?

A. कुल्लू

B. किन्नौर

C. शिमला

D. सोलन

21. ''शोभा सिंह कला संग्रहालय'' कहां स्थित है?

A. नग्गर

B. अम्ब

C. अन्द्रेटा

D. परवाणू

22. पहाड़ी लघु चित्रकला का महान चित्रकार माणक किस राजा के राजदरबार की शोभा था?

A. संसार चंद–कांगड़ा
B. गोपाल सेन–मंडी
C. शाम सिंह–चंबा
D. आनंद चंद–बिलासपुर

23. बौद्ध संत 'पद्मसंभव' का नाम निम्न में से किस झील के साथ जुड़ा है?
A. रिवालसर   B. डल
C. पराशर   D. रेणुका

24. निम्न में से किस मेले में देवता को प्रसन्न करने के लिए भैंसे की बली दी जाती थी?
A. लवी मेला   B. मिंजर मेला
C. नलवाड़ी मेला   D. काहिका मेला

25. लाहौल-स्पीति में किस उत्सव को 'दीपावली' के समान महत्वपूर्ण माना जाता है?
A. लोसर   B. गोची
C. हालडा   D. फागली

26. चंबा के 'गौरी शंकर मंदिर' का निर्माण किसने करवाया था?
A. युगांकर वर्मन
B. यशो वर्मन
C. साहिल वर्मन
D. इनमें से कोई नहीं

27. कुल्लू जिले में 'हिडिम्बा देवी' की याद में कौन-सा उत्सव मनाया जाता है?
A. दशहरा   B. डूंगरी
C. सेंज मेला   D. भूंड

28. मंडी में 'शिवरात्रि' मेले का आरंभ किसने किया था?
A. जोगिन्दर सेन   B. अजबर सेन
C. केशव सेन   D. शाम सेन

29. 'रिवालसर' निम्न में से किसकी जन्म स्थली है?
A. पद्मसंभव
B. गुरु गोविंद सिंह
C. हिडिम्बा देवी
D. राजा बलि

30. शिमला में स्थित 'हाटकोटी दुर्गा मंदिर' का निर्माण किसने करवाया था?
A. माही प्रकाश   B. ललित प्रकाश
C. वीर प्रकाश   D. लक्ष्मी चंद

31. लाहौल-स्पीति में 'मृकुला देवी' का मंदिर किसने बनवाया था?
A. अजय वर्मन   B. अजबर सेन
C. संसार चंद   D. साहिल वर्मन

32. भगवान शंकर की पत्नी पार्वती के कान की गुम हुई बालियों को शेषनाग ने जिस स्थान पर ढूंढ निकाला था उस मंदिर का नाम क्या था?
A. मणिमहेश   B. बिजली महादेव
C. मनिकर्ण   D. त्रिलोकीनाथ

33. हिमाचल प्रदेश में सूर्य मंदिर (Sun Temple) कहां स्थित है?
A. निथार (कुल्लू) में
B. बैजनाथ (कांगड़ा) में
C. करसोग (मंडी) में
D. नीरथ (शिमला) में

34. लाहौल-स्पीति के जेमूर मठ में 'मारीचि वज्रवराही' देवी की मूर्ति का संबंध किस मूर्तिकला शैली से है?
A. यूनानी शैली   B. कश्मीरी शैली
C. पहाड़ी शैली   D. मथुरा शैली

35. प्रसिद्ध 'भीमा काली मंदिर' कहां स्थित है?
A. सराहन   B. रामपुर
C. निरमण्ड   D. त्रिलोकपुर

36. हिमाचल प्रदेश में प्रसिद्ध 'मनु मंदिर' किस स्थान पर है?
A. मनाली   B. सराहन
C. कुल्लू   D. बैजनाथ

37. सिरमौर के राजा मही प्रकाश ने कहां के राजा पर विजय पाने के उपलक्ष्य में भागीरथी नदी के किनारे लक्ष्मी नारायण मंदिर का निर्माण करवाया था?
A. जुब्बल   B. गढ़वाल
C. क्योंथल   D. बघाट

38. कांगड़ा जिले में बौद्ध स्तूप के अवशेष कहां मिले हैं?
A. नूरपुर
B. पालमपुर
C. धर्मशाला
D. चारी तथा चेतरू

39. प्रसिद्ध लक्ष्मी नारायण मंदिर जो छः मंदिरों का समूह है, कहां स्थित है?
A. मंडी   B. चंबा
C. कांगड़ा   D. शिमला

40. कलात्मक दृष्टि से महत्वपूर्ण 'प्राचीन महासू मंदिर' कहां स्थित है?
A. ठियोग   B. करसोग
C. चूड़घार   D. गिजारा

41. ब्रजेश्वरी मंदिर, जिसे महमूद गजनवी की सेना ने नष्ट कर दिया था हिमाचल प्रदेश के किस जिले में स्थित है?
A. शिमला   B. कांगड़ा
C. चंबा   D. कुल्लू

42. मनाली में 'हिडिम्बा मंदिर' किस राजा ने बनवाया था?
A. बहादुर सिंह   B. विहंग महीपाल
C. चतर सिंह   D. जगत् सिंह

43. हिन्दुओं और बौद्धों के लिए सामूहिक रूप से पवित्र 'गुरुघंटाल' मंदिर किस जिले में स्थित है?
A. कुल्लू   B. मंडी
C. कांगड़ा   D. लाहौल-स्पीति

44. आठवीं सदी में तिब्बत में बौद्ध धर्म का प्रचार करने वाले पद्मसंभव कुछ समय निम्न में से कहां ठहरे थे?
A. जोगीपंगा   B. चायल
C. रिवालसर   D. मैक्लोडगंज

45. 'भूण्डा' त्यौहार किससे संबद्ध है?
A. परशुराम   B. रेणुका
C. विष्णु   D. शंकर

46. मंडी के निम्न में से किस मंदिर का संबंध शिवरात्री पर्व के साथ जुड़ा हुआ है?
A. भूतनाथ मंदिर
B. टारना देवी मंदिर
C. पंचवक्त्र मंदिर
D. पराशर मंदिर

47. 'छिद्र गंगा' नामक पवित्र स्थान किस जिले में स्थित है?
A. लाहौल-स्पीति   B. कांगड़ा
C. सिरमौर   D. किन्नौर

48. प्रतिवर्ष अप्रैल महीने में सुही मेला (Sui Fair) कहां आयोजित किया जाता है?
A. शिमला   B. कांगड़ा
C. चंबा   D. सिरमौर

49. निम्न में से किसे 'मलाणा' का पूज्य देवता माना जाता है?
A. मोहन नाग   B. जामलू
C. मार्कण्डेय   D. बासुकिनाथ

50. निम्न में से कौन चौरासी मंदिरों वाला स्थान है?
A. बड़सर   B. मंडी
C. भरमौर   D. सुंदर नगर

51. 'बुद्धि दीपावली' मनाई जाती है–
A. नाहन (सिरमौर) में
B. नुरपूर (कांगड़ा) में
C. घुमारवीं (बिलासपुर) में
D. निरमंड (कुल्लू) में

52. मलाणा गांव के देवता 'जामलू' किस नाम से प्रसिद्ध है?
A. घटोत्कच   B. परशुराम
C. जमदग्नि   D. विदूर

53. किन्नौर जिले के किस भाग में ज्यादातर हिन्दू धर्म के अनुयायी हैं?
A. उत्तर   B. दक्षिण
C. पूर्व   D. पश्चिम

54. कांगड़ा स्थित ज्वालामुखी मंदिर का निर्माता किसे माना जाता है?
A. हरिश्चंद   B. आदम चंद
C. सुशर्म चंद   D. भूमि चंद

55. मंडी रियासत के शासक श्याम सेन ने सुकेत राज्य पर जीत के उपलक्ष्य में निम्न में से किस मंदिर का निर्माण कराया था?
A. टारना मंदिर   B. रमना मंदिर
C. सरना मंदिर   D. गढ़ना मंदिर

56. 1527 में वर्तमान मंडी नगर की स्थापना एवं भूतनाथ मंदिर का निर्माण किस राजा ने करवाया था?
A. ईश्वर सेन   B. अजबर सेन
C. बलबीर सेन   D. रत्न सेन

57. लगभग 1664-1679 में निर्मित श्यामकाली मंदिर हिमाचल प्रदेश के किस जिले में स्थित है?
A. शिमला   B. कांगड़ा
C. मंडी   D. सिरमौर

58. 'छतराड़ी यात्रा' का संबंध किस जिले से है?
A. शिमला   B. कांगड़ा
C. चंबा   D. लाहौल-स्पीति

59. हिमाचल प्रदेश में सर्वाधिक ऊंचाई पर स्थित मंदिर कौन-सा है?
A. ब्रजेश्वरी   B. हाटेश्वरी
C. चूड़ेश्वरी   D. मनीमहेश

60. कुल्लू में मलाण किस लिए प्रसिद्ध है?
A. विश्व की सबसे प्राचीन लोकशाहियों में से एक के लिए।
B. स्वतंत्र राजकीय एव न्यायिक तंत्र के लिए।
C. जामलू देवता की पूजा के लिए।
D. उपरोक्त में सभी

61. निम्न में से गलत कथन को चुनिए–
A. घुरेही नृत्य, भरमौर के डंगी नृत्य का पर्यायवाची है।
B. घुरेही नृत्य विशेष उत्सवों पर किया जाता है।
C. भरमौर क्षेत्र का प्रसिद्ध लोकनृत्य घुघती है।

D. चंबा शहर में सूही माता के मंदिर में घुरेही नृत्य को अब सिर्फ अंतिम दो-तीन दिन में किया जाता है।

62. 'छोहारा' नृत्य का प्रचलन प्रदेश के किस क्षेत्र में है?
A. महासू
B. सोलन
C. बिलासपुर
D. मंडी

63. कायडू किस क्षेत्र का सर्वाधिक लोकप्रिय नृत्य है?
A. किन्नौर
B. चंबा
C. मंडी
D. बिलासपुर

64. लाहौल-स्पीति में आयोजित किए जाने वाले प्रसिद्ध धार्मिक नृत्य को किस नाम से जाना जाता है?
A. नृत्य नाटिका
B. गा नृत्य
C. छम नृत्य
D. कोम नृत्य

65. नवाला या अन्य विवाह उत्सव के समय रात को गाने के आयोजन पर चार गायकों द्वारा गायन के साथ किए जाने वाले नृत्य को किस विशेष नाम से जाना जाता है?
A. ओखला नृत्य
B. आसमानी नृत्य
C. विनीत नृत्य
D. अंचली नृत्य

66. निम्न में से वह नृत्य जिसमें वेशभूषा के साथ-साथ विरह गान, वीर गाथा तथा लोक धुन का भी ध्यान रखा जाता है?
A. नौटंकी नृत्य
B. घुरेही नृत्य
C. सवाला नृत्य
D. मोघली नृत्य

67. निम्न में से कौन-सा नृत्य लाहौल-स्पीति क्षेत्र में प्रचलित लोकगाथा पर आधारित है?
A. डकरेणी नृत्य
B. छम नृत्य
C. सिंह नृत्य
D. दान नृत्य

68. एक नृत्य जिसमें पुरुष एवं महिलाएं मिलकर बिना वाद्य यंत्र के लंबी पंक्ति बनाकर नृत्य करते हैं। पुरुष गीत की पहली पंक्ति तथा महिलाएं पुरुषों द्वारा गाई गई पंक्ति के जवाब में दूसरी पंक्ति गाती हैं, वह नृत्य है–
A. बंदर नृत्य
B. सिंह नृत्य
C. मुखौटा नृत्य
D. जबरो नृत्य

69. निम्न में से वह नृत्य जिसमें से लामा नर्तक मशाल लेकर दुष्ट आत्माओं को भगाने के लिए लोगों के पीछे भागता है–
A. छेणी नृत्य
B. हटुप्पा नृत्य
C. गैमूर नृत्य
D. घेणी नृत्य

70. भटियात क्षेत्र में विशेष उत्सवों पर आयोजित किया जाने वाला नृत्य मूलतः लोक धुन पर किया जाता है। स्त्रियां इसे घरों में विवाह के अवसरों पर करती हैं, इसे कहते हैं–
A. घुड़क नृत्य
B. खरीती नृत्य
C. चाबुक नृत्य
D. दोरी नृत्य

71. निम्न में से गलत कथन को चुनिए–
A. झमाकड़ा सिरमौर, शिमला तथा सोलन का लोकप्रिय नृत्य है।
B. झमाकड़ा में स्त्रियां घघरी, चोली या कुर्ता रीहड़ा तथा सुहागी आभूषण पहनती हैं।

C. झमाकड़ा में विशेषतया विवाह के अवसर पर वर-वधू की शारीरिक लवणता के लिए उबटन मला जाता है।

D. झमाकड़े में ही शांति हवन के बाद वर-वधू को स्नान कराने के बाद स्त्रियों द्वारा बरेडड़िया भरी जाती हैं।

72. सिरमौर के मौण, गिलेया, ठाण्डे, घाटो, निहारी और अंधेरी की रिहाली जिसे बरसात की रंगीनियों के साथ किया जाता है, कहलाता है–
A. राग नृत्य
B. रास माला नृत्य
C. ठोडा नृत्य
D. घुगती नृत्य

73. सिरमौर के शिलाई तथा रेणुका क्षेत्रों में मनाया जाने वाला समानांतर पर्व जिसे दीपावली के रूप में ठीक एक मास बाद मनाया जाता है–
A. पूर्व दीवाली
B. बूढ़ी दीवाली
C. थकी दीवाली
D. रंगी दीवाली

74. किस जिले की लोक मान्यताओं के अनुसार शिव सात प्रकार के आनंद ताण्डव, संध्या ताण्डव, कालिका ताण्डव, त्रिपुर दाह ताण्डव, गौरी ताण्डव, संहार और उमा ताण्डव करते हैं?
A. हमीरपुर
B. सिरमौर
C. ऊना
D. चंबा

75. 'कायांग' किस क्षेत्र का सर्वाधिक लोकप्रिय नृत्य है?
A. किन्नौर
B. चंबा
C. मंडी
D. बिलासपुर

76. किन्नौर के गांवों में किया जाने वाला नृत्य जहां नाग देवता या नागिन देवी की पूजा होती है, कहते हैं–
A. रिंग नृत्य
B. नाग कायांग
C. घूंघर नृत्य
D. नाग नृत्य

77. बाक्यांग, बंयांग्छु, पनास, डेयांग, चामिक एवं जापरो आदि किस क्षेत्र में प्रचलित सर्वाधिक लोकप्रिय नृत्य हैं?
A. लाहौल
B. स्पीति
C. किन्नौर
D. चंबा

78. भरमौर क्षेत्र का वह नृत्य जिसमें विशेष वेशभूषा में स्त्रियों द्वारा वृत्त में गतिशील होकर नृत्य तथा गायन साथ-साथ किया जाता है–
A. घुरेही नृत्य
B. डांगी नृत्य
C. तरेणी नृत्य
D. मुखौटा नृत्य

79. निम्न में से गलत कथन को चुनिए–
A. धमाल डंडारस नृत्य का आरंभ होता है।
B. जब डंडारस अपनी चर्म सीमा पर पहुंचता है तो वाद्य-यंत्रों की गति तेज हो जाती है।
C. डंडारस में थोड़े ही कलाकार अंत तक टिके रह पाते हैं।
D. धमाल डंडारस की चर्म सीमा है।

80. भूछेन नृत्य की कौन-सी विशेषता नहीं है?
A. नृत्य में लामाओं द्वारा ढिलू नामक वाद्य यंत्र प्रयोग किया जाता है।
B. नृत्य में नर्तकी की छाती पर बड़ा पत्थर रख दिया जाता है।
C. नर्तक अपने आपको आग में धकेलता है।
D. नर्तक की छाती पर बड़ा पत्थर रखकर, अन्य लामा नर्तक अपने हाथों से तोड़ता है।

81. शोन, छोलणी तथा छोलन नृत्य किस क्षेत्र की विशेषता है?
A. लाहौल   B. किन्नौर
C. भरमौर   D. सिरमौर

82. शिमला, सोलन एवं सिरमौर आदि में रात्रि के समय महिलाओं द्वारा बंद कमरे में एकत्रित होकर विभिन्न प्रकार के अभिनय युक्त नृत्य कहलाता है–
A. पुंग नृत्य   B. पद्दुआ नृत्य
C. बेली नृत्य   D. टेप नृत्य

83. निम्न में से गलत कथन को चुनिए–
A. हरिरंग नृत्य भगवान कृष्ण की लीला से संबद्ध है जो मंडी जिला के बल्ह घाटी में प्रचलित है।
B. हरिरंग नृत्य बांठड़ा लोक नाट्य शैली से संबद्ध नहीं है।
C. हरिरंग नृत्य को बांठड़ा से पूर्व करने की परंपरा है।
D. मंडी जिले में प्रचलित पहिया नृत्य में नर्तक कन्याएं अपने सिर पर छोटा मिट्टी का बर्तन रखती हैं।

84. बसारू, लाछी-मेशू, चाड़िका और कामरू कहां के खून्दों के पृथक-पृथक देवता हैं?
A. सिरमौर   B. कुल्लू
C. कांगड़ा   D. किन्नौर

85. नृत्य के विषय में कौन-सा कथन असत्य है?
A. मण्डयाली गिद्धा मूलतः पंजाबी नृत्य है।
B. लुड्डी नृत्य बल्ह तथा लडभड़ोल क्षेत्र में किया जाता है।

C. लुड्डी नृत्य में लुड्डी का अर्थ है बेल की तरह झूमना।
D. लुड्डी का अर्थ है सबको एक तरह से न देखना।

86. 'मकर' नामक धार्मिक नृत्य किस क्षेत्र में काफी प्रचलित है?
A. भरमौर   B. लाहौल-स्पीति
C. पांगी   D. सिरमौर

87. सावन के महीने में गाया जाने वाला 'मल्हार' गीत किस क्षेत्र से संबंधित है?
A. शिमला   B. चंबा
C. कांगड़ा   D. बिलासपुर

88. लाहौल-स्पीति में प्रचलित वह नृत्य कौन-सा है जिसमें स्त्रियां और पुरुष एक ही नृत्य में अलग-अलग नाचते हैं?
A. मण्डुआ   B. मूंकर
C. माली   D. भोज

89. निम्न नृत्यों में से कौन-सा किन्नौर का सदाबहार नृत्य कहलाता है?
A. लामण
B. भौंरे
C. मकोल
D. रेकशुंग, मोन-शोऊ

90. विशेष अवसरों पर किया जाने वाला सामूहिक नृत्य 'भटैथू' किस क्षेत्र में प्रचलित है?
A. शिमला   B. बिलासपुर
C. चम्बा   D. ऊना

91. शिमला तथा कुल्लू के क्षेत्रों में बारह वर्ष के अंतराल पर मनाया जाने वाला महायज्ञ जिसमें नरबलि दी जाती थी, कहलाता था–

A. शाणोत्तरी   B. भूण्डा
C. दूरह   D. बारहमासा

92. सिरमौर तथा शिमला जिले में प्रचलित वह सामूहिक नृत्य जिसमें पुरुष मंद गति से नाचते हैं–
A. घुघती   B. घूमर
C. घुरे   D. घुमसु

93. लाहौल-स्पीति में बौद्ध भिक्षुओं द्वारा किया जाने वाला आनुष्ठानिक नृत्य क्या कहलाता है?
A. जागरा   B. जोमो
C. जापरो   D. चोबा

94. 'टाली-लामो' किस क्षेत्र का सदाबहार नृत्य है?
A. लाहौल   B. चंबा
C. किन्नौर   D. सिरमौर

95. शिमला, सिरमौर तथा सोलन क्षेत्रों में प्रचलित युद्ध क्रीड़ा नृत्य जिसमें धनुष-बाण का प्रयोग होता है, कहलाता है–
A. डग्गा   B. ठोडा
C. ठिरसू   D. ठेला

96. ''कजूड़ी'' श्रावण मास में लोकगीतों की एक किस्म है, किस क्षेत्र में प्रचलित है?
A. कांगड़ा   B. सोलन
C. सिरमौर   D. शिमला

97. देवता का पुजारी जिसके माध्यम से देवता बोलता है, उसे स्थानीय भाषा में कहा जाता है–
A. गरणी   B. गूर
C. गोडावणा   D. गोलू

98. ''नवाला'' शिव पर्व किस क्षेत्र में मनाया जाता है?
A. सिरमौर   B. मंडी
C. बिलासपुर   D. भरमौर

99. शिमला क्षेत्र में धार्मिक और आनुष्ठानिक नृत्य को क्या कहते हैं?
A. बिशु   B. विरशु
C. शेन   D. सराई

100. ''सिठणियां'' किस क्षेत्र का प्रचलित विवाह गीत है?
A. चंबा   B. किन्नौर
C. लाहौल   D. कांगड़ा

101. 'ध्याली' नामक सामूहिक नृत्य किस क्षेत्र में प्रचलित है?
A. चंबा   B. कांगड़ा
C. शिमला   D. बिलासपुर

102. प्रदेश की कांगड़ा कला शैली का मुख्य विषय क्या था?
A. प्राकृतिक सौन्दर्य
B. इमारत
C. मंदिर
D. कृष्ण एनं राधा

103. सत्रहवीं शताब्दी का प्रसिद्ध चित्रकार पं. सीचू प्रदेश के किस रियासती राज्य से संबंधित था?
A. बिलासपुर
B. कहलूर रियासत
C. भज्जी रियासत
D. सुजानपुर

104. 'कांगड़ा कलम' का सबसे अधिक विकास कांगड़ा के किस राजा के काल में हुआ था?

A. संसारचंद　　B. पृथ्वीसिंह
C. भूमिचंद　　D. जगदेव चंद

105. चम्बा कलम का विकास चम्बा के किस राजा के काल में हुआ था?
A. हरिचंद　　B. राजसिंह
C. विजयसिंह　　D. मानसिंह

106. चम्बाकलम में किस चित्रकार के चित्र बहुत लोकप्रिय हैं, जो 1765 ई. में गुलेर से चम्बा गया था?
A. हरिप्रसाद　　B. जोगीदास
C. सज्जू　　D. निक्का

107. मंडी कलम में सबसे प्राचीन चित्र किसका है, जो अनुमानतः 1595 ई. का है?
A. राजा संसारचंद
B. राजा विजयचंद
C. राजा केशवसेन
D. राजा शुशर्मा

108. कुल्लू में कुल्लू कलम का विकास वहां के किस राजा के काल में प्रारम्भ हुआ?
A. राजा प्रतापसिंह
B. राजा हरिसिंह
C. राजा प्रीतमसिंह
D. राजा भद्रसिंह

109. अर्की कला शैली किस रियासती राज्य में फूली-फली थी?
A. त्रिगर्त　　B. भागल
C. जुब्बल　　D. नालागढ़

110. हिमाचल प्रदेश में विकसित कौन-सी चित्रकला शैली प्राचीनतम है?
A. बसौली कलम　B. पहाड़ी कलम
C. कांगड़ा कलम　D. गुलेरी कलम

111. कांगड़ा कला शैली का प्रादुर्भव किस शैली से हुआ है?
A. मुगल शैली
B. राजस्थानी शैली
C. राजपूत शैली
D. गुलेरी शैली

112. निम्नलिखित में से कौन-सी कला शैली हिमाचल प्रदेश से संबंधित नहीं है?
A. गुलेरी शैली
B. नागर शैली
C. अर्की कला शैली
D. रूमाली कला शैली

113. हिमाचल प्रदेश की विभिन्न कलाओं का सम्मिश्रण किस कला में देखने को मिलता है?
A. कांगड़ा कलम　B. चम्बा कलम
C. गुलेर कलम　D. पहाड़ी कला

114. कमला रानी और रोशनी देवी ने किस क्षेत्र में नाम कमाया?
A. लोकगीत　　B. गलीचा बुनाई
C. कशीदाकारी　D. भित्ति चित्रांकन

115. पहाड़ी चित्रशैली में कांगड़ा शैली के अतिरिक्त कौन-सी चित्र शैली हिमाचल प्रदेश की है?
A. राजस्थानी शैली
B. चंदेली शैली
C. बसौली शैली
D. गढ़वाली शैली

116. प्रदेश में निम्नलिखित में से किस स्थान के भित्ति-चित्र बसौली शैली के हैं?

A. कांगड़ा   B. कुल्लू
C. चम्बा   D. सोलन

117. 'रागमालाओं के चित्र' प्रदेश की किस चित्र शैली में मिलते हैं?
A. कांगड़ा शैली   B. बसौली शैली
C. चम्बा कलम   D. कुल्लू कलम

118. 11वीं सदी में रचित जयदेव का 'गीत गोविन्द' प्रदेश की किस कलम का प्रेरणा स्रोत रहा है?
A. चम्बा कलम   B. मंडी कलम
C. कांगड़ा कलम   D. कुल्लू कलम

119. प्रदेश की बसौली शैली का सर्वाधिक विकास किस सदी में हुआ?
A. सत्रहवीं सदी
B. अठारहवीं सदी
C. उन्नीसवीं सदी
D. बीसवीं सदी

120. प्रदेश में 'पहाड़ी रूमाल' हस्तकला को किस नाम से अधिक लोकप्रियता मिली है?
A. कांगड़ा रूमाल   B. मंडी रूमाल
C. कुल्लू रूमाल   D. चम्बा रूमाल

121. चम्बा में रूमाली कला का विकास एवं प्रचार रानी शारदा के अतिरिक्त अन्य किस शासक के काल में हुआ?
A. राजसिंह   B. विजयसिंह
C. अजयसिंह   D. मानसिंह

122. चम्बा की कौन-सी इमारत भित्ति-चित्र शैली का अनुपम नमूना है?
A. गुरु घंटाल विहार
B. चम्बा महल

C. रंगमहल
D. विष्णु महल

123. मसरूर (कांगड़ा) के एकाश्म मंदिर हिमाचल तथा पूरे हिमालय क्षेत्र में किस कला शैली के सबसे प्राचीन उदाहरण हैं?
A. कांगड़ा शैली   B. नागर शैली
C. कुल्लू शैली   D. गुलेरी शैली

124. शिवालिक की पहाड़ियों में किस समय गुप्त कला का पदार्पण हुआ था?
A. छठी-आठवीं शताब्दी के बीच
B. चौथी-पांचवीं शताब्दी के बीच
C. पांचवीं-छठी शताब्दी के बीच
D. पहली-दूसरी शताब्दी के बीच

125. 'शोभा सिंह कला संग्रहालय' हिमाचल प्रदेश में किस स्थान पर स्थित है?
A. रुमारवी   B. अम्ब
C. हरोली   D. अन्दरेटा

126. भूरीसिंह संग्रहालय किस जिले में स्थित है?
A. चम्बा   B. कुल्लू
C. बिलासपुर   D. कांगड़ा

127. प्रदेश की कुल्लू घाटी के लोकनृत्य किस नाम से प्रसिद्ध हैं?
A. कुल्लू   B. **घूमर**
C. झैन्ता   D. थाली

128. प्रदेश में कुल्लू नामक कुल्लू घाटी के लोकनृत्य किस अवसर पर किए जाते हैं?
A. होली के अवसर पर
B. दशहरे के अवसर पर
C. फागुन में
D. सावन में

129. निम्नलिखित में से कौन-सा लोक-नृत्य हिमाचल प्रदेश का नहीं है?

A. थाली नृत्य   B. जद्दा नृत्य

C. झैन्ता नृत्य   D. झूमर

130. प्रदेश की महिलाओं का कृषक नृत्य निम्नलिखित में से कौन सा है?

A. झैन्ता   B. थोरा

C. गद्दी   D. थाली

131. प्रदेश का प्रसिद्ध 'छोहारा नृत्य' किस क्षेत्र से संबंधित है?

A. महासू   B. बिलासपुर

C. कांगड़ा   D. ऊना

132. प्रसिद्ध 'झांझर नृत्य' प्रदेश में किस जिले से संबंधित है?

A. कांगड़ा   B. लाहौल

C. बिलासपुर   D. चम्बा

133. लाहौल-स्पीति में 'शेरनी', 'धुरे' व 'गारफी' शब्द किससे संबंधित हैं?

A. लोकगीत   B. नृत्यकला

C. नाट्यकला   D. मूर्तिकला

134. प्रदेश में 'जागरा' नामक उत्सव पर विशेष रूप से कौन-सा नृत्य किया जाता है?

A. बिरसू नृत्य   B. मुंजरा नृत्य

C. नाटी नृत्य   D. घाघरा नृत्य

135. प्रदेश के नृत्यों का क्रम ढाकणी (चैती) से प्रारम्भ होता है, जो वर्ष में कब-से-कब तक किया जाता है?

A. 15 चैत्र से लेकर 25 चैत्र तक

B. 1 चैत्र से लेकर 15 चैत्र तक

C. 12 चैत्र से लेकर 20 चैत्र तक

D. 25 चैत्र से लेकर 28 चैत्र तक

136. प्रदेश का 'भटैथू' नृत्य जो '20 चैत्र से लेकर 1 बैसाख' तक किया जाता है किन लोगों का विशेष नृत्य है?

A. ढाकियों का   B. किन्नरों का

C. कोलियों का   D. कबीलों का

137. सारे वर्ष होने वाला प्रदेश का नाटी नृत्य अन्य किस नाम से भी जाना जाता है?

A. अर्ध गोल पंक्ति नृत्य

B. माल या गीत नृत्य

C. ताल नृत्य

D. मृदंग के साथ नृत्य

138. प्रदेश की लाहौल घाटी के लोकप्रिय नृत्य कौन-से हैं?

A. झूरी व रासो

B. नाटी व स्वांगटेगी

C. कौकली व भांगड़ा

D. शन व शाबू

139. निम्नलिखित में से कौन-सा लोकनाट्य हिमाचल प्रदेश से संबंधित नहीं है?

A. रावल

B. चमरोरी

C. करियाला या करियाडा

D. बुडासीह

140. निम्नलिखित में से कौन-सा लोकगीत कांगड़ा जिले का प्रमुख लोकगीत नहीं है?

A. पृथ्वीसिंह इन्द्रदेई

B. हरिसिंह राजेया

C. सवरिसिंह गई मेरी

D. नूरपूरे दिए खतरेटिए

उत्तरमाला

1	2	3	4	5	6	7	8	9	10
C	C	A	A	D	D	B	C	D	B
11	**12**	**13**	**14**	**15**	**16**	**17**	**18**	**19**	**20**
D	C	B	B	B	B	C	D	B	B
21	**22**	**23**	**24**	**25**	**26**	**27**	**28**	**29**	**30**
C	A	A	B	C	A	C	B	A	C
31	**32**	**33**	**34**	**35**	**36**	**37**	**38**	**39**	**40**
A	C	D	B	A	A	B	D	B	D
41	**42**	**43**	**44**	**45**	**46**	**47**	**48**	**49**	**50**
B	A	D	C	A	A	B	C	B	C
51	**52**	**53**	**54**	**55**	**56**	**57**	**58**	**59**	**60**
D	C	D	D	A	B	C	C	D	D
61	**62**	**63**	**64**	**65**	**66**	**67**	**68**	**69**	**70**
C	A	A	C	D	B	B	D	B	A
71	**72**	**73**	**74**	**75**	**76**	**77**	**78**	**79**	**80**
A	B	B	D	A	B	C	B	A	C
81	**82**	**83**	**84**	**85**	**86**	**87**	**88**	**89**	**90**
A	B	A	C	D	B	B	B	D	A
91	**92**	**93**	**94**	**95**	**96**	**97**	**98**	**99**	**100**
B	A	B	C	B	A	B	D	B	D
101	**102**	**103**	**104**	**105**	**106**	**107**	**108**	**109**	**110**
C	D	A	A	B	D	C	C	B	A
111	**112**	**113**	**114**	**115**	**116**	**117**	**118**	**119**	**120**
D	B	D	A	C	B	B	C	D	D
121	**122**	**123**	**124**	**125**	**126**	**127**	**128**	**129**	**130**
A	C	B	A	D	A	A	B	D	C
131	**132**	**133**	**134**	**135**	**136**	**137**	**138**	**139**	**140**
A	D	B	A	B	C	B	D	B	C

दर्शनीय स्थल (धार्मिक एवं ऐतिहासिक)

1. निम्न में से किसे पाण्डव महिषि द्रौपदी का अंत्येष्टि स्थल माना जाता है?
   A. टांडी   B. गोंदला
   C. रोहतांग   D. जन्सकर

2. ''खीरगंगा'' गर्म पानी का चश्मा किस जिले में है?
   A. किन्नौर   B. सोलन
   C. मंडी   D. कुल्लू

3. 'पंजपुला' नामक पर्यटक स्थल कहां स्थित है?
   A. डलहौजी में   B. खजियार में
   C. मनाली में   D. धर्मशाला में

4. 'वशिष्ठ' नामक गंधक युक्त गर्म पानी का चश्मा किस जिले में स्थित है?
   A. कुल्लू   B. कांगड़ा
   C. चंबा   D. किन्नौर

5. 'चायल' नामक प्रसिद्ध पर्यटक स्थल किस जिले में है?
   A. चंबा   B. शिमला
   C. सोलन   D. सिरमौर

6. हिमाचल प्रदेश में पर्वतारोहण संस्थान कहां स्थित है?
   A. धर्मशाला   B. मनाली
   C. नारकंडा   D. कुफरी

7. शिमला जिले में नाईनहोल गोल्फ का मैदान कहां है?
   A. सुन्नी   B. ठियोग
   C. नालदेहरा   D. मशोबरा

8. सरकुंड/दर्शहर नामक झील प्रदेश के किस जिले में स्थित है?
   A. कुल्लू   B. चंबा
   C. शिमला   D. किन्नौर

9. ''हांगरांग घाटी'' किस जिले में स्थित है?
   A. ऊना   B. किन्नौर
   C. लाहौल-स्पीति   D. कुल्लू

10. किन्नौर जिले का ऐतिहासिक गांव ''कामरू'' किस घाटी में स्थित है?
   A. कल्पा   B. हांगरांग
   C. सांगला घाटी   D. पूह

11. प्रसिद्ध 'की' गोम्फा कहां स्थित है?
   A. केलांग   B. काजा
   C. उदयपुर   D. सांगला

12. स्पीति घाटी का सबसे बड़ा गांव जो कि एक प्रसिद्ध पर्यटन स्थल है, निम्न में से है–
A. गेमूर   B. भृगुटी
C. सलोह   D. लोशार

13. हिडिम्बा देवी का मंदिर कहां है?
A. हाटकोटी   B. सराहन
C. मनाली   D. रेणुका

14. 'रिवालसर' निम्न में से किसकी जन्मस्थली है?
A. हिडिम्बा देवी   B. पद्मसंभव
C. गुरु गोविंद सिंह   D. राजा बलि

15. मंडी में 'श्यामा काली' मंदिर का निर्माण किसने करवाया था?
A. अजबर सेन   B. रूद्र सेन
C. श्याम सेन   D. केशव सेन

16. 'भुन्डा समारोह' कितने वर्षों के अंतराल पर मनाया जाता है?
A. 6 वर्ष   B. 12 वर्ष
C. 18 वर्ष   D. 22 वर्ष

17. कांगड़ा स्थित किस मंदिर का संबंध रावण से जोड़ा जाता है?
A. ज्वाला जी मंदिर
B. भागसुनाथ मंदिर
C. शिव मंदिर
D. कांगड़ा मंदिर

18. बिजली महादेव का प्रसिद्ध मंदिर किस जिले में अवस्थित है?
A. सिरमौर   B. मंडी
C. शिमला   D. कुल्लू

19. शिकारी देवी मंदिर किस जिले में है?
A. चंबा   B. सिरमौर
C. मंडी   D. शिमला

20. धार्मिक पर्यटक स्थल के रूप में प्रसिद्ध नैना देवी मंदिर किस जिले में है?
A. कांगड़ा   B. बिलासपुर
C. ऊना   D. मंडी

21. प्रसिद्ध अर्द्धनारीश्वर तथा त्रिलोकनाथ मंदिर कहां स्थित है?
A. कांगड़ा   B. चंबा
C. मंडी   D. सिरमौर

22. शुभांग चंडिका देवी का मंदिर कहां पर स्थित है?
A. कोठी   B. जैमूर
C. शांश   D. चम्बा

23. 'हिमाचल का बनारस' किस नगर को कहा जाता है?
A. सोलन   B. मंडी
C. बिलासपुर   D. ऊना

24. 'रेणुका धाम' का संबंध निम्न में से किससे जुड़ा हुआ है?
A. भगवान श्रीकृष्ण   B. संसारचंद
C. परशुराम   D. वशिष्ठ

25. माण्डय ऋषि का नाम किस स्थान के साथ संबद्ध है?
A. रेणुका   B. मंडी
C. चूड़धार   D. मनाली

26. हाटकोटी माता का प्रसिद्ध मंदिर प्रदेश के किस जिले में स्थित है?
A. मंडी   B. शिमला
C. सिरमौर   D. कुल्लू

27. द्वादश (बारह) ज्योतिर्लिंगों में से कौन-सा हिमाचल प्रदेश में स्थित है?
A. सोमनाथ   B. बद्रीनाथ
C. घुण्डमेश्वर   D. बैजनाथ

28. जामलू देवता को किस जिले में विशेष महत्व दिया जाता है?
A. मंडी
B. बिलासपुर
C. सिरमौर
D. कुल्लू

29. विहंगमणी/बेहंगमनी पाल को किस देवी ने कुल्लू का प्रथम राजा होने का वरदान दिया था?
A. चंडिका देवी
B. हिडिम्बा देवी
C. महिषासुर मर्दिनी
D. कालिका देवी

30. बारह वर्षों के अंतराल पर आयोजित होने वाले 'भुण्डा समारोह' का संबंध किससे है?
A. रेणुका
B. भगवान शिव
C. परशुराम
D. इनमें से कोई नहीं

31. अर्द्धनारीश्वर तथा त्रिलोकनाथ मंदिर कहां स्थित है?
A. कांगड़ा
B. मंडी
C. चंबा
D. भरमौर

32. 'शाह तलाई' स्थान का संबंध किस प्रसिद्ध मंदिर के साथ जोड़ा जाता है?
A. बाबा रुद्रनाथ
B. माता नैना देवी
C. बाबा बालकनाथ
D. ब्रजेश्वरी देवी

33. भागसू नाग मंदिर किस जिला मुख्यालय के समीप अवस्थित है?
A. मंडी
B. धर्मशाला
C. बिलासपुर
D. केलांग

34. डेरा बाबा बड़भाग सिंह तथा बाबा रुद्र के प्रसिद्ध स्थल किस जिले में है?
A. कांगड़ा
B. हमीरपुर
C. ऊना
D. सोलन

35. बैजनाथ का मंदिर किस देवता को समर्पित है?
A. दुर्गा
B. शिव
C. हनुमान
D. ब्रजेश्वरी देवी

36. चिन्तपूर्णी मंदिर किस जिले में है?
A. कांगड़ा
B. ऊना
C. हमीरपुर
D. शिमला

37. प्रसिद्ध त्रिलोकीनाथ मंदिर किस जिले में स्थित है?
A. किन्नौर
B. लाहौल एवं स्पीति
C. चंबा
D. मंडी

38. महमूद गजनवी की सेना ने कांगड़ा स्थित किस मंदिर को नष्ट किया था?
A. चामुण्डा देवी मंदिर
B. ब्रजेश्वरी देवी मंदिर
C. ज्वालामुखी मंदिर
D. बैजनाथ मंदिर

39. 'छिद्र गंगा' नामक पवित्र स्थल किस जिले में स्थित है?
A. सिरमौर
B. कांगड़ा
C. किन्नौर
D. लाहौल एवं स्पीति

40. त्रिलोकनाथ मंदिर कहाँ स्थित है?
A. किन्नौर में
B. चंबा में
C. मंडी में
D. लाहौल एवं स्पीति में

41. लक्ष्मी नारायण मंदिर समूह किस जिले में स्थित है?
   A. कांगड़ा   B. ऊना
   C. सिरमौर   D. चंबा

42. चौरासी मंदिरों वाला प्रसिद्ध पर्यटक स्थल निम्न में कौन-सा है?
   A. भरमौर   B. सिरमौर
   C. मंडी   D. किन्नौर

43. चंबा नगर के अधिकांश मंदिर किसके शासनकाल में बने?
   A. मेरू वर्मन   B. साहिल वर्मन
   C. पृथ्वी सिंह   D. मुशन वर्मन

44. विश्व प्रसिद्ध हैंग ग्लाईडिंग प्रतियोगिता कहां आयोजित की जाती है?
   A. नाल देहरा   B. बिलिंग घाटी
   C. मनाली   D. कुल्लू घाटी

45. आलू की घाटी के नाम से किसे जाना जाता है?
   A. कुल्लू   B. सिरमौर
   C. लाहौल   D. शिमला

46. छतराड़ी नामक धार्मिक पर्यटक स्थल किस जिले में स्थित है?
   A. चंबा   B. ऊना
   C. मंडी   D. कुल्लू

47. 'हैंग ग्लाईडिंग' प्रतियोगिता' के लिए प्रसिद्ध बिलिंग घाटी किस जिले में स्थित है?
   A. शिमला   B. कुल्लू
   C. किन्नौर   D. कांगड़ा

48. वर्तमान में शिमला जिले में स्थित प्रसिद्ध पर्यटन स्थल 'चायल' गर्मियों में किस राजा की राजधानी रही है?
   A. बघाट के राजा
   B. पटियाला के राजा
   C. सिरमौर के राजा
   D. शिमला के राजा

49. मंडी के किस मंदिर का संबंध शिवरात्री पर्व से जुड़ा हुआ है?
   A. भूतनाथ मंदिर
   B. टारना देवी मंदिर
   C. पंचवक्त्र मंदिर
   D. त्रिलोकीनाथ मंदिर

50. पंचवक्त्र के मंदिर का निर्माण मंडी के किस शासक ने करवाया था?
   A. सूरज सेन   B. अजबर सेन
   C. सिद्ध सेन   D. कल्याण सेन

51. 'हिमाचल का लघु स्विट्जरलैंड' किस झील को कहा जाता है?
   A. खजियार   B. रेणुका
   C. पराशर   D. रिवालसर

52. विश्व में लगभग ऐसे कितने स्थान हैं जिन्हें लघु स्विट्जरलैंड की संज्ञा दी जाती है?
   A. 160   B. 180
   C. 200   D. 260

53. हिमाचल प्रदेश के किस नगर को छोटा ल्हासा कहा जाता है?
   A. धर्मशाला   B. पालमपुर
   C. कांगड़ा   D. बैजनाथ

54. चैडविक फाल नामक दर्शनीय स्थल कहां स्थित है?
   A. कांगड़ा में   B. सोलन में
   C. शिमला में   D. चंबा में

55. नेहरू कुंड नामक प्रसिद्ध दर्शनीय स्थल किस जिले में स्थित है?

A. कुल्लू   B. कांगड़ा
C. सिरमौर   D. मंडी

56. ज्वालामुखी नामक पर्यटन स्थल किस प्रदेश में है?

A. उत्तर प्रदेश
B. हिमाचल प्रदेश
C. कश्मीर
D. **ओडिशा**

57. हिमाचल प्रदेश की राजधानी शिमला कितनी ऊंचाई पर स्थित है?

A. 2136 मीटर   B. 2844 मीटर
C. 3136 मीटर   D. 3884 मीटर

58. प्रदेश का कसौली नामक दर्शनीय स्थल कितनी ऊंचाई पर स्थित है?

A. 1894 मीटर   B. 2854 मीटर
C. 2193 मीटर   D. 2935 मीटर

59. प्रदेश की कुल्लू घाटी किस लिए प्रसिद्ध है?

A. आमों की कृषि के लिए
B. गुलाब की कृषि के लिए
C. चाय की कृषि के लिए
D. सेबों की कृषि के लिए

60. प्रदेश में डलहौजी नामक स्थल कितनी ऊंचाई पर स्थित है?

A. 2400 मीटर   B. 3400 मीटर
C. 3800 मीटर   D. 4200 मीटर

61. प्रदेश की राजधानी शिमला का क्षेत्रफल कितना है?

A. 4133 वर्ग कि.मी.
B. 6122 वर्ग कि.मी.
C. 5872 वर्ग कि.मी.
D. 5131 वर्ग कि.मी.

62. डलहौजी नामक पर्वतीय पर्यटन केंद्र निम्नलिखित में से किस राज्य में स्थित है?

A. **गोवा**   B. जम्मू-कश्मीर
C. हिमाचल प्रदेश D. केरल

63. प्रदेश में कसौली के समीप सनावर स्थित 'लारेंस शरण स्थल' की स्थापना कब की गई थी?

A. 1950 में   B. 1955 में
C. 1987 में   D. 1990 में

64. निम्नलिखित को सुमेल कीजिए—

प्रमुख पर्यटन स्थल	जिले
(a) बिजली महादेव	1. हमीरपुर
(b) सुजानपुर टीरा	2. कुल्लू
(c) मनी महेश	3. चम्बा
(d) नैना देवी	4. बिलासपुर

कूट :

	(a)	(b)	(c)	(d)
A.	1	2	3	4
B.	2	1	3	4
C.	4	3	2	1
D.	3	4	1	2

65. प्रदेश में ''संदीपनी हिमालय'' (चिनमया तपोवन) कहां पर स्थित है?

A. कांगड़ा   B. मंडी
C. कुल्लू   D. धर्मशाला

66. प्रदेश के प्रसिद्ध 'होला' एवं पतालिया शिव स्थान किस जगह से संबंधित हैं?

A. पौंटा साहिब   B. हमीरपुर
C. चम्बा   D. कांगड़ा

67. ''महलमोरिया'' नामक ऐतिहासिक स्थल जहां राजा संसारचंद एवं गोरखों के बीच युद्ध हुआ था हिमाचल में कहां पर स्थित है?

A. चम्बा   B. शिमला

C. हमीरपुर   D. सोलन

68. हिमाचल प्रदेश का रिवालसर नामक धार्मिक स्थल किसका जन्म स्थान माना जाता है?

A. पद्मसंभव

B. महावीर स्वामी

C. गौतम बुद्ध

D. राजा संसारचंद

69. प्रदेश का निम्नलिखित में से कौन-सा मठ 'सारजन रिनसैन' नामक लामा ने 17वीं शताब्दी में बनवाया था?

A. कांगयार

B. गालतांग

C. तायूल मठ

D. **इनमें से कोई नहीं**

70. प्रदेश में 'अमला-बिमला' के सुप्रसिद्ध शिव मंदिर का निर्माण किसने करवाया था?

A. उग्रसेन   B. संसारचंद

C. शिवसेन   D. विजयसेन

71. प्रदेश में किस स्थान पर प्रसिद्ध 'डोका-मोका' मंदिर स्थित है?

A. कुल्लू   B. कांगड़ा

C. गजन   D. भरमौर

72. गोविन्द सागर झील की लंबाई कितनी है?

A. **लगभग 60 मील**

B. **लगभग 75 मील**

C. **लगभग 80 मील**

D. **लगभग 90 मील**

73. प्रदेश में प्रसिद्ध श्री गोपाल मंदिर किस स्थान पर स्थित है?

A. शिमला   B. बिलासपुर

C. सोलन   D. ऊना

74. निम्नलिखित में से गलत जोड़ा बताइए—

A. लक्ष्मी नारायण—चम्बा

B. नरसिंह जी—भरमौर

C. शक्ति देवी—चतराड़ी

D. ब्रजेश्वरी—सुजानपुर

75. प्रदेश में 'कालीबारी मंदिर' कहां पर स्थित है?

A. सोलन   B. शिमला

C. कुल्लू   D. ऊना

76. शिमला की प्रोस्पेक्ट पहाड़ी पर कौन-सा प्रसिद्ध मंदिर स्थित है?

A. वैष्णोदेवी का मंदिर

B. रघुनाथ मंदिर

C. कामनादेवी का मंदिर

D. कालीबारी मंदिर

77. तारा देवी का प्रसिद्ध मंदिर प्रदेश में कहां पर स्थित है?

A. शिमला   B. कांगड़ा

C. ऊना   D. मंडी

78. कांगड़ा के समीप किस स्थान पर जालंधर खंड के प्रसिद्ध महायान स्तूप के कुछ चिन्ह मिले हैं?

A. छतराड़ी   B. केतलग्राम

C. उदमपुर   D. चैत्रु

79. निम्नलिखित में कौन-सा जोड़ा गलत है ?
- A. महादेव मंदिर–मनाली
- B. चन्द्रशेखर मंदिर–साहो
- C. शक्ति देवी मंदिर–भरमौर
- D. मनीमहेश मंदिर–चम्बा

80. निम्नलिखित में से कौन-सा जोड़ा गलत है ?
- A. शिवमंदिर–अमला-बिमला
- B. गणेश मंदिर–कुल्लू
- C. गौरीशंकर मंदिर–सुजानपुर टीरा
- D. हिडिम्बा मंदिर–मनाली

81. कांगड़ा जिले में बौद्ध स्तूपों के अवशेष किस स्थान पर मिले हैं ?
- A. कुल्लू
- B. चारी तथा चेतरू
- C. लाहौल
- D. इनमें से सभी

82. कांगड़ा जिले का सुप्रसिद्ध चेतरन बौद्ध स्तूप किस राजा के काल में स्थापित किया गया था ?
- A. हर्ष
- B. अशोक
- C. कनिष्क
- D. डुविष्क

83. कांगड़ा के किस मंदिर को महमूद गजनवी की सेना ने नष्ट-भ्रष्ट किया था ?
- A. चामुंडा
- B. ब्रजेश्वरी
- C. महाकाल
- D. ज्वालामुखी

84. कांगड़ा जिले के किस स्थान पर अशोक ने एक स्तूप का निर्माण कराया था ?
- A. चैतूड़
- B. इन्दौरा
- C. नूरपुर
- D. ज्वाली

85. प्रदेश में स्थित निम्नलिखित में से कौन-सा मंदिर गुप्तकालीन है ?
- A. बैजनाथ (कांगड़ा) का शिव मंदिर
- B. नीरत का सूर्य मंदिर
- C. ब्रह्मौर (चम्बा) के पुराने शक्ति मंदिर
- D. इनमें से सभी

86. प्रदेश की सुकेत रियासत में 'रानी का कोट' दुर्ग का निर्माण किसने करवाया था ?
- A. सेबंतसेन
- B. जगतसिंह
- C. उम्मेर सिंह
- D. सलीमशाह सूर

87. वीर प्रकाश द्वारा राबिनगढ़ दुर्ग का निर्माण प्रदेश में कहां पर करवाया गया ?
- A. मंडी
- B. नाहन
- C. नूरपुर
- D. राबिनगढ़

88. फतेह प्रकाश द्वारा 'नाहन' नामक स्थान पर किन दो महलों का निर्माण करवाया गया था ?
- A. दमदमा महल तथा नाडा महल
- B. शीश महल तथा मोतीमहल
- C. रंगमहल तथा नाडा महल
- D. रानी महल तथा दमदमा महल

89. लोह टिकरी पत्थर लेख का निर्माण प्रदेश में चिराह के समीप किस राजा ने करवाया था ?
- A. जसाटा वर्मन
- B. ललित वर्मन
- C. कल्याण चंद
- D. अशोक

90. 'डिवरी कोठी तथा सैचूनाला पत्थर लेख' ललिता वर्मन द्वारा प्रदेश में किस स्थान पर लिखवाया गया था?
   A. काल्सी
   B. बिलासपुर
   C. चिराह के पास
   D. पांगी

91. 'नाडा महल' का निर्माण उम्मेद सिंह द्वारा प्रदेश में किस स्थान पर करवाया गया था?
   A. राजनगर
   B. तारागढ़
   C. शाहपुर
   D. कमलागढ़

92. भक्तमल द्वारा प्रदेश के 'शाहपुर' नामक स्थान पर किस इमारत का निर्माण करवाया गया था?
   A. शाहपुर मस्जिद
   B. शाहपुर महल
   C. शाहपुर किला
   D. दमदमा महल

93. प्रदेश में सुशर्मा द्वारा किस प्रसिद्ध इमारत का निर्माण करवाया गया था?
   A. छातीपुर का किला
   B. नगरकोट का किला
   C. रंग महल
   D. नगरकोट का मांदर

94. निम्नलिखित में से गलत जोड़ा छांटिए–
   A. जगतखाना एवं स्वारघाट–हीराचंद
   B. हांदूर का किला–कल्याणचंद
   C. छातीपुर का किला–संसार चंद
   D. लोह टिकरी पत्थर लेख–अशोक

95. प्रदेश के बिलासपुर नामक स्थान पर रंगमहल का निर्माण किसके द्वारा करवाया गया था?
   A. विजयचंद
   B. कल्याणचंद
   C. जसाटा वर्मन
   D. ललिता वर्मन

96. प्रदेश में छातीपुर के किले का निर्माण संसारचंद द्वारा किस स्थान पर कराया गया था?
   A. झांसर धार (बिलासपुर)
   B. पांगी
   C. हांदूर की सीमा पर
   D. तारागढ़ (चम्बा जिले में)

97. प्रदेश के नूरपुर नामक स्थान पर मौकोट दुर्ग का निर्माण किसने करवाया था?
   A. जगतसिंह
   B. उम्मेदसिंह
   C. सलीमशाह
   D. भक्तमल

98. सूरज सेन द्वारा 'मंडी' में निम्नलिखित में से किस महल का निर्माण करवाया गया था?
   A. शीश महल
   B. रंगमहल
   C. मोतीमहल
   D. दमदमा महल

99. हिमाचल प्रदेश के किस जिले में रत्नगढ़, मस्तगढ़, जुरजुरे, राजगढ़ तथा गणेशगढ़ नामक किले स्थित हैं?
   A. चम्बा
   B. कांगड़ा
   C. बिलासपुर
   D. शिमला

100. निम्नलिखित में से कौन-सा किला बिलासपुर जिले में स्थित नहीं है?
   A. कोट कहलूर
   B. पिछोत्रा
   C. मानगढ़
   D. निकारगढ़

101. 'ब्यहोली देवी' व 'त्यून-सरयून' के किले प्रदेश में कहां पर स्थित हैं?
   A. मंडी
   B. बिलासपुर
   C. कुल्लू
   D. कांगड़ा

102. निम्नलिखित में से कौन-सा किला शिमला जिले में स्थित नहीं है?

A. समरकोट   B. रावीगढ़

C. बरवालटीधारगढ़ D. मानगढ़

103. शिमला जिले में 'रामपुर' के समीप निम्नलिखित में से कौन-सा किला स्थित है?

A. रैणगढ़   B. शिकारी

C. बाहली   D. उढ़ा

104. निम्नलिखित में से कौन-सा किला लाहौल-स्पीति जिले में स्थित है?

A. बम्पटा

B. नवगढ़

C. डंखर का किला

D. शिकारी

105. निम्नलिखित में से कौन-सा किला कुल्लू जिले में स्थित है?

A. सिरीगढ़   B. बैरकोट

C. राधोपुर   D. इनमें से सभी

106. 'मनाली' पर्यटक स्थल किस जिले में स्थित है?

A. शिमला   B. कुल्लू

C. सोलन   D. मंडी

107. बिलासपुर जिले में 'गुंगवाल' से पांच मील दूर एक पहाड़ी चोटी पर कौन-सा प्रसिद्ध मंदिर स्थित है?

A. नैना देवी   B. जमलू देवता

C. शक्ति देवी   D. ब्रजेश्वरी देवी

108. पहले बोनीभून के नाम से जाने जानेवाले शिमला अजायबघर (म्यूजियम) की स्थापना किसने की थी?

A. रॉबर्ट क्लाइव   B. रॉबर्ट कोच

C. रॉबर्ट कुक   D. रॉबर्ट टाइटलर

109. 'भूरासिंह संग्रहालय' हिमाचल प्रदेश के किस स्थान पर स्थित है?

A. शिमला   B. चम्बा

C. किन्नौर   D. ऊना

110. हिमाचल प्रदेश में जमलू देवता का प्रधान मन्दिर कहाँ पर स्थित है?

A. मलाना घाटी में

B. कुल्लू घाटी में

C. कांगड़ा घाटी में

D. लाहौल घाटी में

111. हिमाचल प्रदेश में 'मनु महाराज का मन्दिर' कहाँ पर स्थित है?

A. कांगड़ा के पास

B. शिमला में

C. मनाली के पास

D. मण्डी के पास

112. कांगड़ा से लगभग बीस मील की दूरी पर कौन-सा प्रसिद्ध मंदिर स्थित है जिसमें एक ज्वाला निरंतर निकलती रहती है?

A. बैजनाथ मंदिर

B. ज्वालामुखी मंदिर

C. नैना देवी मंदिर

D. मोकुला देवी का मंदिर

113. 'तरना देवी का मंदिर' हिमाचल के किस जिले में स्थित है?

A. मंडी जिले में

B. शिमला जिले में

C. कांगड़ा जिले में

D. बिलासपुर जिले में

114. डलहौजी नगर से लगभग ग्यारह मील की दूरी पर वह कौन-सा स्थान

है जो हिमाचल के सुन्दरतम स्थानों में से एक है?

A. खजियार   B. सतधार

C. भागसनाथ   D. नग्गर

115. पराशर कौन थे?

A. ऋषि

B. राजा

C. वैज्ञानिक

D. इनमें से कोई नहीं

116. मणि महेश मन्दिर भरमौर के प्रांगण में खड़े नन्दी की ऊँचाई कितनी है?

A. 5"   B. 6"

C. 7"   D. 8"

117. मृकुला देवी स्लेट लेख को मिस जे.ई. डंकन ने किस वर्ष ढूंढ़ा?

A. 1905   B. 1906

C. 1907   D. 1908

118. लुज पनघट शिलालेख से किस राजा के राज्यारोहण तिथि का पता चलता है?

A. नागरा   B. जासठ

C. भाटलौ   D. मेरुवर्मन

119. चम्बा के कई मन्दिरों व चट्टान लेखों से किस राजा के शासनकाल की जानकारी मिलती है?

A. मेरुवर्मन (680-700 ई.)

B. जयवर्मन (800-830 ई.)

C. चन्द्रवर्मन (650-708 ई.)

D. मुक्तेश्वर (775-800 ई.)

120. कांगड़ा से प्राप्त बौद्ध मूर्ति की वेदिका पर प्राप्त अभिलेख संभवतः किस शताब्दी ई. का है?

A. नवीं या दसवीं

B. आठवीं या नवीं

C. पांचवीं या छठी

D. छठी या सातवीं

121. कांगड़ा जिले में स्थित कुनिहारा नामक स्थान से कुछ दूरी पर पथियार के समीप किस काल के दो शिलालेख प्राप्त हुए हैं?

A. मौर्यकाल   B. गुप्तकाल

C. कुषाणकाल   D. राजपूतकाल

122. युगाकार वर्मन के भरमौर ताम्रपत्र लेख में कितनी पंक्तियाँ हैं?

A. 16   B. 17

C. 18   D. 19

123. किस शिलालेख में गणेश अपने वाहन चूहे पर विराजमान न होकर सिंह पर बैठे हैं?

A. लुज पनघट शिलालेख

B. सेहली पनघट शिलालेख

C. मिथल माता लेख

D. मृकुला देवी स्लेट लेख

124. ''लोह टिकरी'' चुराह के पास पाया गया ''पत्थर लेख'' किस राजा के शासन काल से संबंधित है?

A. असाटा वर्मन   B. जसाटा वर्मन

C. राणा पाल   D. अनंत देवी

125. दो स्थानों पर पाए गए पत्थर लेख एक ''डिवरी कोठी'' तथा दूसरा ''सैयू नाला'' पांगी, किस राजा के शासन काल से संबंधित है?

A. ललित **वर्मन**   B. उदय **वर्मन**

C. पृथ्वी **वर्मन**   D. दाला **वर्मन**

उत्तरमाला

1	2	3	4	5	6	7	8	9	10
C	D	A	A	B	B	C	A	B	C

11	12	13	14	15	16	17	18	19	20
B	D	C	B	C	B	C	D	C	B

21	22	23	24	25	26	27	28	29	30
C	A	B	C	B	B	D	D	B	C

31	32	33	34	35	36	37	38	39	40
B	C	B	C	B	B	B	B	B	D

41	42	43	44	45	46	47	48	49	50
D	A	B	B	C	A	D	B	A	B

51	52	53	54	55	56	57	58	59	60
A	D	A	C	A	B	A	C	D	A

61	62	63	64	65	66	67	68	69	70
D	C	C	B	D	A	C	A	C	A

71	72	73	74	75	76	77	78	79	80
C	A	B	D	B	C	A	D	A	B

81	82	83	84	85	86	87	88	89	90
B	A	B	A	D	A	D	B	A	D

91	92	93	94	95	96	97	98	99	100
A	C	B	D	A	A	C	D	A	C

101	102	103	104	105	106	107	108	109	110
B	D	A	C	D	B	A	D	B	A

111	112	113	114	115	116	117	118	119	120
C	B	A	A	A	A	C	B	A	D

121	122	123	124	125
A	D	B	B	A

सामाजिक जीवन (वेश-भूषा एवं मेला-उत्सव आदि)

1. जीवनशैली की दृष्टि से हिमाचल प्रदेश में निवास करने वाले गद्दी किस जनसमूह के अंतर्गत आते हैं?
   A. अर्द्ध-यायावर
   B. अर्द्ध-पशुपालक
   C. अर्द्ध-कृषक
   D. उपर्युक्त में सभी

2. नामधारी सिखों की जनसंख्या किस स्थान पर सबसे अधिक है?
   A. शिमला
   B. मंडी
   C. चंबा
   D. पावंट

3. हिमाचल प्रदेश में शिवरात्रि का उत्सव कहां पर अधिक धूमधाम से मनाया जाता है?
   A. बिलासपुर
   B. कांगड़ा
   C. मंडी
   D. सुंदरनगर

4. रेणुका रिश्ते में ऋषि जमदग्नि की क्या लगती थी?
   A. बेटी
   B. पत्नी
   C. मां
   D. बहन

5. शिवालिक क्षेत्र में विवाह के अवसर पर गाए जाने वाले हंसी-मजाक वाले गीतों को क्या कहते हैं?
   A. लाहणों
   B. शाबरो
   C. लोकी
   D. लोसटी

6. 'छांग' नामक मादक पेय (देशी शराब) का प्रयोग किन क्षेत्रों में होता है?
   A. सिरमौर-शिमला
   B. चंबा व भरमौर
   C. किन्नौर-लाहौल व स्पीति
   D. कांगड़ा-हमीरपुर

7. 'नावला' शिव पर्व किस क्षेत्र में मनाया जाता है?
   A. भरमौर
   B. मंडी
   C. सिरमौर
   D. बिलासपुर

8. स्थानीय रूप से बनाया जाने वाला मादक पेय 'धुबड़ी' किस क्षेत्र में तैयार किया जाता है?
   A. शिमला व सिरमौर
   B. कांगड़ा व हमीरपुर
   C. मंडी व कुल्लू
   D. किन्नौर व लाहौल-स्पीति

9. किस क्षेत्र में 'सिठणियां' नामक विवाह गीत प्रचलित है?
A. चंबा   B. किन्नौर
C. लाहौल-स्पीति   D. कांगड़ा

10. सिर पर टोप और लेक्कड़ वस्त्र किस क्षेत्र के लोग पहनते हैं?
A. पंगवाल   B. किन्नौर
C. गद्दी   D. कुल्लू

11. पैरों में पहना जाने वाला वस्त्र 'चालर' किस क्षेत्र में पहना जाता है?
A. पांगी   B. किन्नौर
C. लाहौल-स्पीति   D. सिरमौर

12. कुर्ती, च्छुबा, गोला, सदरी, गाचड़, बुराक और गुलमेता किस क्षेत्र के लोगों की वेशभूषा है?
A. पंगवाल   B. लद्दाख
C. किन्नौर   D. मंडी

13. कड्डू, संगड़ी, टिक्की, करणफूल और मुरकी जैसे सिर के आभूषणों का प्रयोग किस क्षेत्र के लोगों द्वारा किया जाता है?
A. किन्नौर   B. पंगवाल
C. लाहौल-स्पीति   D. बुशहरी

14. चोला, डोरा और रेशमी पटकू किस जनजातीय लोगों के विशेष वस्त्र हैं?
A. पंगवाल   B. कुल्लूवी
C. गद्दी   D. स्पीति

15. रिगोए, ल्हाक्या, चालक और कीरा किस क्षेत्रीय वर्ग का वस्त्र है?
A. पंगवाल   B. जौनसारी
C. महासू   D. स्पीति

16. चोल कोट, गाची, साश, पटकू और लच्छु किस क्षेत्र के लोगों का पहनावा है?
A. लाहौल   B. कुल्लूवी
C. किन्नौरी   D. गद्दी

17. नारी वेशभूषा में मोती दाना, बटन, अंगूठी, बगें, कांघरी, डोडमाला और जंतर किस क्षेत्र में पहने जाते हैं?
A. सिरमौर   B. किन्नौरी
C. पंगवाल   D. गद्दी

18. सिर के आभूषण भवारक, कोन्टा, छाबू, चिमकूट और बैराग किस क्षेत्र में पहने जाते हैं?
A. लाहौल   B. स्पीति
C. कुल्लूवी   D. बुशहरी

19. चंदनहार, चंपाकली, रालू, कपूर-माला, जो-माला, नदी, मंज, टीके, गजरू और कडगणु किस स्थान की नारी वेशभूषा है?
A. पंगवाल   B. किन्नौर
C. सिरमौर   D. चंबा

20. ठुकरी, मुरकी, फान, तर्का, बेराग, नरसी, पोशेल, यूतोद, बडा-फुल्ली, छोटा फुल्ली और दुग-कांटी किस क्षेत्र की स्त्रियों के आभूषण हैं?
A. लाहौल   B. महासू
C. पंगवाल   D. किन्नौर

21. पैरों का 'टोकसे सूथ्यण' किस क्षेत्र का पहनावा है?
A. सिरमौर   B. पंगवाल
C. लाहौल   D. किन्नौर

22. 'ल्हाम' नामक वस्त्र किन क्षेत्रों में पहना जाता है?
A. स्पीति   B. किन्नौर
C. सिरमौर   D. पंगवाल

23. निम्न में से किसके साथ सहज रूप से कुल्लू की पहचान की जा सकती है?
A. दशहरा   B. लवी
C. होली   D. शिवरात्रि

24. 'लदारचा मेला' कहां आयोजित किया जाता है?
A. उदयपुर   B. काजा
C. कुकुमसेरी   D. रिकांगपियो

25. लाहौल में 'बेता' शब्द का प्रयोग किसके लिए होता है?
A. पराक्रमी
B. व्यावसायिक नर्तक
C. पुजारी
D. ज्ञानी

26. निम्न में से कौन-सा उत्सव पूरे किन्नौर में मनाया जाता है?
A. देवल   B. जागरा
C. खेपा   D. रांगरोरांग

27. 'रीत विवाह' है–
A. छोटे भाई द्वारा भाभी से शादी करना
B. विवाहित स्त्री द्वारा पति को छोड़ दूसरे से विवाह करना
C. अपने गोत्र में विवाह करना
D. अंतर्जातीय विवाह करना

28. जराडफुक/बराडफुक/झिंडीफुक विवाह का प्रचलन हिमाचल प्रदेश में कहां पाई जाती है?
A. शिमला व सिरमौर
B. कांगड़ा व चंबा
C. लाहौल व स्पीति
D. सोलन व सिरमौर

29. लाहौल क्षेत्र में 'कुपाछा' शब्द का क्या अर्थ है?
A. तलाक   B. विचार
C. खेती   D. धार्मिक कार्य

30. लाहौल घाटी में केवल पुरुषों द्वारा कौन-सा त्योहार मनाया जाता है?
A. दशांग   B. भिंगर
C. चाखर   D. यतु

31. ऊपर किन्नौर में नववर्ष उत्सव को किस नाम से जाना जाता है?
A. वीशू   B. लोसर
C. रांगरोरांग   D. शिरखिन

32. ऐतिहासिक रूप से प्रसिद्ध एवं महत्वपूर्ण 'लवी मेला' रामपुर के राजा केहरी सिंह के शासन काल में कब प्रारंभ हुआ?
A. 1561 में   B. 1681 में
C. 1761 में   D. 1781 में

33. गम्बरी और पिस्तु पहलवान की प्रेम कहानी किस जिले से संबद्ध है?
A. सोलन   B. बिलासपुर
C. कुल्लू   D. किन्नौर

34. चंबा का सबसे प्रसिद्ध मेला निम्न में से कौन-सा है?
A. दशहरा   B. शिवरात्रि
C. नलवाड़ी   D. मिंजर

35. किन्नौर का कौन-सा उत्सव केवल 'युवा पुरुष' आयोजित करते हैं?
A. लोसर   B. उख्यांग
C. देवल   D. तोशिम

36. गाँधीजी की पुण्य तिथि पर सिरमौर में 'गांधी मेला' का आयोजन किस स्थान पर होता है?
   A. अम्बोआ   B. नाहन
   C. राजगढ़   D. रेणुका

37. 'पत्थर का खेल मेला' का आयोजन कहां होता है?
   A. अर्की   B. मशोबरा
   C. हलोग   D. करसोग

38. 'बाबा बड़भाग सिंह मेला' किस जिले में आयोजित किया जाता है?
   A. कुल्लू   B. बिलासपुर
   C. ऊना   D. शिमला

39. किन्नौर में आयोजित होने वाला कौन-सा उत्सव 'फूलों के उत्सव' के रूप में मनाया जाता है?
   A. लोसर   B. देवल
   C. उख्यांग   D. तोशिम

40. कांगड़ा में उदम्बर जाति के लोग स्वयं को किस ऋषि का वंशज मानते हैं?
   A. विश्वामित्र   B. वशिष्ठ
   C. अत्रि   D. नारद

41. 'राधा अष्टमी मेला' का आयोजन कहां होता है?
   A. नादौन   B. निरमण्ड
   C. मनी महेश   D. पांगी

42. 'बाबा दयागीर मेला' कांगड़ा में कहां आयोजित होता है?
   A. धर्मशाला   B. पालमपुर
   C. दौलतपुर   D. नूरपुर

43. मैसूर के दशहरे की तरह कहां का दशहरा विश्व प्रसिद्ध है?

   A. कुल्लू   B. मंडी
   C. धर्मशाला   D. नाहन

44. श्री गोपाल मंदिर कहां स्थित है?
   A. चंबा   B. सराहन
   C. मनाली   D. निरमण्ड

45. राज्य स्तरीय नलवाड़ी मेला कहां आयोजित किया जाता है?
   A. शिमला   B. चंबा
   C. बिलासपुर   D. धर्मशाला

46. हिमाचल प्रदेश में जिला स्तर पर कितने मेले आयोजित होते हैं?
   A. 9   B. 11
   C. 13   D. 15

47. हिमाचल प्रदेश में अंतर्राष्ट्रीय तथा राज्य स्तरीय स्तर पर आयोजित होने वाले मेलों की संख्या क्रमशः है–
   A. 8 और 17   B. 7 और 18
   C. 6 और 19   D. 5 और 20

48. निम्न में से कौन-सा मेला अंतर्राष्ट्रीय स्तर का मेला होने के साथ-साथ हिमाचल प्रदेश का सबसे पुराना मेला है?
   A. लवी मेला   B. शांद मेला
   C. सिप्पी मेला   D. फाग मेला

49. रामपुर (शिमला) में लवी मेले का आयोजन लगभग कितने वर्षों से किया जा रहा है?
   A. 200 वर्ष   B. 300 वर्ष
   C. 400 वर्ष   D. 500 वर्ष

50. जिला स्तर पर आयोजित होने वाला 'नागिन मेला' कांगड़ा जिला में कहां आयोजित किया जाता है?

A. ज्वालामुखी   B. धर्मशाला
C. कांगड़ा   D. बैजनाथ

51. 'घरासनी' नामक रस्म हिमाचल प्रदेश के किस प्रकार के विवाह से सम्बन्धित है?
A. झाजरा, गाडड्र या परैणा
B. जानेरटंग
C. झंजराडा
D. रीत

52. किन्नौर और अन्य सीमान्त क्षेत्रों में परैणा विवाह को किस नाम से जाना जाता है?
A. रीत   B. हार
C. जानेरटंग   D. झंजराडा

53. बराडफुक या जराडफुक या झिण्डीफुक नामक विवाह प्रदेश के निम्नलिखित में से किस क्षेत्र से सम्बन्धित है?
A. निम्न क्षेत्र से
B. मध्य क्षेत्र से
C. चम्बा से
D. इनमें से सभी से

54. हिमाचल प्रदेश के मध्य भाग में प्रचलित 'हार' विवाह को किन्नौर क्षेत्र में किस नाम से जाना जाता है?
A. दुबदुब   B. चुचिस
C. खुटकिमा   D. इनमें से सभी

55. हिमाचल प्रदेश में प्राचीन काल में निम्न में से किस क्षेत्र में बहु-पति प्रथा का प्रचलन था?
A. ऊपरी क्षेत्र में
B. सिरमौर के गिरी पार के क्षेत्र में
C. सराज के क्षेत्र में
D. इनमें से सभी क्षेत्रों में

56. प्रदेश की गद्दी जनजाति में प्रचलित शिव पूजा किस प्रथा द्वारा की जाती है?
A. नुआला   B. सुतन
C. नाचा   D. टोडा

57. प्रदेश की पब्बर घाटी (रोहड़ू तहसील) में गले से लेकर घुटनों तक पहना जाने वाला कपड़ा क्या कहलाता है?
A. सूथन
B. चपकन
C. छुवा या झुकड़ी
D. ढयाट

58. हिमाचल प्रदेश में निम्नलिखित में से किस वृक्ष की पूजा की जाती है?
A. वट
B. जरेडी (बेरी)
C. अनार
D. इनमें से सभी की

59. दूसरी शताब्दी तक हिमाचल प्रदेश में अनेक छोटे-छोटे राज्य स्थापित हो चुके थे, जो आपस में लड़ते रहते थे, इस कारण उनके सम्बन्धों को आज तक किस प्रथा के नाम से जाना जाता है?
A. चाथू प्रथा   B. बोरू प्रथा
C. बौइर प्रथा   D. सारथ प्रथा

60. हिमाचल प्रदेश की निम्नलिखित में से कौन-सी जाति, सिन्धु सभ्यता की समकालीन मानी जाती है?
A. कोल   B. किन्नर
C. नाग   D. इनमें से सभी

61. प्रदेश में निम्नलिखित में से कौन-सा जाति समूह अधिक मात्रा में है?

A. राजपूत
B. वैश्य
C. ब्राह्मण
D. अनुसूचित जाति

62. प्रदेश के किस भाग में कनेत जाति के लोग बहुतायत में पाए जाते हैं?
A. पश्चिमी हिमाचल
B. उत्तरी हिमाचल
C. पूर्वी हिमाचल
D. दक्षिणी हिमाचल

63. प्रदेश के किन्नौर, लाहौल-स्पीति के निवासी पश्चिमी तिब्बत के लोगों के संगोत्र हैं, इस जाति को अन्य किस नाम से जाना जाता है?
A. भोत
B. खरवार
C. विषेन
D. जतांग

64. हिमाचल प्रदेश का निम्नलिखित में से कौन-सा वर्ग व्यापारी जाति से सम्बन्धित नहीं है?
A. कराड़
B. जेरिपाल
C. सूद
D. हांडा

65. प्रदेश के खासिया और कनेत राजपूत (महाभारत के कुनिंदे) निम्नलिखित में से किस जाति के वंशज हैं?
A. आर्यों के
B. ब्राह्मण के
C. हाली के
D. खसों के

66. प्रदेश की निचली शिवालिक श्रेणियों में रहने वाले गुज्जर व कुछ जाट परिवार किस जाति के वंशज माने जाते हैं?
A. साइथियों के
B. अनार्यों के
C. आर्यों के
D. घौगी के

67. किन्नौर जिले के 'लोहार' व 'बढ़ई' किस नाम से जाने जाते हैं?

A. कराल
B. चनाल
C. सनाल
D. बरवाल

68. पश्चिमी हिमाचल में रहने वाले कोली, हाली, डूम, चनाल, रेहड, बाढ़ी आदि नामों वाले लोग किस आदिम जाति से सम्बन्धित माने जाते हैं?
A. आग्नेय जाति से
B. किन्नर जाति से
C. नाग जाति से
D. द्रविड़ जाति से

69. खशों की पूजा पद्धति के क्या स्तर थे, जो आज भी हिमाचल प्रदेश में प्रचलित हैं?
A. इष्ट देवता की पूजा
B. ग्राम देवता की पूजा
C. गृह देवता की पूजा
D. उपरोक्त सभी

70. हिमाचल प्रदेश के मूल निवासी, जिनका वर्णन ऋग्वेद में मिलता है, आज उन्हें किस जाति के रूप में जाना जाता है?
A. कोली
B. डूम
C. हाली
D. उपरोक्त सभी

71. फागुन के महीने में रामपुर में कौन सा मेला लगता है?
A. फाग का मेला
B. होली मेला
C. देवी मेला
D. पशु मेला

72. किन्नौर जिले में कहां पर पुत्र प्राप्त परिवार उखयांग महोत्सव पर ग्राम देवता को सामूहिक रूप से बकरा भेंट करते हैं?
A. पोदार घाटी
B. रोपा गांव
C. सांगला घाटी
D. रंका

73. प्रदेश में 'मण्डी शिवरात्रि मेला' की शुरुआत किसने की थी?
A. राजा आमेर सिंह
B. राजा आनन्द पाल
C. राजा मोहर सिंह
D. राजा अजबेर सेन

74. गलत जोड़ा इंगित कीजिए—
A. नलवाड़ी मेला—बिलासपुर
B. मिंचर मेला—कुल्लू
C. रेणुका मेला—सिरमौर
D. लवी मेला—रामपुर

75. निम्नलिखित में से कौन-सा त्योहार हिमाचल प्रदेश में मनाया जाता है?
A. चेरवाल
B. जगराता
C. बरलाज
D. **उपर्युक्त** सभी

76. किन्नौर जिले का कौन-सा महोत्सव केवल युवा पुरुषों द्वारा आयोजित किया जाता है?
A. तोशिम
B. हालडा
C. लोसर
D. फुलाइच

77. प्रदेश में किस स्थान पर 'बूढ़ी दिवाली' नामक मेला लगता है?
A. मण्डी
B. रिवाल्सर
C. निर्मंड
D. बिलासपुर

78. वैशाख के महीने में किन्नौर में कौन-सा मेला लगता है?
A. सांझी मेला
B. सूही मेला
C. पशु मेला
D. उख्यड मेला

79. प्रदेश में मण्डी जिले के किस मेले को 'राज्य स्तरीय' घोषित किया गया है?
A. रिवाल्सर मेला
B. भंगरोटू मेला
C. काओ मेला
D. शिवरात्रि मेला

80. प्रदेश में 'शरद ऋतु मेले' का आयोजन निम्नलिखित में से किस स्थान पर होता है?
A. चन्द्रभागा घाटी
B. कुल्लू
C. कुफरी
D. महासू

81. कुल्लू जिले में 'देवी हिडिम्बा' की याद में कौन-सा उत्सव मनाया जाता है?
A. डूंगरी मेला
B. चिंतपूर्णी मेला
C. ब्रजेश्वरी मेला
D. दुर्गा मेला

82. सिरमौर में किस सांस्कृतिक उत्सव को विशिष्ठ स्थान प्राप्त है?
A. लोचर
B. सांझी के उत्सव को
C. हालडा
D. फुलाइच

83. बिलासपुर जिले में कौन-सा मेला राज्य स्तरीय मेला घोषित किया गया है?
A. नलवाड़ी मेला
B. शिव मेला
C. चिंतपूर्णी मेला
D. रिवाल्सर मेला

84. हिमाचल प्रदेश का वह प्रसिद्ध मेला कौन-सा है, जो प्रतिवर्ष 25 से 27 कार्तिक विक्रमी को रामपुर (महासू) में लगता है?
A. मार्कण्ड मेला
B. शिव मेला
C. लवी मेला
D. देवी मेला

85. सिरमौर क्षेत्र में बैसाखी के दिन कौन-सा त्योहार मनाया जाता है?
A. बिशु का त्योहार
B. हालडा
C. फुलाइच
D. बीस भादों

86. भरमौर के समीप किस स्थान पर भाद्रपद मास की शुक्ल अष्टमी को मेला लगता है?

A. मणि महेश   B. भलई
C. पांगी   D. सलूनी

87. बिलासपुर जिले में लगने वाला कौन-सा मेला व्यापार की दृष्टि से महत्त्वपूर्ण है?
A. मेला लूहणू
B. छिंज
C. कृषि मेला
D. नलवाड़ी का मेला

88. पूर्वी हिमाचल का सबसे बड़ा मेला कौन-सा है?
A. रेणुका मेला   B. होली मेला
C. काहिक मेला   D. मिंजर मेला

89. हिमाचल में नाहन नामक स्थान पर सावन द्वादशी और दशहरे पर कौन-सा मेला लगता है?
A. तीज मेला
B. बाबा बड़भाग सिंह मेला
C. दयोटसिद्ध मेला
D. छड़ियों का मेला

90. हिमाचल के 'पावटा' नामक स्थान पर होली के अवसर पर निम्नलिखित में से कौन-सा मेला लगता है?
A. होली मेला
B. छड़ियों का मेला
C. झण्डा साहिब मेला
D. दयोटसिद्ध मेला

उत्तरमाला

1	2	3	4	5	6	7	8	9	10
D	B	C	B	A	C	A	C	D	A

11	12	13	14	15	16	17	18	19	20
A	C	B	C	D	B	C	B	A	A

21	22	23	24	25	26	27	28	29	30
D	A	A	B	B	A	B	B	A	A

31	32	33	34	35	36	37	38	39	40
B	B	B	D	D	A	C	C	C	A

41	42	43	44	45	46	47	48	49	50
C	C	A	A	C	B	D	A	B	A

51	52	53	54	55	56	57	58	59	60
A	C	D	D	D	A	C	D	C	D

61	62	63	64	65	66	67	68	69	70
A	C	A	C	D	A	B	A	D	D

71	72	73	74	75	76	77	78	79	80
A	B	D	B	D	A	C	D	D	C

81	82	83	84	85	86	87	88	89	90
A	B	A	C	A	A	D	A	D	C

प्रमुख व्यक्तित्व

1. हिमाचल प्रदेश के निर्माता डॉ. वाई.एस. परमार की जन्मस्थली 'मागथन गांव' किस जिले में स्थित है?
   A. सिरमौर
   B. मंडी
   C. कांगड़ा
   D. शिमला

2. हिमाचल प्रदेश उच्च न्यायालय के प्रथम मुख्य न्यायाधीश कौन थे?
   A. न्यायमूर्ति आर.एस. पाठक
   B. न्यायमूर्ति पी.डी. मिश्रा
   C. न्यायमूर्ति पी.एन. भगवती
   D. न्यायमूर्ति एम.एच. बेग

3. हिमाचल प्रदेश विधान सभा के प्रथम अध्यक्ष निम्न में से कौन थे?
   A. करम सिंह
   B. कौल सिंह
   C. जयवंत राम
   D. गंगुराम मुसाफिर

4. हिमाचल प्रदेश प्रशासनिक अधिकरण के पहले अध्यक्ष कौन थे?
   A. न्यायमूर्ति बी.पी. भटनागर
   B. न्यायमूर्ति बी.के. मल्होत्रा
   C. न्यायमूर्ति हीरा सिंह ठाकुर
   D. न्यायमूर्ति वी.एस. नेगी

5. निम्न में से किसके मुख्यमंत्रीत्व काल में हिमाचल प्रदेश प्रशासनिक अधिकरण अधिनियम लागू हुआ?
   A. डॉ. वाई.एस. परमार
   B. वीरभद्र सिंह
   C. शांता कुमार
   D. डॉ. सुखराम

6. हिमाचल प्रदेश लोक सेवा आयोग के पहले अध्यक्ष कौन थे?
   A. मेजर जनरल के.एल. रत्न
   B. जे.सी. मल्होत्रा
   C. लेफ्टिनेंट जनरल के.एस. कटोच
   D. अनंगपाल

7. लोक सभा के लिए हिमाचल प्रदेश में सबसे अधिक बार निम्न में से कौन निर्वाचित हुआ?
   A. महेश्वर सिंह
   B. के.डी. सुल्तानपुरी
   C. वीरभद्र सिंह
   D. विक्रम महाजन

8. प्रदेश की प्रथम महिला विधान सभा अध्यक्ष कौन थी?
A. लीला देवी   B. चंद्रेश कुमारी
C. सत्यावती डांग D. विद्या स्टोक्स

9. चायल निम्न में से कहां के राजा की गर्मियों में राजधानी रही है?
A. शिमला के राजा
B. पटियाला के राजा
C. बघाट के राजा
D. सिरमौर के राजा

10. मुख्यमंत्री के पद पर विभिन्न अवधि में सबसे कम कार्यकाल किस व्यक्ति का रहा है?
A. शांता कुमार
B. वीरभद्र सिंह
C. डॉ. वाई.एस. परमार
D. ठाकुर रामलाल

11. हिमाचल प्रदेश के उस व्यक्ति का नाम क्या है जो उच्चतम न्यायालय में मुख्य न्यायाधीश रह चुका है?
A. न्यायमूर्ति ठाकुर चेतराम
B. न्यायमूर्ति मेहर चंद महाजन
C. न्यायमूर्ति ठाकुर हीरा सिंह
D. न्यायमूर्ति कश्मीर सिंह कटोच

12. हिमाचल प्रदेश में सेब का पौधा लगाने का श्रेय निम्न में से किसे है?
A. विद्या स्टोक्स
B. जय बिहारीलाल खाची
C. हीरा सिंह पाल
D. सत्यानंद स्टोक्स

13. प्रसिद्ध कलाकार, चित्रकार एवं साहित्यकार निकोलस रोरिक ने अपने जीवन का बहुमूल्य 20 वर्ष हिमाचल प्रदेश में कहां व्यतीत किया?

A. भागसुनाथ (कांगड़ा)
B. नग्गर (कुल्लू)
C. संझौली (शिमला)
D. चैल चौक (मंडी)

14. हिमाचल प्रदेश के प्रथम लोकायुक्त कौन थे?
A. न्यायमूर्ति आर.वी. मिश्रा
B. न्यायमूर्ति कृष्णमूर्ति
C. न्यायमूर्ति टी.वी.आर. टाटाचारी
D. न्यायमूर्ति एन.एम. कालसीवाल

15. हिमाचल प्रदेश की कौन-सी लड़की 1993 में ऐवरेस्ट पर चढ़ने वाली विश्व की सबसे कम आयु वाली लड़की थी?
A. सुमन रावत   B. बछेन्द्री पाल
C. संतोष यादव   D. डिक्की डोल्मा

16. हिमाचल प्रदेश के पहले मुख्य सचिव का क्या नाम था?
A. महेश चंद्र   B. टी.एस. नेगी
C. के.सी. पाण्डेय D. के.एल. मेहता

17. राष्ट्रपति शासन के दौरान 1977 में जब हिमाचल प्रदेश सरकार को बर्खास्त किया गया तो प्रदेश के मुख्यमंत्री कौन थे?
A. रामलाल
B. डॉ. वाई.एस. परमार
C. शांता कुमार
D. वीरभद्र सिंह

18. निम्न में से किस महिला ने कांगड़ा लोक सभा क्षेत्र से चुनाव जीता था?
A. श्रीमती लीला टण्डन
B. श्रीमती चंद्रेश कुमारी
C. श्रीमती महेंद्र कौर
D. श्रीमती उषा

19. डॉ. यशवंत सिंह परमार के नाम से यशवंत नगर स्थान का नामकरण किया गया है। यह स्थान किस जिले में है?

A. सोलन   B. शिमला

C. सिरमौर   D. चंबा

20. रवीन्द्रनाथ टैगोर तथा सुभाषचंद बोस हिमाचल प्रदेश के निम्न में से किस स्थान पर कुछ दिन ठहरे थे?

A. सुंदरनगर   B. बिलासपुर

C. शिमला   D. डलहौजी

21. किंकरी देवी का संबंध किस जिले से है?

A. सिरमौर   B. मंडी

C. सोलन   D. शिमला

22. सिरमौर में 'सयापा प्रथा' को किस राजा ने समाप्त किया?

A. शमशेर प्रकाश   B. कर्ण प्रकाश

C. कीर्ति प्रकाश   D. राजेंद्र प्रकाश

23. सुप्रसिद्ध राजा संसारचंद, जो पहाड़ी क्षेत्र में विशाल हिन्दू साम्राज्य स्थापित करना चाहते थे, कहां **के** शासक थे?

A. चम्बा   B. कांगड़ा

C. जसवान   D. गुलेर

24. हिमाचल प्रदेश से संबंधित निम्नलिखित में से किस व्यक्ति का नाम 'गिनीज बुक ऑफ द वर्ल्ड रिकार्ड्स' में नहीं है?

A. रंजीत सिंह

B. गुरिंदर जीत आसी

C. तिलक राज

D. मदन सिंह

25. हिमाचल प्रदेश से संबंधित निम्नलिखित में से कौन-सा व्यक्ति थल सेनाध्यक्ष बना था?

A. डी.एस. पांडेय   B. बी.एन.शर्मा

C. बी.सी. जोशी   D. के. सुन्दरजी

26. 1986 में किसे हिन्दी साहित्य के लिए प्रथम 'चन्द्रधर शर्मा गुलेरी' पुरस्कार से सम्मानित किया गया?

A. सांगा पांडेय

B. राजेश अग्रवाल

C. श्री केशव

D. विकास गुप्ता

27. भगतसिंह एवं सुखदेव द्वारा स्थापित ''नौजवान सभा' पर आधारित ''बाल भारत सभा'' की स्थापना 1928 ई. में **किसने** की थी?

A. दीनानाथ गांधी

B. शिवाजी सिंह

C. कांशीराम (पहाड़ी गांधी)

D. उदय शंकर सिंह

28. 'मेहर चंद महाजन' के संबंध में कौन सा कथन सही है?

A. ये प्रदेश के बहुत बड़े साहित्यकार थे।

B. इनका आजादी की लड़ाई में महत्त्वपूर्ण योगदान था।

C. यह सर्वोच्च न्यायालय के मुख्य न्यायाधीश थे।

D. उपर्युक्त सभी

29. निम्नलिखित में से कौन-सा व्यक्ति हिमाचल प्रदेश की विधान सभा का अध्यक्ष नहीं रह चुका है?

A. श्री जैवंत राम

B. श्री ठाकुर सिंह नेगी

C. श्री श्रवण कुमार

D. श्री जय कुमार पालित

30. सुमेल कीजिए–

सूची-I

(*a*) श्री राम लाल

(*b*) श्री सुधाकर राव नाईक

(*c*) श्री देशराज महाजन

(*d*) श्रीमती लीला सेठ

सूची-II

1. भूतपूर्व मुख्यमंत्री

2. भूतपूर्व राज्यपाल

3. भूतपूर्व विधान सभा अध्यक्ष

4. भूतपूर्व मुख्य न्यायाधीश

कूट :

	(a)	(b)	(c)	(d)
A.	1	2	3	4
B.	2	3	4	1
C.	4	3	2	1
D.	3	2	4	1

31. हिमाचल प्रदेश से राज्य सभा के लिए प्रथम सदस्य कौन चुना गया?

A. रोशललाल

B. चिरंजी लाल वर्मा

C. लीलादेवी

D. शिवानंद रमौल

32. निम्नलिखित में से कौन मंडी प्रजामंडल से संबंध नहीं रखता था?

A. श्यामा पांडेय   B. कृष्णानंद

C. पूर्णानंद   D. गौरी शंकर

33. 1989 ई. में प्रथम पहाड़ी गांधी बाबा कांशीराम पुरस्कार किसे मिला था?

A. श्यामा पांडेय

B. श्री जयदेव किरण

C. अश्विनी गर्ग

D. ललित धनकर

34. हिमाचल प्रदेश से संबंधित निम्नलिखित में से किस व्यक्ति को सन् 1962 में परमवीर चक्र से सम्मानित किया गया था?

A. मेजर कुशल चन्द

B. मेजर ध्यान सिंह थापा

C. मेजर वासदेव सिंह

D. ले. कर्नल परवीण रदास

35. दिसम्बर 2017 में हिमाचल प्रदेश का नया मुख्यमंत्री कौन बना है?

A. प्रेम कुमार धूमल

B. महेंद्र सिंह

C. जय राम ठाकुर

D. राजीव सैजल

उत्तरमाला

1	2	3	4	5	6	7	8	9	10
A	D	C	C	B	C	B	D	B	D
11	12	13	14	15	16	17	18	19	20
B	D	B	C	D	D	B	B	C	D
21	22	23	24	25	26	27	28	29	30
A	A	B	A	B	C	A	C	B	A
31	32	33	34	35					
B	A	B	B	C					

1910

भूगोल

1. कराली झील किस जिले में है?
(HP TGT (Arts)-2016)
A. किन्नौर   B. शिमला
C. चम्बा   D. कांगड़ा

2. व्यास नदी किस जिले से होकर नहीं बहती?
(HP TGT (Arts)-2016)
A. कुल्लू   B. बिलासपुर
C. मण्डी   D. कांगड़ा

3. कौन-सा दर्रा शिमला को उत्तराखंड से जोड़ता है?
(HP Clerk-2015)
A. तामसर   B. चांसल
C. कुग्टी   D. साच

4. 'कमरूनाग' झील मंडी जिले में स्थित है। तहसील जहाँ यह स्थित है–
(HP ETI-2013)
A. सरकाघाट   B. करसोग
C. चच्योट   D. सुंदरनगर

5. निम्न में से कौन-सी एक प्राकृतिक झील नहीं है?
(HP ETI-2012)
A. रेणुका   B. रिवाल्सर
C. पन्डोह   D. खजियार

6. निम्न में से कौन-सी झील मंडी जिले में स्थित है?
(HP Clerk-2013)
A. मणिमहेश   B. डल
C. सूरजताल   D. कुमारवाह

7. 'डल लेक' हिमाचल प्रदेश के किस जिले में है?
(HPU Clerk-2014)
A. काँगड़ा में
B. ऊना में
C. शिमला में
D. इनमें से कहीं नहीं

8. सूरजताल झील हिमाचल प्रदेश के किस जिले में है?
(HAS Pre-2011)
A. कुल्लू   B. लाहौल स्पीति
C. चम्बा   D. सिरमौर

9. 'सरवालसर' और 'भृगु' झीलें किस जिले में स्थित हैं?
(HPU Clerk-2014)
A. मण्डी   B. किन्नौर
C. सिरमौर   D. कुल्लू

10. गोविंद सागर झील के निकटतम कौन-सा जिला मुख्यालय है?
(HP Patwari Pre-2012)
A. सोलन   B. हमीरपुर
C. बिलासपुर   D. मण्डी

11. पराशर झील किस जिले में स्थित है :
(HP Stat. Asst. (Pre) 2012, HP Clerk-2009, HP PTI 2014)
A. कुल्लू   B. सिरमौर
C. शिमला   D. मण्डी

12. प्रदेश की झीलों में से कौन-सी झील व्यास नदी पर बनाई गई है?
(HP JBT-2014)
A. पौंग झील

B. गोविंदसागर झील

C. पराशर झील

D. भृगु झील

13. हिमाचल प्रदेश की सबसे बड़ी कृत्रिम झील है– *(HP Clerk-2010)*

A. रिवाल्सर झील　B. डल झील

C. मणिमहेश　　　D. गोविंदसागर

14. हिमाचल प्रदेश की सबसे बड़ी प्राकृतिक झील कहाँ है? *(Election Kanoongo-2010)*

A. पराशर　　　B. नाको

C. रेणुका　　　D. सरयोलसर

15. किस झील के किनारे हिन्दुओं, सिक्खों और बौद्धों का तीर्थ स्थान है?
*(Clerk Exam, Nov. 2009,
HAS (Pre) 2004)*

A. रिवालसर　　B. रेणुका

C. चन्द्रताल　　D. कावेरी

16. तैरते हुए टापू किस झील में अवस्थित हैं? *(Naib Tehsildar (Pre) 2008)*

A. गोविंदसागर　B. रिवालसर

C. कुमारवाह　　D. पराशर

17. मनीकरण के गर्म जल-स्रोत .... के किनारे पर स्थित है। *(HP ETI-2012)*

A. पब्बर　　　B. पार्वती

C. उहल　　　D. बस्पा

18. 'व्यास कुंड' कहां स्थित है?
(HP Clerk-2014)

A. खाब　　　　B. रोहतांग दर्रा

C. शिपकिला　　D. बरालाचा दर्रा

19. खीरगंगा उष्ण जलधारा किस जिले में है? *(HP Stat. Pre. Asst. 2012)*

A. कुल्लू　　　B. शिमला

C. मण्डी　　　D. किन्नौर

20. प्रसिद्ध चैडविक झरना कहाँ पर स्थित है? *(Lect. College (Botany)-2005)*

A. सोलन　　　B. शिमला

C. कुल्लू　　　D. चम्बा

21. हिमाचल प्रदेश की कौन-सी प्रमुख नदी से काँगड़ा और कुल्लू घाटियाँ निर्मित हुई हैं? *(HP CDPO-2014)*

A. सतलुज　　　B. व्यास

C. रावी　　　　D. चिनाब

22. चिनाब नदी का उद्गम स्थल है :
(HP CDPO-2014) (HP Clerk-2012)

या

चन्द्रभागा नदी का उद्गम स्थल है–
*(HP Headmaster-2012)
(HP Naib Tehsildar (Pre-2008)*

A. चम्बा घाटी　　B. धौलाधार

C. रोहतांग दर्रा　D. बारालाचा दर्रा

23. जनविश्वास के अनुसार शतुद्र नदी को मानसरोवर झील से हिमाचल प्रदेश में लाने का श्रेय किसे है?
(HP CDPO-2014)

A. परशुराम　　　B. बाणासुर

C. जमदग्नि　　　D. सहस्रबाहु

24. रावी नदी का वैदिक नाम क्या है?
*(HAS Pre-2012) (HP Election
Kanoongo-2013) (HP TET (Art)-2012)*

A. पुरुशनी　　　B. चन्द्रभागा

C. अर्जीकिया　　D. सतद्रू

25. निम्न में से कौन-सी व्यास की सहायक नदी नहीं है? *(HAS (Pre) 2013)*

A. सुकेती　　　B. बाणगंगा

C. अली　　　　D. उहल

26. सतलुज हिमाचल प्रदेश में कहाँ पर प्रवेश करती है? *(HP ETI-2012)*

A. शिपकी (किन्नौर)
B. शिल्ला (किन्नौर)
C. पूह (किन्नौर)
D. टापरी (किन्नौर)

27. निम्नलिखित में से कौन-सा कथन सत्य नहीं है? *(HP ETI-2012)*
A. सतलुज मानसरोवर झील (तिब्बत) से निकलती है।
B. व्यास रोहतांग दर्रा के पास व्यास कुण्ड से निकलती है।
C. रावी काँगड़ा में बड़ा-भंगाल से निकलती है।
D. यमुना पूह (किन्नौर) से निकलती है।

28. रावी नदी कहाँ से निकलती है? *(HP JBT-2014)*
A. बारालाचा   B. बड़ा बंगाल
C. मणिकर्ण   D. शिवालिक

29. कौन-सा खड्ड काँगड़ा किले से होकर बहता है? *(HP Stat. Asst. (Pre) 2012)*
A. पार्वती   B. चन्द्रा
C. गिरि गंगा   D. बाण गंगा

30. सतलुज नदी का ऋग्वेदकालीन नाम क्या है? *(HP Stat. Asst. (Pre)-2012)*
A. सरवरी   B. विपासा
C. शताद्री   D. सुजोइन

31. चन्द्रभागा नदियाँ कहाँ मिलती हैं? *(HP Clerk-2010)*
A. तान्दी   B. उदयपुर
C. जाहलमा   D. कोकसर

32. बाणगंगा निम्न में से किसकी सहायक नदी है? *(HP Clerk-2010)*
A. व्यास की

B. यमुना की
C. गंगा की
D. इनमें से कोई नहीं

33. 'टौंस' किसकी सहायक नदी है? *(HP Clerk-2014) (HAS (Pre)-2014)*
A. सतलुज   B. रावी
C. यमुना   D. व्यास

34. सियुल धारा किस नदी की सहायक है? *(HAS (Pre)-2011)*
A. चिनाब   B. यमुना
C. रावी   D. व्यास

35. डोडरा कवार किस नदी-घाटी में स्थित है? *(HAS (Pre)-2011)*
A. पब्बर   B. टौंस
C. यमुना   D. गिरी

36. निम्न में से कौन व्यास नदी की सहायक नदी है? *(HP TET (Med)-2012)*
A. चन्द्रा   B. मानखुड
C. बैरा   D. सियरखुड

37. भाखड़ा बाँध किस नदी पर बना है? *(HP LT TET-2014)*
A. सतलुज   B. व्यास
C. रावी   D. यमुना

38. निम्नलिखित में से व्यास नदी किस जिले में नहीं बहती है? *(J.B.T.-2010)*
A. कुल्लू   B. मण्डी
C. काँगड़ा   D. बिलासपुर

39. बाणगंगा नदी किस जिले में बहती है? *(Clerk Exam-Nov. 2009)*
A. काँगड़ा
B. सिरमौर
C. कुनिहर
D. इनमें से कोई नहीं

40. पौंग बाँध का निर्माण किस नदी पर किया गया है?

(Tehsil Welfare Officer-2007)
(Lab Technician (Chemistry-2010)

A. व्यास   B. सतलुज
C. रावी   D. यमुना

41. कौन-सी नदी हिमाचल प्रदेश से होकर नहीं बहती है?

(Tehsil Welfare Officer-2003)

A. यमुना   B. गंगा
C. चिनाब   D. रावी

42. ग्लेशियर निर्मित भांदल व तन्तागिरी धाराएँ किस नदी का निर्माण करती हैं?

(HAS (Pre)-2004)

A. चिनाब   B. व्यास
C. रावी   D. सतलुज

43. व्यास नदी किस स्थान पर मैदानी भाग में प्रवेश करती है? (HAS (Pre)-2004)

A. ताण्डी   B. मिर्थल
C. शिपकिला   D. भाखड़ा

44. काँगड़ा जिले का पौंग बाँध किस नदी पर बनाया गया है?

(Lect. College (Botany)-2005)

A. रावी   B. व्यास
C. सतलुज   D. चिनाब

45. व्यास नदी का संस्कृत नाम क्या था?

(Lect. College (Commerce)-2005)

A. भद्रावती   B. विपाशा
C. इरावती   D. मंदाकिनी

46. हिमाचल प्रदेश में सर्वाधिक वर्षा वाला स्थान है :

(HP CDPO-2014), (HPU Clerk-2014)
(HP Clerk-2010), (HP Labour Inspector-2010)
(HP Treasury Officer (Main)-2006)

A. चेल   B. नूरपुर
C. धर्मशाला   D. रामपुर

47. हिमाचल प्रदेश का (सबसे कम वर्षा वाला) शुष्कतम क्षेत्र है और यह ठंडा मरुस्थल कहलाता है।

(HP Female Health Worker-2012)

A. पांगी   B. केलांग
C. स्पीति   D. पूह

48. हिमाचल प्रदेश के किस जिले में उच्चतम वर्षा होती है?

(HP Female Health Worker-2012)

A. बिलासपुर   B. काँगड़ा
C. मंडी   D. कुल्लू

49. हिमाचल प्रदेश में वर्षा का औसत क्या है? (Naib Tehsildar (Pre)-2008)

A. 900 मिमी   B. 1200 मिमी
C. 1400 मिमी   D. 1600 मिमी

50. हिमाचल प्रदेश का सबसे बड़ा ग्लेशियर (हिमानी) कौन-सा है?

(HP Clerk-2012, (HP TET (Med), 2012)

A. दुद्दीन ग्लेशियर
B. पार्वती ग्लेशियर
C. बड़ा शिगरी ग्लेशियर
D. मुलकिया ग्लेशियर

51. हिमाचल प्रदेश का कौन-सा भू-क्षेत्र अल्पाइन क्षेत्र के नाम से भी चिह्नित है?

(Naib Tehsildar (Pre)-2008)

A. कुल्लू घाटी
B. द ग्रेटर हिमालय
C. आंतरिक हिमालय
D. मण्डी और कुल्लू

52. ऊना और हमीरपुर जिले की पहाड़ियों को किस नाम से जाना जाता है?

(HP Clerk-2009), (HP CDPO-2014),
(HP JBT-2014)

A. मुड़वाँ पहाड़ियाँ
B. शिवालिक पहाड़ियाँ

C. अन्दरूनी हिमालय

D. अरावली पहाड़ियाँ

53. मंडी जिले में धौलाधार पर्वत शृंखला की सबसे ऊँची चोटी कौन-सी है?

(HP Naib Tehsildar (Pre), 2008),

(HP CDPO-2014)

A. देहाई   B. नागरू

C. चोहार   D. सोनार

54. चूड़धार चोटी की ऊँचाई कितनी है?

(HP Headmaster-2012)

A. 10,556 फीट   B. 9,636 फीट

C. 10,906 फीट   D. 11,966 फीट

55. निम्न में से कौन-सा जिला पूर्णतया शिवालिक श्रेणी में स्थित है?

(HP ETI-2013)

A. काँगड़ा   B. सोलन

C. सिरमौर   D. ऊना

56. जास्कर पर्वत श्रेणी हिमाचल प्रदेश को .... से अलग करती है।

(HP ETI-2012)

A. तिब्बत   B. चीन

C. पाकिस्तान   D. अफगानिस्तान

57. हिमाचल प्रदेश की सबसे ऊँची चोटी कौन-सी है? (HP Clerk-2010, 2012),

(HAS (Pre), 2009)

A. लियो परजियाल

B. शिल्ला

C. मुल-किला

D. ग्ये-फेंग

58. लाहौल की सबसे प्रसिद्ध चोटी है?

(HP Naib Tehsildar (Main-2011)

A. गेफांग ला   B. मूरांग ला

C. लियोपारजिल   D. गंधमादन

59. कौन-सी पर्वत शृंखला सिरमौर को शिमला से अलग करती है?

(HP LT TET-2014), (HAS (Pre), 2011)

A. चूड़ चाँदनी   B. चांसल

C. हाटू   D. शाली

60. कौन-सी पर्वत शृंखला किन्नौर और स्पीति को तिब्बत से अलग करती है?

(HP LT TET-2014), (HAS (Pre)-2005)

A. जास्कर शृंखला

B. पीर पंजाल शृंखला

C. धौलाधार शृंखला

D. शिवालिक शृंखला

61. शिवालिक श्रेणी किस जिले को स्पर्श नहीं करती है? (HP LT TET-2014)

A. बिलासपुर   B. काँगड़ा

C. शिमला   D. हमीरपुर

62. धौलाधार श्रेणी है–

(HP Allied Services-2010)

A. काँगड़ा में

B. चम्बा में

C. कुल्लू में

D. उपर्युक्त सभी में

63. शिवालिक क्षेत्र में निम्नलिखित जिलों में से कौन सा जिला स्थित है?

(Election Kanoongo-2010)

A. किन्नौर   B. चम्बा

C. लाहौल-स्पीति   D. ऊना

64. शिल्ला चोटी किस पर्वत शृंखला पर स्थित है? (HAS (Pre)-2007)

A. पीर पंजाल   B. धौलाधार

C. जास्कर   D. शिवालिक

65. 'जास्कर पर्वतमाला' कहाँ पर स्थित है?

(Lect. College (Pub. Adm)-2009)

A. चूड़धार पर्वत शृंखला

B. आंतरिक (मध्य) हिमालय
C. वृहत हिमालय
D. शिवालिक पर्वत श्रृंखला

66. मुलगन घाटी हिमाचल प्रदेश के किस जिले में है?　　(HAS (Pre)-2012)
A. किन्नौर　　　B. लाहौल-स्पीति
C. कुल्लू　　　D. चम्बा

67. पिन घाटी कहाँ स्थित है?
　　　　　　(HP ETI-2013)
A. स्पीति　　　B. केलांग
C. किन्नौर　　　D. शिलाई

68. किन्नौर जिले की सबसे सुंदर घाटी है–
　　　　　　(HP ETI-2013)
A. मोरंग　　　B. रिब्बा
C. कानम　　　D. सांगला

69. काँगड़ा और कुल्लू घाटियाँ किस बड़ी नदी द्वारा निर्मित हुई हैं?
　　　(HP Naib Tehsildar (Pre)-2011)
A. सतलुज　　　B. व्यास
C. रावी　　　D. चिनाब

70. बंदर घाटी कहाँ पर है?
　　　　(HP Allied Services-2010)
A. कुल्लू
B. काँगड़ा
C. चम्बा
D. इनमें से कोई नहीं

71. यूल घाटी किस जिले में स्थित है?
　　　　(HP Allied Services-2011)
A. किन्नौर　　　B. लाहौल स्पीति
C. चम्बा　　　D. मण्डी

72. हिमाचल प्रदेश में निम्न में से किसे देवताओं की घाटी कहा जाता है?
　　　　　　(J.B.T. 2010)

A. काँगड़ा घाटी　　B. महासू घाटी
C. चम्बा घाटी　　D. कुल्लू घाटी

73. दून और स्पून घाटी कौन-से जिले में स्थित है।
A. काँगड़ा　　　B. सिरमौर
C. सोलन　　　D. किन्नौर

74. हांगरांग घाटी किस जिले में स्थित है?
　　　(Tehsil Welfare Offcer-2009)
A. किन्नौर　　　B. लाहौल स्पीति
C. चम्बा　　　D. कुल्लू

75. 'छुमूर्ति' लाहौल-स्पीति में पाई जाने वाली किसकी नस्ल है?　　(HP Clerk-2011)
A. याक　　　B. घोड़ा
C. गाय　　　D. हिरण

76. हिमाचल प्रदेश के राज्य पक्षी का नाम बताइए।　　(HP Patwari (Pre), 2012),
　　　　　　(HAS (Pre), 2005)
A. मोर　　　B. जाजूराना
C. मोनाल　　　D. तोता

77. जाजुराना (Western Tragopan) प्रजनन केन्द्र कहाँ स्थित है?
　　　　　　(HP PTI-2014)
A. सुल्तानपुर, कुल्लू
B. डलहौजी, चंबा
C. सराहन, रामपुर
D. करसोग, मंडी

78. हिमाचल प्रदेश का राज्य प्राणी है।
　　　　(HP Allied Services-2010),
　　　　(HP PGT (Commerce), 2010)
A. शेर　　　B. हिम तेंदुआ
C. कस्तूरी मृग　　D. चीता

79. हिमाचल प्रदेश की किस घाटी को 'दूध व शहद की घाटी' कहते हैं?
　　　　(HP Allied Services (Pre)-2009)

A. पिन घाटी   B. चम्बा घाटी
C. लाहौल घाटी   D. स्पीति घाटी

80. कियांग पशु किस जिले में पाया जाता है? *(Lect. College (Botany)-2005)*
A. लाहौल स्पीति   B. किन्नौर
C. चम्बा   D. कुल्लू

81. हिमाचल प्रदेश के .... जिला को जम्मू-कश्मीर राज्य की सीमाएँ स्पर्श करती हैं। *(HP Election Kanoongo-2013)*
A. काँगड़ा   B. ऊना
C. कुल्लू   D. चम्बा

82. कितने राज्य और केन्द्रशासित क्षेत्र हैं, जिनकी सीमा हिमाचल प्रदेश के साथ जुड़ी है? *(HP Patwari (Pre-2012)*
A. 4   B. 5
C. 6   D. 7

83. हिमाचल प्रदेश जम्मू-कश्मीर के .... में स्थित है। *(HP PTI-2014)*
A. पूर्व   B. पश्चिम
C. उत्तर   D. दक्षिण

84. हिमाचल प्रदेश के दक्षिण में यह राज्य स्थित है : *(HP PTI-2014)*
A. पंजाब   B. हरियाणा
C. जम्मू-कश्मीर   D. उत्तराखण्ड

85. किस जिले की सीमा पंजाब के साथ जुड़ी हुई नहीं है? *(Clerk Exam-April-2010)*
A. काँगड़ा   B. सोलन
C. ऊना   D. सिरमौर

86. दी ग्रेट नेशनल हिमालय पार्क किस जिले में स्थित है? *(HP ETI-2012), (HP Clerk-2010)*

A. कुल्लू   B. किन्नौर
C. चम्बा   D. सिरमौर

87. सुकेती फॉसिल (जीवाश्म) पार्क कहाँ स्थित है? *(HP State Asstt. (Pre)-2012), (HAS (Pre)-2005), (HP Clerk-2014)*
A. सुकेत   B. नग्गर
C. शिमला   D. सिरमौर

88. बांदली अभयारण्य निम्न में से किस स्थान पर है? *(HPU Clerk-2014)*
A. ऊना   B. मंडी
C. कुल्लू   D. शिमला

89. 'तीर्थन' वन्यजीव अभयारण्य किस जिले में स्थित है? *(HP Clerk-2010, 2014)*
A. लाहौल-स्पीति   B. किन्नौर
C. कुल्लू   D. शिमला

90. कुगती वन्यजीव विहार किस जिले में है? *(HP Clerk-2010)*
A. चम्बा   B. कुल्लू
C. काँगड़ा   D. सिरमौर

91. पिन घाटी राष्ट्रीय पार्क कहाँ स्थित है? *(Clerk Exam-Nov. 2010) (PGT (Commerce-2010)*
A. किन्नौर   B. काँगड़ा
C. लाहौल स्पीति   D. चम्बा

92. शिमला जिले में कस्तूरी मृग प्रजनन फार्म कहाँ पर स्थित है?
A. कण्डाघाट   B. समरहिल
C. तारादेवी   D. कुफरी

93. कौन-सा दर्रा लाहुल क्षेत्र को चम्बा जिले के भरमौर इलाके से जोड़ता है? *(HP Naib Tehsildar (Pre), 2013)*
A. रोहतांग   B. कुंजम
C. कुगती   D. बारालाचा

94. कुंजुम दर्रा कहाँ अवस्थित है?
(HP CDPO-2014), (HP NT (Main)-2008)
A. स्पीति घाटी में   B. कुल्लू घाटी में
C. काँगड़ा घाटी में   D. पांगी घाटी में

95. निम्न में से कौन-सा दर्रा चंबा जिले में स्थित नहीं है?   (HP ETI-2013)
A. साच   B. चिनी
C. कुंजम   D. चोबिया

96. 'हाम्टा दर्रा' किस जिले में स्थित है–
(HP Clerk-2013)
A. कुल्लू   B. किन्नौर
C. चंबा   D. काँगड़ा

97. 'पिन पार्वती दर्रा' जोड़ता है–
(Clerk Exam-Nov.-2010)
A. कुल्लू और स्पीति
B. कुल्लू और लाहौल

C. कुल्लू और किन्नौर
D. शिमला और किन्नौर

98. रोहतांग पास किसके बीच स्थित है?
(HP TET (Med.) 2013)
A. चम्बा-भरमौर   B. किन्नौर-लाहौल
C. कुल्लू-लाहौल   D. कुल्लू-स्पीति

99. हिमाचल प्रदेश का कौन-सा दर्रा सर्वाधिक ऊँचाई पर है? (HP Non Med TET-2013)
A. कांगला   B. बारालाचा
C. परांगला   D. पिन पार्वती

100. शिपकी दर्रा कहाँ से कहाँ तक जाता है?
(Clerk Exam-Nov., 2009)
A. शिमला से किन्नौर
B. चम्बा से भरमौर
C. किन्नौर से तिब्बत
D. स्पीति से लद्दाख

इतिहास

101. बुशहर रियासत के किस राजा ने रामपुर को राजधानी बनाया था?
(HRTC JOA-2016)
A. उदय सिंह   B. हमीर सिंह
C. राम सिंह   D. विजय सिंह

102. प्राचीन आर्य नरेश दिवोदास और शाम्बर के मध्य 40 वर्षों तक चलने वाले युद्ध में किसकी हार हुई?
(HAS (Pre)-2012)
A. शक   B. खस
C. किरात   D. किन्नर

103. किरात राजा व आर्य राजा के बीच 40 वर्ष तक चले युद्ध का वर्णन किस धर्म ग्रंथ में मिलता है?   (HAS (Pre)-2004)

A. कठोपनिषद् में   B. ऋग्वेद में
C. अथर्ववेद में   D. हितोपनिषद में

104. हिमाचल प्रदेश की दूसरी सबसे पुरानी पहाड़ी रियासत कौन-सी थी?
(Lect. College (Commerce)-2005)
A. त्रिगर्त   B. भरमौर
C. कुटलेहर   D. कुलूट

105. सोहन घाटी, जो 40 हजार वर्ष पुराने औजारों की खुदाई के लिए कभी प्रसिद्ध हुई थी, अब कहाँ स्थित है?
(HAS (Pre)-2006)
A. तिब्बत में
B. नेपाल में
C. पाकिस्तान में
D. अफगानिस्तान में

106. हिमाचल प्रदेश में प्राचीन अभिलेख किस एक लिपि में उत्कीर्ण नहीं किए गए हैं?

(HAS (Pre)-2009)

A. शारदा   B. ब्राह्मी

C. इण्डो-ग्रीक   D. नागरी

107. औदुम्बरा शासकों के सिक्कों पर कौन-सी आकृति पाई गई है? (HAS (Pre)-2011)

A. कमल   B. त्रिशूल

C. मोर   D. शंख

108. ऋग्वेद में वर्णित 'दशराग' का क्या अर्थ है? (HP Clerk-2014)

A. इंद्र की स्तुति में शास्त्रीय राग

B. सूर्य की स्तुति में एक मंत्र

C. 10 आर्य राजाओं में भीषण युद्ध

D. पृथ्वी माता की स्तुति में दस पंक्तियों का एक मंत्र

109. समुद्रगुप्त ने किस शताब्दी में हिमाचल प्रदेश में नवगठित राज्यों को अपने अधीन किया था? (HP PTI-2014)

A. पहली शताब्दी   B. तीसरी शताब्दी

C. चौथी शताब्दी   D. छठी शताब्दी

110. सिकन्दर ने किस वर्ष व्यास नदी के तट पर कदम रखा था? (HAS (Pre)-2006)

A. 326 BC   B. 221 AD

C. 550 AD   D. 50 BC

111. किस प्रसिद्ध लेखक ने पर्वतीय क्षेत्र में खस गणराज्यों और मैदानी क्षेत्र के आर्य राजतंत्रों के बीच सम्पर्क का अपनी पुस्तकों में वर्णन किया है?

(HAS (Pre)-2006)

A. चाणक्य   B. चरक

C. पाणिनि   D. व्यास

112. महाभारत के अनुसार, 1400 ईसा पूर्व के दौरान किसने कटोच राजतंत्र की स्थापना की? (HP Clerk-May 2017)

A. सुशर्मा चंद्र   B. शांबर

C. दिवोदास   D. भीम

113. तोरमाण कौन था? (HAS (Pre)-2007)

A. पाँचवीं शताब्दी का एक हूण आक्रमणकारी व शासक

B. गुप्त वंश का एक इतिहासकार

C. सिकंदर की सेना का एक सरदार

D. चीन में बौद्ध धर्म का प्रचारक एक भिक्षु

114. 1009 ई. सन् में निम्न में से किसने नागरकोट (काँगड़ा) को लूटा था?

(HP PTI-2012), (HP TET (Art)-2012)

A. मुहम्मद गौरी

B. महमूद गजनवी

C. नादिरशाह

D. अहमदशाह अब्दाली

115. नूरपुर का कौन-सा शासक सिकंदर लोदी का समकालीन था?

(HP Head Master-2012)

A. तख्तपाल   B. भीलमाल

C. वासदेव   D. नागपाल

116. मुहम्मद-बिन-तुगलक ने काँगड़ा दुर्ग को कब जीता? (HP JBT-2014)

A. 1737   B. 1437

C. 1527   D. 1337

117. मण्डी शहर पर विक्टोरिया पुल किस वर्ष अंग्रेजों द्वारा बनाया गया था?

(HP ARO-2015)

A. 1877   B. 1887

C. 1897   D. 1707

118. तैमूरलंग ने किस वर्ष काँगड़ा (नागरकोट) पर आक्रमण किया था?

(HAS (Pre)-2006, 2008)

A. 1375 A.D.   B. 1398 A.D.
C. 1401 A.D.   D. 1450 A.D.

119. किस रियासत के शासक ने मुगल सम्राट जहाँगीर की काँगड़ा का किला हस्तगत करने में मदद की? (HP CDPO-2014)

A. नालागढ़   B. नूरपुर
C. चम्बा   D. गुलेर

120. शाहजहाँ ने 1645 ईसवी में नूरपुर रियासत के किस नरेश को बलख के उजबेकों को नियंत्रित करने के लिए भेजा?

(HAS (Pre)-2012)

A. जगत सिंह   B. बसदेव (बासु)
C. राजरूप सिंह D. पृथ्वी सिंह

121. दाराशिकोह की पत्नी ने किस रियासत के राजा को अपने बेटे की तरह माना?

(HAS (Pre)-2014)

A. काँगड़ा   B. सिरमौर
C. नूरपुर   D. गुलेर

122. मुगल सम्राट अकबर ने जागीर के रूप में काँगड़ा किसे प्रदान किया था?

(HAS (Pre)-2011)

A. टोडरमल को B. बीरबल को
C. भगवानदास को D. मानसिंह को

123. काँगड़ा के शासक जयचन्द को किस मुगल बादशाह ने कैद कर लिया था?

(HP JBT-2014)

A. औरंगजेब   B. अकबर
C. जहाँगीर   D. शाहजहाँ

124. हिमाचल के किस राजा को औरंगजेब ने छत्रपति का खिताब दिया था?

(HP Stat. Asst. (Pre)-2012)

A. पहाड़ चंद   B. पदम सिंह
C. सुमेर चंद   D. केहरी सिंह

125. नागरकोट के किले के भीतर किस मुस्लिम शासक ने मस्जिद का निर्माण करवाया था? (HAS (Pre)-2004)

A. फिरोजशाह तुगलक
B. अकबर
C. जहाँगीर
D. औरंगजेब

126. मुगल साम्राज्य के विघटन के बाद किस शासक ने अपने राज्य का विस्तार किया?

(HAS (Pre)-2004)

A. राजा रूपचंद
B. राजा विधिचंद
C. राजा घमण्डचंद
D. महाराज रणजीत सिंह

127. मुगल साम्राज्य के पतन और पंजाब पर अफगानों की 1752 में पकड़ के बाद पहाड़ी रियासतों पर किसकी सर्वश्रेष्ठता (कब्जा) स्थापित हुई?

Lect. College (Pub. Adm.)-2009

A. जयसिंह कन्हैया
B. अहमदशाह दुर्रानी
C. अमरसिंह थापा
D. गुरु गोविंद सिंह

128. किस रियासत की समृद्धि और खुशहाली के लिये गुरुगोविंद सिंह ने अट्ठारह दिनों तक अखण्ड कीर्तन किया?

(HP Naib Tehsildar (Pre)-2013)

A. मण्डी   B. चम्बा
C. सुकेत   D. सिरमौर

129. दत्तारपुर रियासत किस वर्ष महाराजा रणजीत सिंह के अधीन आयी?

(HP Head Master-2012)

A. 1709 AD B. 1779 AD
C. 1799 AD D. 1809 AD

130. राजा संसार चंद ने काँगड़ा किला और 66 गाँवों को महाराजा रणजीत सिंह को क्यों सौंप दिया?

(HP Stat. Asst. (Pre)-2012)

A. ब्रिटिश से रक्षा की प्रत्याभूति के बदले में
B. गोरखाओं को हराने में समय पर मदद करने के बदले में
C. राजा के रूप में राज्याभिषेक पर उपहार के तौर पर
D. हिमाचल प्रदेश में गुरुद्वारा के भवन के चन्दे के रूप में

131. किसने राजा घमण्डचन्द को अपने साम्राज्य का आगे विस्तार करने से रोका?

(HAS (Pre)-2006)

A. अहमदशाह अब्दाली
B. जस्सा सिंह
C. अमरसिंह थापा
D. जयसिंह

132. निम्नलिखित में से किसने राजा संसारचंद और जयसिंह रामगढ़िया के बीच काँगड़ा के किले पर स्वामित्व के विवाद को सुलझाने के लिए मध्यस्थता की?

(HAS (Pre)-2006)

A. सैफअली खाँ
B. जीवन खाँ
C. महाराजा रणजीत सिंह
D. राजा बीरबल

133. सन् 1770 में किसने राजा घमण्डचंद को नजराना देने पर विवश कर दिया था? (HAS (Pre)-2007)

A. जस्सा सिंह

B. अमरसिंह थापा
C. अहमदशाह अब्दाली
D. जयसिंह

134. उन्नसवीं सदी के प्रारंभ में अनेक पहाड़ी रियासतों पर आक्रमण करने वाली गोरखा सेना का नेतृत्व किसने किया?

(HP CDPO-2014)

A. अमर सिंह थापा
B. महाराजा महेन्द्र
C. राणा जंग बहादुर
D. अर्जुनसिंह गोरखा

135. किस गोरखा कमाण्डर ने 1805 में काँगड़ा पर आक्रमण किया?

(HP Patwari (Pre)-2013)

A. अमरसिंह थापा B. राजबहादुर थापा
C. राम सिंह थापा D. उपरोक्त सभी

136. सन् 1815 की सगौली की संधि पर किन दो पक्षों ने हस्ताक्षर किए थे?

(HP PTI-2014)

A. गोरखा व बुशहर के राजा
B. अंग्रेज व महाराजा रणजीत सिंह
C. महाराजा रणजीत सिंह व राजा संसार चंद
D. गोरखा व अंग्रेज

137. महलमोरिया नामक ऐतिहासिक स्थल, जहाँ राजा संसारचन्द एवं गोरखों के बीच युद्ध हुआ था, कहाँ स्थित है?

(HP Clerk-2010)

A. चम्बा B. शिमला
C. काँगड़ा D. हमीरपुर

138. 'शिमला घोषणापत्र' के माध्यम से ब्रिटिश सरकार द्वारा क्या कदम उठाया गया?

(HP Naib Tehsildar (Pre)-2013)

A. अफगानिस्तान के विरुद्ध युद्ध की घोषणा

B. महाराजा रणजीत सिंह से सन्धि

C. शिमला में पहले (प्रथम) चर्च की स्थापना

D. कालका-शिमला रेलवे लाइन बिछाने की शुरुआत

139. काँगड़ा, कुल्लू एवं लाहौल-स्पीति .... ई. सन् में अंग्रेजों के अधीन हुए।

(HP PTI-2012)

A. 1850   B. 1860

C. 1846   D. 1854

140. नाल-देहरा की प्राकृतिक सुषमा से अभिभूत होकर एक ब्रिटिश वायसराय ने अपनी बेटी का नामकरण वहीं कर दिया था वह था :

(HP Naib Tehsildar (Pre)-2011)

A. लॉर्ड मिन्टो   B. लॉर्ड कर्जन

C. लॉर्ड एल्गिन   D. लॉर्ड डफरिन

141. 1815 में हस्ताक्षरित सगौली की संधि का क्या परिणाम हुआ?

(HAS (Pre)-2004)

A. जीते गए क्षेत्रों पर गोरखों ने अपना आधिपत्य और दृढ़ किया।

B. प्रभावशाली शक्ति के रूप में अंग्रेजों का उदय।

C. सिखों के प्रभुत्व का अन्त।

D. राजा संसारचंद का सम्राट बन जाना।

142. देशी राज्यों के अन्त के सिद्धांत की रचना किस गवर्नर जनरल ने की थी?

(HAS (Pre)-2004)

A. लॉर्ड कार्नवालिस

B. लॉर्ड हार्डिंग

C. लॉर्ड डलहौजी

D. लॉर्ड कैनिंग

143. सन् 1815 की सगौली की संधि पर किन दो पक्षों ने हस्ताक्षर किए थे?

(HAS (Pre)-2007)

A. सिख तथा गोरखा

B. सिख तथा अंग्रेज

C. गोरखा तथा अंग्रेज

D. अंग्रेज तथा हिमाचली देशी रियासतें

144. किस एकमात्र पहाड़ी शासक ने 1857 ई. की क्रांति के दौरान ब्रिटिश सरकार को सैन्य व वित्तीय सहायता नहीं दी?

(HP Naib Tehsildar (Pre)-2013)

A. कहलूर का शासक

B. बुशहर का शासक

C. सिरमौर का शासक

D. मण्डी का शासक

145. 1857 की महान क्रांति के दौरान बुशहर राज्य का शासक कौन था, जिसने ब्रिटिशरों के विरुद्ध क्रांति में हिस्सा लिया? *(HP Clerk-2012)*

A. राजा मोहिंदर पाल

B. राजा उगेर सिंह

C. राजा शमशेर सिंह

D. राजा राम सिंह

146. 1857 में अंग्रेजों के विरुद्ध उठ खड़े होने के लिए जनता को प्रेरित करने वाले जननायक प्रताप सिंह की शहादत कहाँ हुई थी?

(Naib Tehsildar (Pre)-2008)

A. धर्मशाला   B. शिमला

C. जोगिन्दरनगर   D. सिरमौर

147. निम्नलिखित राजसी मुखियाओं में से कौन 1857 ई. में अंग्रेजों के साथ रहा?

(HAS (Pre)-2009)

A. राजा मोहनचंद   B. गोवर्धन सिंह

C. रामसिंह   D. फतेह प्रकाश

148. धामी त्रासदी के आन्दोलनकर्ताओं का नेता कौन था? (HP ETI-2012)

A. दुर्गा चंद
B. शिवानंद रामौल
C. वाई.एस. परमार
D. भागमल सौठा

149. हिमालय रियासती प्रजामंडल की स्थापना 1939 में शिमला में की गई थी। इस मंडल का पहला अध्यक्ष कौन था? (HP Clerk-2014)

A. भागमल सौठा
B. डॉ. वाई. एस. परमार
C. हिरदा राम
D. पद्म देव

150. धामी रियासत में 'प्रेम-प्रचारिणी सभा' की स्थापना कब हुई थी? (HP LT TET-2014) (HP Tehsil Welfare Officer-2009)

A. 1942　　　B. 1946
C. 1944　　　D. 1947

151. ''भाई दो न पाई'' किसका नारा था? (Lect. College (Zoology)-2009)

A. प्रजामंडल का
B. आजाद हिंद कार्यकर्ता
C. पहाड़ी रियासती संघ
D. काँगड़ा के क्रांतिकारी

152. सन् 1939 में जब पुलिस ने धामी रियासत में भीड़ पर गोली चलाई तो उस समय ''ऑल इंडिया स्टेट्स पीपुल्स कान्फ्रेंस'' के अध्यक्ष कौन थे? (HAS (Pre)-2004)

A. यशवंत सिंह परमार
B. जवाहरलाल नेहरू
C. सरदार वल्लभभाई पटेल
D. सरदार बलदेव सिंह

153. हिमालयन स्टेट्स रीजनल काउन्सिल का गठन किस वर्ष हुआ था? (HAS (Pre)-2004)

A. 1942 में　　　B. 1947 में
C. 1946 में　　　D. 1956 में

154. रियासतों के शासकों की नरेन्द्र मण्डल नामक परामर्शीय संस्था किस वर्ष अस्तित्व में आई? (HAS (Pre)-2014)

A. 1911　　　B. 1921
C. 1931　　　D. 1941

155. डॉ. यशवंत सिंह परमार ने फरवरी 1948 में सुकेत सत्याग्रह क्यों प्रारंभ किया? (HP CDPO-2014)

A. सुकेत की प्रजा रियासत के जन-विरोधी शासक के फलस्वरूप बहुत बेचैन थी।
B. राजा लक्ष्मण सेन ने भारतीय संघ में विलय पत्र पर हस्ताक्षर नहीं किये थे।
C. सुकेत प्रजामंडल संवैधानिक सुधारों के लिये आंदोलन कर रहा था।
D. सुकेत का शासक दूसरे राजाओं को भारत संघ से विरत रहने के लिये उकसा रहा था।

156. 1929 में किसके समर्थन एवं उत्साहवर्धन से सुकेत के लोगों ने रियासत के विरुद्ध विद्रोह कर 'बेगार' करने से मना किया? (HP Naib Tehsildar (Main)-2011)

A. भारतीय राष्ट्रीय कांग्रेस
B. ऑल इंडिया स्टेट पीपुल्स कॉफ्रेन्स
C. गदर पार्टी के क्रांतिकारियों
D. भारतीय किसान सभा

157. 1914-15 में हुआ मंडी षड्यंत्र मुख्यतया किससे प्रभावित था? (HP Clerk-2014)

A. पझौता आंदोलन
B. भट्टीयाट आंदोलन
C. 'भाई दो, ना पाई' आंदोलन
D. गदर पार्टी

158. शिमला से भारत छोड़ो आन्दोलन का संचालन किसने किया था?
(HP LT TET-2014)

A. सोमनाथ
B. चौधरी शमशेर सिंह
C. राजकुमारी अमृत कौर
D. बाबा कांशीराम

159. बकलोह नामक सैनिक छावनी स्थित है— (HP Election Kanoongo-2013)

A. शिमला में   B. पालमपुर में
C. चम्बा में   D. कुल्लू में

160. चम्बा राज्य (रियासत) का संस्थापक कौन था? (HP TET (Med)-2012),
(HP Female Health Worker-2012),
(HP JBT (TET)-2013),
(HP Stat. Asst. (Pre)-2012

A. साहिल वर्मन   B. आदित्य वर्मन
C. विजय वर्मन   D. मारू वर्मन

161. चम्बा के किस राजा ने औरंगजैब के उस आदेश को ठुकरा दिया था जिसमें उसे अपने राज्य में स्थित हिन्दू मंदिरों को ध्वस्त करने को कहा गया था?
(HAS (Pre)-2011)

A. जगत सिंह   B. उदय सिंह
C. चतर सिंह   D. पृथ्वी सिंह

162. चम्बा शहर में प्रथम जल-विद्युत उत्पादन केन्द्र किस वर्ष में प्रारंभ हुआ?
(HP CDPO-2014),
(HP Naib Tehsildar (Pre)-2008)

A. 1901 ई.   B. 1906 ई.
C. 1910 ई.   D. 1920 ई.

163. कीर और तुरुष्कों के दलों को हिमाचल प्रदेश से खदेड़ने का श्रेय किसे दिया जाता है? (HP CDPO-2014)

A. साहिलवर्मन   B. मेरूवर्मन
C. अजयसेन   D. सुशर्मा

164. शिला पर उत्कीर्ण एक राजाज्ञा से ज्ञात होता है कि त्रिगर्त क्षेत्र में बौद्ध भिक्षुओं के लिए एक विहार का निर्माण कृष्णयश द्वारा करवाया गया था। शिला पर उत्कीर्ण वह राजाज्ञा पायी गयी है—
(HP CDPO-2014)

A. धर्मशाला में   B. डलहौजी में
C. खजियार में   D. मेकलियाडगंज

165. 'चकली' किस रियासत का प्रसिद्ध सिक्का था? (HP Election Kanoongo-2013)

A. चम्बा   B. काँगड़ा
C. सिरमौर   D. कुल्लू

166. किस मुद्दे पर राजा अनिरुद्धचंद ने महाराजा रणजीत सिंह के समक्ष झुकने की बजाय राजगद्दी का परित्याग करने की ठान ली थी?
(HP Naib Tehsildar (Pre)-2013)

A. काँगड़ा दुर्ग का समर्पण
B. नजराने के रूप में भारी धनराशि चुकाना
C. मियां ध्यानचंद के परिवार में अपनी बहन का विवाह करना
D. सन्धि की अत्यन्त कठोर शर्तें मानना

167. काँगड़ा जिले का घोरान नामक स्थान किसलिए प्रसिद्ध है? (HP CDPO-2014)

A. अपने नैसर्गिक सौन्दर्य के लिए
B. सुविस्तृत चरागाहों के लिए
C. वहाँ लोग जादू से रोगमुक्त होने के लिए एकत्र होते हैं

D. वहाँ औषधीय गुणों वाले गर्म पानी के झरने हैं

168. काँगड़ा को गोरखों के चंगुल से मुक्त कराने के लिए राजा संसारचंद को बाहरी सहायता लेनी पड़ी थी। यह सहायता प्राप्त हुई थी– *(HP CDPO-2014)*
A. जनरल जोरावर सिंह से
B. राजा गुलाबसिंह से
C. महाराजा रणजीत सिंह से
D. जनरल हरिसिंह नलवा से

169. निम्नलिखित में से कौन-सा जिला प्राचीन काल में त्रिगर्त क्षेत्र का हिस्सा नहीं था– *(HP CDPO-2014)*
A. चम्बा   B. कुल्लू
C. काँगड़ा   D. ऊना

170. प्राचीनकाल में नागरकोट के किले का निर्माण किसने कराया था? *(HP Clerk-2013)*
A. अशोक   B. सुशर्मा
C. घमंडचन्द   D. भीम

171. गुलेर का वह शासक जिसे शाहजहाँ ने 'शेर अफगान' का नाम दिया? *(HP Clerk-2013)*
A. तेज सिंह   B. विक्रम सिंह
C. राज सिंह   D. मान सिंह

172. काँगड़ा के उस राजा का नाम बताइए जिसने अकबर के खिलाफ पहाड़ी रियासतों को एकजुट करके विद्रोह का बिगुल फूँका? *(HP Clerk-2013)*
A. संसारचंद   B. धर्मचन्द
C. विधि चन्द   D. माणिक्य चन्द

173. 1809 ई. में ज्वालामुखी की संधि निम्न में से किसके बीच हुई? *(HP Clerk-2013)*

A. गोरखों व सिक्खों
B. सिक्खों व अंग्रेजों
C. संसारचन्द व रणजीत सिंह
D. रणजीत सिंह व अंग्रेजों के बीच

174. नूरपुर का पुराना नाम क्या था? *(HP PTI-2012)* *(Lect. College (Pub. Adm.)-2009)*
A. धमेरी   B. धर्मशाला
C. नूरमहल   D. नूरजहाँ

175. धामिन नाम से प्रसिद्ध पहाड़ी रियासत का नया नाम क्या है? *(HAS (Pre)-2009)* *(Lect. College (Physics)-2005)*
A. नूरपुर   B. नागरकोट
C. धर्मशाला   D. धामी

176. 'त्रिगर्त' किस स्थान का प्राचीन नाम था? *(HP Drawing Master-2011)*
A. बिलासपुर   B. मण्डी
C. काँगड़ा   D. मनाली

177. हिमाचल प्रदेश में कटोच राजपूत वंश का संस्थापक कौन था? *(HP Stat. Asst. (Pre)-2012)*
A. सुशर्मा   B. वीरचंद
C. संसारचंद   D. मौर

178. निम्नलिखित में से कौन-सा हिमाचल प्रदेश का सबसे प्राचीन प्रांतीय राज्य है? *(HP Allied Services-2010)*
A. कुल्लूत   B. हिन्दूर
C. त्रिगर्त   D. माण्डू

179. चिन्मया तपोवन आश्रम किस जिले में स्थित है? *(HP Clerk-2010)*
A. हमीरपुर   B. कुल्लू
C. मण्डी   D. काँगड़ा

180. केंगूर और तेनग्यूर किस समुदाय के धर्मग्रंथ हैं? *(HP CDPO-2014)*

A. खाम्पा B. स्वांगली
C. लाहुली D. किन्नौरी

181. स्पीति में सेन वंश के शासन का अवसान कैसे हुआ? (HP CDPO-2014)

A. तिब्बती लोगों ने लाहौल स्पीति पर आक्रमण कर दिया था और इस अभियान में कुल्लू के राजा ने सहायता दी

B. स्पीति की कठोर जलवायु ने उन्हें यह स्थान छोड़ने हेतु विवश कर दिया था

C. जनता विद्रोह में उठ खड़ी हुई

D. अंतिम राजा के पुत्र नहीं था

182. 8वीं शताब्दी में लाहौल-स्पीति में किसने बौद्ध धर्म प्रारंभ किया?
(HP Clerk-2012),
(HP Non Med (TET)-2013)

A. बहादुर सिंह

B. पद्मसंभव

C. राजा समुद्रसेन

D. इनमें से कोई नहीं

183. ईसाई मिशनरियों को लाहुल में सफलता नहीं मिल सकी, क्योंकि
(HP Naib Tehsildar (Pre)-2011)

A. बंजर दुर्गम क्षेत्र होने के कारण वहाँ पहुँचना कठिन था।

B. लाहुली बौद्ध धर्म के अनुयायी हैं जो धर्मोत्साहयुक्त हैं।

C. लाहुली बाहरी लोगों से विमुख रहते हुए अपने पारम्परिक जीवन से घनिष्ठ रूप से जुड़े हुए हैं।

D. उन्हें अपने पूर्वजों के धर्म पर गर्व है, फलतः इस मामले में कोई उन्हें प्रभावित नहीं कर सकता।

184. केलांग सुंदरी इनमें से किसका अभिधान है? (Naib Tehsildar (Pre)-2008)

A. सब्जी

B. प्रपात (झरना)

C. शिल्प

D. शैल शृंग (पर्वत की चोटी)

185. मुखिया, वजीर और माहर नामक कनैतों की उपजातियाँ किस क्षेत्र में आबाद हैं?
(HP Naib Tehsildar (Pre)-2013)

A. सिरमौर B. शिमला
C. किन्नौर D. लाहौल

186. शिमला जिले में हर्बल गार्डन कहाँ है?
(HAS (Pre)-2013)

A. डुमरेखा B. झड़ग
C. पुड़ग D. सैंज

187. प्राचीन समय में रामपुर बुशहर राज्य की राजधानी क्या थी? (HP Clerk-2013)

A. आनी B. रिब्बा
C. कामरू D. कुमारसेन

188. किस वर्ष पंजाब सरकार की राजधानी को शिमला से चंडीगढ़ स्थानांतरित किया गया? (HP Clerk-2013)

A. 1946 B. 1956
C. 1966 D. 1976

189. शिमला का 'गेयटी थियेटर' आम जनता को कब समर्पित किया गया?

A. 1887 B. 1889
C. 1892 D. 1899

190. शिमला में 'बेगार प्रथा' के विरूद्ध आंदोलन किस व्यक्ति ने छेड़ा?
(HP TET (Med)-2013)

A. भागमल सौंठा

B. सेम्युअल स्टोक्स

C. डॉ. वाई. एस. परमार
D. भुलाभाई देसाई

191. निम्नांकित में से कौन-सा भवन 1948 ई. में महात्मा गांधी की हत्या के मुकदमे से संबद्ध है? (HP Clerk-2014)
A. केनेडी हाउस   B. बर्नेस कोर्ट
C. पीटरहॉफ   D. मजीठिया हाउस

192. भारतीय राष्ट्रीय कांग्रेस का संस्थापक ए.ओ. ह्यूम शिमला में किस भवन में रहता था? (HP Stat. Asst. (Pre)-2012), (HP Clerk-2014)
A. रोथनी कैसल   B. बर्ने कोर्ट
C. पिटरहॉफ   D. गोर्टन दुर्ग

193. शिमला का पहला बैंक कौन-सा था? (HP Allied Services-2010)
A. अमेरिकन बैंक
B. एलाएन्स बैंक ऑफ शिमला
C. ब्रिटिश बैंक
D. इनमें से कोई नहीं

194. शिमला किस वर्ष हिमाचल प्रदेश की राजधानी बनी? (HAS (Pre)-2006)
A. 1960 में   B. 1970 में
C. 1966 में   D. 1980 में

195. शिमला (1942-45AD) तक किसका निर्वासित मुख्यालय था? (Lect. College (Pub. Adm.)-2009)
A. तिब्बत   B. अफगानिस्तान
C. म्यांमार   D. मालदीव

196. हिमाचल प्रदेश की किस देशी रियासत ने 17वीं शताब्दी में की गई एक संधि के द्वारा तिब्बत के क्षेत्र को उसकी वर्तमान सीमा तक पीछे कर दिया था? (HAS (Pre)-2006)
A. नालागढ़   B. सुकेत
C. बुशहर   D. चम्बा

197. 'ठियोग' पहाड़ी रियासत के संस्थापक कौन थे? (Lect. College (Zoology)-2009)
A. रामचन्द
B. वीरचंद
C. गिरिसेन
D. जयचंद/जैसचंद

198. बुशहर रियासत का अंतिम शासक कौन था? (HAS (Pre)-2008)
A. संसारचंद   B. देवेन्द्र सिंह
C. ईश्वर सेन   D. पद्‌मसिंह

राजव्यवस्था

199. 1934 ई. में पंचायती राज अधिनियम पारित करने वाली पहली रियासत थी– (HP Clerk-2015)
A. चम्बा   B. कांगड़ा
C. मण्डी   D. बिलासपुर

200. प्रशासनिक अधिकरण के प्रथम अध्यक्ष कौन थे? (Clerk Exam-Nov. 2009)
A. न्यायमूर्ति वी.पी. भटनागर

B. न्यायमूर्ति वी.के. मल्होत्रा
C. न्यायमूर्ति लीला सेठ
D. न्यायमूर्ति हीरा सिंह ठाकुर

201. हिमाचल प्रदेश लोक सेवा आयोग का प्रथम अध्यक्ष कौन था? (HAS (Pre)-2008), (Lect. College (Zoology)-2009)
A. टी.वी. आर. तत्ताचारी

B. दिग्विजय चंद

C. ले. जन. के.एस. कटोच

D. बी.सी. पाण्डेय

202. 1971 में हिमाचल प्रदेश उच्च न्यायालय के प्रथम मुख्य न्यायाधीश कौन बने।
(HP ETI-2012, 2013),
(HP Clerk-2010, 2014)

A. न्यायमूर्ति ए.एन. राय

B. न्यायमूर्ति सी.बी. कपूर

C. न्यायमूर्ति फातिमा बीबी

D. न्यायमूर्ति हमीदुल्लाह बेग

203. हिमाचल प्रदेश लोक सेवा आयोग की स्थापना किस वर्ष की गई थी?
(HP Drawing Master-2011)

A. 1970   B. 1975

C. 1972   D. 1971

204. हिमाचल प्रदेश में पहली बार गैर-कांग्रेसी सरकार कब बनी?   (HAS (Pre)-2005)

A. 1971 में   B. 1974 में

C. 1977 में   D. 1981 में

205. हिमाचल प्रदेश में निम्न में से किस स्थान पर 'आवासीय आयुक्त' प्रशासनिक इकाई है?   (HP ETI-2013)

A. बड़ा भंगाल   B. डोडरा क्वार

C. पांगी   D. केलांग

206. श्री नैना देवी जी किस जिले की तहसील है?   (HPU Clerk-2014

A. बिलासपुर

B. ऊना

C. शिमला

D. इनमें से कोई नहीं

207. इनमें से कौन-सी काँगड़ा जिले की तहसील नहीं है?   (Naib Tehsildar (Pre)-2008)

A. ज्वाली   B. परागपुर

C. बरोह   D. जयसिंहपुर

208. निम्नलिखित में से 1951 में कौन-सा हिमाचल प्रदेश का जिला नहीं था?
(HAS (Pre)-2005)

A. मण्डी   B. चम्बा

C. शिमला   D. सिरमौर

209. भोरंज किस जिले की तहसील है?
(HAS (Pre)-2008)

A. हमीरपुर   B. मण्डी

C. ऊना   D. काँगड़ा

210. 'कंडाघाट' और 'नालागढ़' पंजाब से हिमाचल प्रदेश में कब स्थानांतरित किए गए?   (HP Clerk-2012)

A. ई. सन् 1950   B. ई. सन् 1966

C. ई. सन् 1954   D. ई. सन् 1956

211. 1953 में न्यायमूर्ति फाजिल अली की अध्यक्षता में राज्य पुनर्गठन आयोग बना जिसने 1955 में बहुमत से सिफारिश की कि हिमाचल
(HP Election Kanoongo-2013)

A. को राज्य का दर्जा दिया जाना चाहिए।

B. को केन्द्र शासित प्रदेश बने रहने दिया जाना चाहिए।

C. को पंजाब में विलय होना चाहिए।

D. में यथास्थिति बनाए रखी जानी चाहिए।

212. किस वर्ष हिमाचल प्रदेश 'भाग-ग' राज्य बना?   (HP Election Kanoongo-2013)
(HP PGT (ECO)-2010)

A. 1648   B. 1951

C. 1952   D. 1954

213. भारत की संसद ने हिमाचल प्रदेश राज्य अधिनियम पास किया।

       (HP Election Kanoogo-2013)

A. 1 नवंबर, 1966 को

B. 18 दिसंबर, 1970 को

C. 26 नवंबर, 1969 को

D. 15 अप्रैल, 1954 को

214. हिमाचल प्रदेश को पूर्ण राज्य का दर्जा कब मिला?   (HP TET (Med)-2013),

     (HP JBT-2012), (HP Clerk-2010)

A. 15 अप्रैल, 1948

B. 25 जनवरी, 1971

C. 1 नवंबर, 1966

D. 15 अप्रैल, 1971

215. निम्नलिखित में से कौन 12 ठकुराई में शामिल नहीं हैं?

     (HP Naib Tehsildar (Main)-2013)

A. बघाट   B. महलोग

C. कोटी   D. कहलूर

216. पंजाब के पहाड़ी क्षेत्रों को हिमाचल में मिलाने की माँग वाली कमेटी की अध्यक्षता किसने की?

     (HP Naib Tehsildar-2013)

A. हुकुम सिंह

B. फज़ल अली

C. अशोक सेन

D. लाल बहादुर शास्त्री

217. शिमला हिल स्टेट्स के शासकों और प्रजामण्डल के प्रतिनिधियों की जनवरी 1948 में सोलन में हुई बैठक का अध्यक्ष कौन था?   (HAS (Pre)-2011)

A. हीरा सिंह पाल

B. भास्करा नन्द

C. सत्यदेव बुशहरी

D. दुर्गा सिंह

218. एक केन्द्रशासित प्रदेश के रूप में हिमाचल प्रदेश का दर्जा कब समाप्त हुआ?

     (HP CDPO-2014)

A. 26 जनवरी, 1970

B. 25 जनवरी, 1971

C. 11 अगस्त, 1972

D. 2 अक्टूबर, 1974

219. 1948 में जब हिमाचल प्रदेश बना तो उसमें शामिल होने वाली सबसे छोटी रियासत/ठकुराई कौन-सी थी (क्षेत्रफल के आधार पर)?   (HAS (Pre)-2012)

A. रतेश   B. कुठार

C. दरकोटी   D. रावीनगढ़

220. .... की अध्यक्षता में 26 जनवरी, 1948 को अन्तरिम सरकार संघटित की गयी थी।   (HP ETI-2012)

A. डॉ. वाई. एस. परमार

B. श्री भागमल सौंठा

C. श्री दुर्गाचंद

D. श्री शिवानंद रमौल

221. चण्डीगढ़ रथानांतरित किए जाने के पूर्व पंजाब का हाई कोर्ट था–

     (HP JOA-2016)

A. पीटरहॉफ   B. रोथनी कैसल

C. केनेडी हाउस   D. जतोग कैन्ट

222. किसने 1948 ई में सुकेत सत्याग्रह का नेतृत्व किया था?   (HP Clerk-2014)

A. भागमल सौंठा

B. पंडित पदम देव

C. सूरत सिंह वैद्य

D. शिवानंद रामौल

223. पंजाब हिल क्षेत्र का हिमाचल प्रदेश में कब विलय हुआ था? (HP JBT-2012)
A. 1 नवम्बर, 1966
B. 15 अप्रैल, 1966
C. 1 नवम्बर, 1971
D. 15 अप्रैल, 1971

224. हिमाचल प्रदेश कब विशाल हिमाचल बना?
(HP Drawing Master 2011)
A. 25 जनवरी, 1971
B. 15 अप्रैल, 1948
C. 1 नवम्बर, 1966
D. 15 अप्रैल, 1949

225. 1948 में मुख्य आयुक्त प्रांत (Chief Commissioner Province) हिमाचल प्रदेश में कितने जिले थे? (HP PTI-2014),
(HP Tehsil Welfare Officer-2007)
A. चार
B. छह
C. सात
D. आठ

226. 1956 में राज्य पुनर्गठन आयोग ने किसकी अनुशंसा की थी?
(HP Stat. Asst. (Pre)-2012)
A. हिमाचल का हरियाणा के साथ विलय
B. हिमाचल का पंजाब के साथ विलय
C. स्वतंत्र राज्य
D. इनमें से कोई नहीं

227. बिलासपुर राज्य हिमाचल प्रदेश में कब मिला? (HP Clerk-2010)
A. 15 अगस्त, 1947
B. 1 जुलाई, 1954
C. 1 नवम्बर, 1966
D. 25 जनवरी, 1971

228. 15 अप्रैल, 1948 को हिमाचल प्रदेश में कितनी रियासतों का विलय किया गया था? (HP Clerk-2010)

A. 20
B. 24
C. 30
D. 36

229. मार्च, 1951 से फरवरी, 1952 तक हि.प्र. का चीफ कमिश्नर (अंतिम) कौन था?
(HAS (Pre)-2006)
A. एन. सी. मेहता
B. भगवान सहाय
C. ई. पेन्डरल मून
D. इनमें से कोई नहीं

230. 1948 में हिमाचल प्रदेश के गठन के समय कौन-सी पंजाबी पहाड़ी रियासत का विलय हिमाचल प्रदेश में नहीं किया गया था? (Naib Tehsildar (Main)-2008)
A. बुशहर
B. नालागढ़
C. सिरमौर
D. जुब्बल

231. 30 रियासतों को मिलाकर मुख्य आयुक्त प्रांत हिमाचल प्रदेश के 1948 में गठन के समय इनमें से कौन-सी रियासत शामिल नहीं थी?
(Tehsil Welfare Officer-2007)
A. चम्बा
B. काँगड़ा
C. मण्डी
D. धामी

232. राज्य पुनर्गठन आयोग की रिपोर्ट का हिमाचल प्रदेश की स्थिति पर क्या प्रभाव पड़ा? (HAS (Pre)-2004)
A. उसका पंजाब में विलय हो गया।
B. वह पूर्ण राज्य बन गया।
C. वह केन्द्रशासित प्रदेश बन गया।
D. वह भाग 'स' राज्य बना रहा।

233. जब 1966 में पंजाब राज्य के पुनर्गठन का मामला पुनः खुल गया तो विभिन्न राज्यों के आकार में क्या परिवर्तन आया?
(HAS (Pre)-2004)
A. एक नया पेप्सू राज्य बना।

B. पंजाब के पहाड़ी क्षेत्रों का हिमाचल प्रदेश में विलय हुआ।

C. पंजाब से निकालकर हरियाणा राज्य बनाया गया।

D. हिमाचल प्रदेश विधानसभा को पुनर्जीवित किया गया।

234. हिमाचल प्रदेश पहली बार केन्द्रशासित टेरीटोरी (प्रदेश) कब बना?
(HAS (Pre)-2005)

A. 24 मई, 1952

B. 15 अप्रैल, 1948

C. 25 जनवरी, 1971

D. इनमें से कोई नहीं

235. सन् 1956 में राज्यों के पुनर्गठन के पश्चात् हिमाचल प्रदेश के दर्जे में क्या परिवर्तन हुआ? *(HAS (Pre)-2007)*

A. मुख्य आयुक्त प्रांत बना

B. भाग 'सी' राज्य बना

C. संघशासित भू-भाग बन गया

D. पूर्ण राज्य का दर्जा मिला

236. 1 मार्च, 1952 को हिमाचल प्रदेश का पहला लेफ्टीनेंट गवर्नर (उपराज्यपाल) कौन बना? *(HP Election Kanoongo-2013),*
(HAS (Pre)-2005)

A. मे. जनरल (से. नि.) हिम्मत सिंह

B. भगवान सहाय

C. हिदायतुल्लाह

D. एम. एस. मुखर्जी

237. निम्नांकित में से कौन कभी भी हिमाचल प्रदेश के राज्यपाल नहीं रहे?
(HP Clerk-2014)

A. एस. चक्रवर्ती

B. आर. के. एस. गांधी

C. हमीदुल्लाह बेग

D. विष्णु सदाशिव कोकजे

238. हिमाचल प्रदेश विधानसभा के प्रथम अध्यक्ष कौन थे?
(HP Allied Services-2010),
(HP JBT-2010), (HP Clerk-2010)

A. करम सिंह

B. जयवंत राम

C. कौल सिंह

D. गंगूराम मुसाफिर

239. हिमाचल प्रदेश में पहली विधानसभा किस वर्ष गठित हुई?
(HP PTI-2014), (HAS (Pre)-2007)

A. 1948   B. 1952

C. 1966   D. 1971

240. हिमाचल प्रदेश विधानसभा की प्रथम महिला स्पीकर (अध्यक्ष) कौन थी?
(HP Clerk-2009)

A. लीला देवी   B. चन्द्रेश कुमारी

C. सत्यवती   D. विद्या स्टोक्स

241. निम्नलिखित में से कौन प्रथम लोकसभा के लिए निर्विरोध चुना गया?
(HAS (Pre)-2012)

A. डॉ. वाई. एस. परमार

B. आनन्द चन्द

C. पंडित पद्म देव

D. जोगिन्दर सेन

242. हिमाचल प्रदेश से राज्यसभा के कितने सदस्य हें?
(HP PTI-2014), (HP Drawing Master-2014)
(HP PGT (Commerce)-2010)

A. 2   B. 3

C. 4   D. 5

243. संसद के लिए हिमाचल प्रदेश से कितने सदस्य चुने जाते हैं?
(HP Election Kanoongo-2010)

A. 3   B. 4

C. 6   D. 7

244. उपमण्डल राजगढ़ किस जिले में स्थित है? (HP Clerk Exam-2015)
   A. सोलन   B. शिमला
   C. सिरमौर   D. बिलासपुर

245. हिमाचल प्रदेश के प्रथम राज्यसभा सदस्य कौन थे? (HAS (Pre)-2005)
   A. रानी अमृत कौर
   B. चिरंजी लाल वर्मा
   C. रोशन लाल
   D. कृष्ण लाल शर्मा

246. निम्नलिखित में से किसे मरणोपरांत परमवीर चक्र से सम्मानित किया गया है? (भारत में सर्वप्रथम)
(HP Election Kanoongo-2013),
(HP Clerk-2014)
   A. मेजर सोमनाथ शर्मा
   B. टी. एस. नेगी
   C. बना सिंह
   D. विक्रम बतरा

247. हिमाचल प्रदेश के किस व्यक्ति को पहला 'विक्टोरिया क्रॉस' प्राप्त हुआ था?
(HP TET (Art)-2013)
   A. भंडारी राम
   B. जमादार लालराम
   C. नायक किरपा राम
   D. गगन सिंह

248. 1986 में हिन्दी साहित्य के लिये प्रथम चंद्रधर शर्मा गुलेरी पुरस्कार किसे प्रदान किया गया था? (HAS (Pre)-2008)
   A. सांगा पाण्डेय
   B. राजेश अग्रवाल
   C. श्री केशव
   D. विकास गुप्ता

249. 'संजय कुमार', जिन्हें कारगिल युद्ध के समय परमवीर चक्र प्रदान किया गया था, किस जिले से संबंधित हैं?
(Clerk Exam-April, 2010)
   A. काँगड़ा   B. बिलासपुर
   C. हमीरपुर   D. मण्डी

250. निम्नलिखित में से कहाँ पर कैंटोनमेंट बोर्ड नहीं है?
(Treasury Officer (Main)-2006)
   A. योल   B. सोलन
   C. जतोग   D. डलहौजी

कला एवं संस्कृति

251. किस मेले में नाई द्वारा गाँव वालों को शीशा दिखाने की प्रथा प्रचलित है?
(HP ARO-2015)
   A. सायर   B. फुलेच
   C. चेरवाल   D. मोची

252. 'टाँकरी' क्या है?
(HP Election Kanoongo-2013)
   A. बुनाई का तरीका
   B. विवाह रीति
   C. एक सिक्का
   D. एक प्रकार की लिपि

253. हिमाचल प्रदेश की राजभाषा–
(HPU Clerk-2014)
   A. हिन्दी   B. नेपाली
   C. संथाली   D. बोडो

254. पहाड़ी भाषा किस लिपि में लिखी जाती थी? (HP Naib Tehsildar (Main)-2013)

A. ब्राह्मी   B. खरोष्ठी
C. गुरूमुखी   D. टाँकरी

255. 'भगाटी' बोली किससे संबद्ध है?
(HP Clerk-2014)

A. बिलासपुर   B. ऊना
C. सोलन   D. किन्नौर

256. हिमाचल प्रदेश में 32 विभिन्न बोलियाँ बोली जाती हैं। उनमें से कितनी भारतीय आर्य परिवार की हैं?
(HP Naib Tehsildar (Pre)-2011)

A. 16   B. 21
C. 15   D. 19

257. बिलासपुर जिले की बोली कौन-सी है?
(Clerk Exam-Nov.-2009),
(Labour Inspector-2010)

A. बघाटी   B. महासूबी
C. काँगड़ी   D. कहलूरी

258. कांग्यूर और तांग्यूर बौद्ध मतों से सम्बद्ध साहित्य को कारदंग बौद्ध मठ में सुरक्षित रखा गया है। यह किस स्थानीय बोली में लिखे गए हैं? (HAS (Pre)-2008)

A. काबी   B. भोटी
C. दामी   D. मनचल

259. 'भेंट और बिहागड़ा' लोकगीत किस श्रेणी के हैं? (HP Naib Tehsildar (Pre)-2013)

A. धार्मिक गीत   B. चरवाहा गीत
C. विवाह गीत   D. दुग्धबाला गीत

260. हिमाचल प्रदेश के किस जिले में राज्य का प्रथम संगीत स्टूडियो 'साउण्ड ऑफ माउण्टेन्स' के नाम से 1986 ई. में स्थापित हुआ है?
(HP Naib Tehsildar (Pre)-2013)

A. मण्डी   B. काँगड़ा
C. शिमला   D. हमीरपुर

261. किन्नौरी लोकगीत 'टिप्सी बाण्ठणी' की विषयवस्तु है–
(HP Naib Tehsildar (Pre)-2013)

A. किन्नौर किशोरी का सौन्दर्य
B. सुन्दरी किन्नौरी बाला को ईर्ष्यादग्ध ऊषा देवी द्वारा दिया गया शाप
C. नवपरिणीत युगल का स्वागत
D. पावस ऋतु का आगमन

262. 'सिंह' नृत्य नाटिका हिमाचल प्रदेश के किस क्षेत्र से सम्बन्धित है?
(HAS (Pre)-2013)

A. कुल्लू-मनाली   B. पांगी-भरमौर
C. नूरपुर-काँगड़ा   D. रोहड़ू-जुब्बल

263. 'झांझर' किस जिले का प्रसिद्ध नृत्य है?
(HP Femal Health Worker-2012)
(HP Clerk-2014)

A. चम्बा   B. मंडी
C. कुल्लू   D. काँगड़ा

264. ''उजगजामा'' किस जिले का पारंपरिक लोकनृत्य है? (HP TET (Non-med)-2012)

A. किन्नौर   B. सिरमौर
C. कुल्लू   D. लाहौल स्पीति

265. हिमाचल प्रदेश का प्रसिद्ध 'छोहारा नृत्य' किस क्षेत्र से सम्बन्धित है?
(HP LT TET-2014)

A. बिलासपुर   B. काँगड़ा
C. ऊना   D. महासू

266. कुंजू-चंचलो (Kunjoo-Chanchalo) का संबंध किस जिला से था?
(HP Drawing Master-2014)

A. काँगड़ा   B. लाहौल
C. शिमला   D. चंबा

267. 'मोहणा' किस जिले का लोकगीत है–
(HP TET (Art)-2016)
A. मण्डी   B. चम्बा
C. बिलासपुर   D. सिरमौर

268. क्यांग क्या है?
(Treasury Officer (Main)-2006)
A. नृत्य
B. मेला
C. लाहौल की जनजाति
D. तिब्बती यॉक

269. 'झांकी' और 'हांतर' कहाँ के लोकनृत्य हैं? (Tehsil Welfare Officer-2007)
A. हमीरपुर   B. मण्डी
C. चम्बा   D. कुल्लू

270. बुड़ाह किस जिले का प्रसिद्ध लोकनृत्य है? (PGT (History)-2010)
A. शिमला   B. सोलन
C. लाहौल स्पीति   D. सिरमौर

271. काँगड़ा क्षेत्र के चिरथ कौन हैं?
(HP Naib Tehsildar (Pre)-2013)
A. गड़रिये   B. बुनकर
C. कृषक   D. व्यापारी

272. सिरमौर का 'स्वांग तेगी' नृत्य किस त्योहार पर प्रस्तुत किया जाता है?
(HP JOA-2017)
A. शिवरात्रि
B. नवरात्र
C. दिवाली
D. इनमें से कोई नहीं

273. हिमाचल की जनजातियों में कौन-सी जनजाति सबसे प्रमुख है?
(HP Naib Tehsildar (Main)-2011)
A. गुज्जर   B. खम्पा
C. गद्दी   D. किन्नौरा

274. कालिदास ने अपनी पुस्तक 'कुमारसंभव' में किन वासियों का वर्णन किया है?
(Election Kanoongo-2010)
A. नागा   B. यक्ष
C. दस्यु   D. किन्नर

275. "लवाणा" किस क्षेत्र की एक व्यावसायिक उप-जाति है? (Clerk Exam-Nov. 2009)
A. सिरमौर   B. शिमला
C. सोलन   D. काँगड़ा

276. जीवनशैली की दृष्टि से हिमाचल प्रदेश में बसने वाले गद्दी किस जनसमूह के अन्तर्गत आते हैं? (Naib Tehsildar (Pre)-2008)
A. अर्द्ध-यायावर   B. अर्द्ध-पशुपालक
C. अर्द्ध-कृषक   D. उपर्युक्त सभी

277. मिंजर मेले (चम्बा) में प्रयुक्त मिंजर शब्द का अर्थ है– (HP TGT (Arts)-2016)
A. गेहूँ का फूल
B. स्थानीय प्रथा
C. कमल का फूल
D. मक्की का फूल

278. "किन्नर" का क्या अर्थ है?
(HAS (Pre)-2005),
(Lect. College (Physics)-2005)
A. सुन्दर लोग
B. देवता
C. अश्वमुख वाले लोग
D. कैलाश पर्वत पर रहने वाले लोग

279. काँगड़ा के ब्राह्मण समुदाय में प्रचलित 'सरादेणा' प्रथा से क्या अभिप्राय है?
(HP Naib Tehsildar (Pre)-2013)
A. विद्यारम्भ
B. हलवाहा को बेटी का नगरकोटिया परिवार में ब्याह
C. नगरकोटिया ब्राह्मण समुदाय की पंचायत की बैठक

D. होली के अवसर पर आयोजित महाभोज

280. भोजकी अभिधान से कौन जाने जाते हैं? (HP Naib Tehsildar (Pre)-2013

A. कटोच राजवंश के पारिवारिक पुजारी

B. ज्वालाजी एवं नैनादेवी मंदिरों के पुजारी

C. विवाह समारोह में कवितापाठी

D. ठाकुरों से भूमिदान प्राप्त ब्राह्मण

281. चूण्डावड और पगवण्ड प्रथाओं का सम्बन्ध है–
(HP Naib Tehsildar (Pre)-2013)

A. पैतृक सम्पत्ति के बँटवारे से

B. बेटी को दिए जाने वाले दहेज से

C. भरपूर फसल के लिए किये जाने वाले अनुष्ठानों से

D. ग्राम देवता को चढ़ायी जाने वाली भेंट से

282. लाहौल घाटी का प्रमुख पारम्परिक व्यंजन 'थुप्पा' विशेषकर किस समय बनाया जाता है?
(HP Naib Tehsildar (Pre)-2013)

A. शीतकाल में

B. वसन्त ऋतु में

C. ग्रीष्मकाल में

D. विवाह के अवसर पर

283. गद्दी समुदाय के लोग अपनी ग्रीवा (गर्दन) और कमर के चारों ओर नरवार (लाल रंग का रूमाल) क्यों लपेटते हैं?
(HP CDPO-2014)

A. अपनी सजगता के प्रतीक के रूप में

B. बुरी आत्माओं को भगाने के लिये

C. केइलांग के प्रति अपनी आस्था के संकेत के रूप में

D. लाल रंग वीरता का रंग है

284. लाहौल और किन्नौर में घेपन और लंगूरा देवता की नियमित रूप से पूजा क्यों होती है? (HP CDPO-2014)

A. भरपूर फसलों के लिये

B. पशुधन की रक्षार्थ

C. अनिष्ट के निवारण के लिये

D. समृद्धि एवं अच्छे स्वास्थ्य के लिये

285. 'रली पूजन' प्रथा का संबंध काँगड़ा में किससे है? (HP Headmaster-2012)

A. जन्म से   B. मृत्यु से

C. विवाह से   D. शुद्धीकरण से

286. खाशाओं में प्रचलित 'जेथांग' और 'कनीशांग' प्रथाएँ किस बात की सूचक हैं? (HP Naib Tehsildar (Pre)-2011)

A. वैवाहिक अनुष्ठान

B. संपत्ति का बँटवारा

C. विवाह के प्रकार

D. योद्धा वर्ग के अनुष्ठान

287. चोल, कोट, गाची, साश, पटकू और लन्छू किस क्षेत्र के लोगों का पहनावा है? (Clerk Exam-Nov.-2009)

A. लाहौल   B. कुल्लू

C. किन्नौरी   D. गद्दी

288. तभागस्टन, कुमाई भागस्टन और कोवांची क्या है?
(HP Naib Tehsildar (Main)-2011)

A. लाहौल में विवाह के प्रकार

B. विवाह रस्में

C. महिलाओं के आभूषण

D. भोजन

289. 20वीं शताब्दी की शुरुआत में किस रियासत में 'बतरवाल बेगार' प्रचलित था? *(HP Naib Tehsildar (Main)-2011)*
A. सिरमौर   B. बुशहर
C. सुकेत   D. मण्डी

290. 'चोला दोरू' सज्जीकरण किससे संबद्ध है? *(HP Clerk-2014)*
A. भोट   B. पंगवाला
C. गद्दी   D. जाड

291. 'झंजारा' व 'जानेतरंग' किसके प्रकार हैं? *(HP Clerk-2014)*
A. विवाह समारोह
B. जन्मदिन समारोह
C. मेला
D. किन्नौर जिले में प्रचलित जादू-टोना

292. किस समुदाय में तलाक को सहमति देने हेतु पत्नी के सिर पर एक सूखी लकड़ी रखकर उसे दो टुकड़ों में तोड़ने की सामाजिक प्रथा प्रचलित है?
(HP Naib Tehsildar (Pre)-2011)
A. पंगवाल ब्राह्मण   B. पंगवाल राजपूत
C. फारेरा   D. राइन

293. हिमाचल के किस क्षेत्र के जनजातीय लोगों में जरारफुकी विवाह प्रथा प्रचलित है? *(HP Naib Tehsildar (Pre)-2011)*
A. किन्नौर और लाहौल
B. शिमला और सिरमौर
C. काँगड़ा और चम्बा
D. मंडी व कुल्लू

294. मावी, जो कानेत समुदाय का पारंपरिक हिस्सा है, धींग के लिए विशेष रूप से जाना जाता है। धींग है—
(HP Naib Tehsildar (Pre)-2011)
A. एक नृत्य शैली   B. युद्ध कला
C. तीरन्दाजी   D. कुश्ती

295. किस मंदिर का कारदार (प्रबन्धक) ठाकुर और पुजारी लामा होता है?
(HP Naib Tehsildar (Pre)-2013)
A. त्रिलोकीनाथ मंदिर
B. शिकारी देवी मंदिर
C. नैना देवी मंदिर
D. हिडिम्बा देवी मंदिर

296. मनु का प्राचीनतम मंदिर कहाँ अवस्थित है? *(HP CDPO-2014)*
A. मनाली   B. मंडी
C. रिवालसर   D. रेणुकाजी

297. चम्बा में स्थित लक्ष्मीनारायण मन्दिर को किसने बनवाया? *(HAS (Pre)-2012)*
A. मेरू वर्मन   B. साहिल वर्मन
C. लक्ष्मी वर्मन   D. ललित वर्मन

298. हिमाचल प्रदेश के किस स्थान पर प्राचीन रॉक कट मन्दिर स्थित है?
(HP Clerk-2014)
A. मसरूर   B. निरमण्ड
C. कुल्लू   D. नूरपुर

299. "हिमाचल प्रदेश का प्रसिद्ध सूर्य मंदिर" कहाँ स्थित है? *(HP Head Master-2012)*
A. निरथ   B. मण्डी
C. बिलासपुर   D. सुजानपुर

300. "भीमाकाली" मंदिर स्थित है :
(HP ETI-2012)
A. काँगड़ा   B. मनाली
C. सराहन   D. मंडी

301. सुजानपुर टीहरा में प्रसिद्ध गौरी शंकर मंदिर का निर्माण किसने करवाया था?
(HP Clerk-2013)

A. कल्याण चन्द   B. सुशर्म चन्द
C. संसार चन्द   D. बिधि चन्द

302. 'रंगनाथ' मंदिर कहाँ स्थित है?
(HP Election Kanoongo-2013)
A. नया काँगड़ा
B. नादौन
C. पुरानी मंडी
D. पुराना बिलासपुर

303. हिमाचल प्रदेश का ऐतिहासिक लक्ष्मी नारायण मंदिर कहाँ स्थित है?
(HP Drawing Master-2013)
A. काँगड़ा   B. चंबा
C. कुल्लू   D. शिमला

304. निम्नलिखित में से कौन-सा मंदिर पैगोड़ा शैली का परिचायक है?
(HP Drawing Master-2014)
A. कामाक्षा मंदिर, करसोग, मंडी
B. पंचवक्त्र मंदिर, मंडी
C. बाला सुंदरी मंदिर, त्रिलोकपुर, सिरमौर
D. लक्ष्मीनारायण मंदिर, चंबा

305. 'चौरासी मंदिरों के समूह' के लिए कौन-सा स्थान प्रसिद्ध है—
(HP Drawing Master-2011, 2014)
A. भरमौर   B. रेणुका
C. डोडराक्वार   D. मलाणा

306. प्रसिद्ध "शिकारी देवी" मंदिर .... जिले में स्थित है।
(HP Female Health Worker-2012)
A. कुल्लू   B. काँगड़ा
C. मंडी   D. शिमला

307. काँगड़ा जिले का ज्वालामुखी मंदिर किस वास्तुशैली से बना है?
(HAS (Pre)-2011)

A. चौरस छत शैली (फ्लैट-रूफ शैली)
B. शंकु छल शैली (पैगोड़ा शैली)
C. ढलुआ छत शैली (पेंट-रूफ शैली)
D. गुम्बद शैली (डोम्ड शैली)

308. 'कामाक्षा मंदिर' कहाँ स्थित है?
(HP Clerk-2014)
A. सुजानपुर   B. करसोग
C. मनाली   D. नग्गर

309. सिरमौर का बाला सुन्दरी मंदिर कहाँ स्थित है?   *(HP TET (Art)-2013)*
A. रेणुका   B. पौंटा
C. त्रिलोकपुर   D. बड़ा गाँव

310. निम्नलिखित में से कौन-सा मंदिर पैगोड़ा शैली में निर्मित है?   *(HP PTI-2014)*
A. भूतनाथ मंदिर, मंडी
B. हिडिम्बा मंदिर, मनाली
C. भीमाकाली मंदिर, सराहन
D. की-गोम्पा, स्पीति

311. अवलोकितेश्वर मंदिर है :
(HP Stat. Asst. (Pre)-2012)
A. चम्बा में
B. लाहौल स्पीति में
C. काँगड़ा में
D. किन्नौर में

312. ब्रजेश्वरी मंदिर, जिसे महमूद गजनवी की सेना ने नष्ट कर दिया था, कहाँ पर है?   *(HP Clerk-2010)*
A. काँगड़ा   B. चम्बा
C. कुल्लू   D. शिमला

313. त्रिलोकीनाथ मंदिर कहाँ स्थित है?
(Clerk Exam-April 2010)
A. लाहौल स्पीति   B. चम्बा
C. किन्नौर   D. मण्डी

314. शाहतलाई स्थान का संबंध किस मंदिर से है? (Clerk Exam-Nov.-2009)

A. माता चिन्तपूर्णी

B. माता ज्वालाजी

C. माता काँगड़ा देवी

D. बाबा बालकनाथ

315. सबसे ऊँचाई पर स्थित कौन-सा मंदिर है? (Clerk Exam-Nov.-2009)

A. त्रिलोकीनाथ   B. ब्रजेश्वरी

C. हाटेश्वर   D. मणि महेश

316. हिमाचल प्रदेश के किस मंदिर में सूर्यमूर्ति विराजमान है? (Clerk Exam-Nov.-2009)

A. लक्षणादेवी (भरमौर)

B. ज्वालामुखी

C. नैना देवी

D. महिषासुर मंदिर (बजौरा)

317. ''की'' मठ कहाँ है? (HAS (Pre)-2013), (HP Drawing Master-2013)

A. स्पीति में   B. किन्नौर में

C. लाहौल में   D. नग्गर में

318. 'बडू साहिब' गुरुद्वारा कहाँ स्थित है? (HP Election Kanoongo-2013)

A. ऊना   B. शिमला

C. सोलन   D. सिरमौर

319. बौद्ध स्तूपों के अवशेष किस स्थान पर मिले हैं? (HP Election Kanoongo-2013)

A. कुल्लू   B. चैतड़ू

C. घरोह   D. शाहपुर

320. पौंटा साहिब और रिवालसर गुरुद्वारे किस गुरु से संबंधित हैं?

A. गुरु नानक   B. गुरु अर्जुन देव

C. गुरु तेगबहादुर   D. गुरु गोविंद सिंह

321. पाबूची, पंडवाणी और भटाक्षरी किस चीज के घोतक हैं? (HP Naib Tehsildar (Pre)-2013)

A. लिपियों के प्रकार

B. भित्ति चित्र

C. वस्त्र चित्रपट (पेन्टिंग)

D. ऊनी वस्त्र

322. काँगड़ा चित्रकला शैली मूलतः कहाँ से उदित हुई। (HP Election Kanoongo-2013), (HP Clerk-2013)

A. बसोहली   B. सुजानपुर

C. नूरपुर   D. गुलेर

323. 'काँगड़ा की दुल्हन' व 'गद्दान' किसकी कृतियाँ हैं? (HP Drawing Master-2013)

A. अमृता शेरगिल

B. अमृता प्रीतम

C. रोरिक

D. सरदार सोभा सिंह

324. हिमाचल की प्राचीनतम कला एवं भवन-निर्माण शैली 'खासा' के नाम से अभिज्ञात है। इसकी आधारभूत सामग्री है— (HP Naib Tehsildar (Pre)-2011)

A. मिट्टी   B. काष्ठ

C. कागज   D. वस्त्र

325. सत्रहवीं सदी में पंडित सेऊ किस पहाड़ी रियासत का प्रसिद्ध चित्रकार था? (HP Drawing Master-2014)

A. मंडी   B. गुलेर

C. चंबा   D. बिलासपुर

326. 'शिमला : अतीत और वर्तमान'' के लेखक हैं— (HP Headmaster–2012)

A. जॉन सी. ओमान

B. नॉर्थ क्रुक

C. वाल. सी. प्रिन्सप

D. एडवर्ड जे. बक

327. 'हिस्ट्री ऑफ मण्डी स्टेट' पुस्तक के लेखक हैं– (HP Stat. Asst. (Pre)–2012), (HPU Clerk-2014)

A. ए.के. रंधावा B. ए.के. कौशल

C. पी.सी. धूमल D. मनमोहन सिंह

328. 'काँगड़ा पेंटिंग्स' पुस्तक किसने लिखी है? (HP Drawing Master-2014), (HP College Lect. (Zoology)-2009)

A. सरदार शोभा सिंह

B. एम.एस. रन्धावा

C. निकोलस रोरिक

D. किशोरीलाल वैद्य

329. प्रसिद्ध उपन्यासकार यशपाल किस जिले से संबंधित हैं? (Clerk Exam-April-2010)

A. काँगड़ा   B. बिलासपुर

C. हमीरपुर   D. मण्डी

330. 'हिमालयन आर्ट' पुस्तक के लेखक कौन हैं? (Treasury Officer (Main)-2006) (HAS (Pre)-2005)

A. वी.एन. गोस्वामी

B. एम.एस. रंधाना

C. डब्ल्यू. सी. अर्चर

D. जे.सी. फ्रेंच

331. 'फुलैच' त्योहार किस जिले में मनाया जाता है? (HP Drawing Master-2011)

A. किन्नौर   B. चंबा

C. शिमला   D. सिरमौर

332. 'नलवाड़ी मेले' की मुख्य विशेषता क्या थी? (HP Naib Tehsildar (Main)-2011)

A. बैलों के जोड़े की पूजा

B. घोड़ों और खच्चर का व्यापार

C. घुड़दौड़

D. बैल दौड़

333. मिंजर मेला और त्रिलोकीनाथ मेला हिमाचल प्रदेश के किस स्थान पर लगता है? (HP Naib Tehsildar (Main)-2011)

A. मण्डी   B. चायल

C. चम्बा   D. धर्मशाला

334. 'बाबा बड़भाग सिंह' का मेला किस जिले में आयोजित होता है? (HP Clerk-2012), (HP JBT-2012)

A. सोलन   B. काँगड़ा

C. ऊना   D. हमीरपुर

335. मलाणा गाँव के जामलू देवता को अर्पण किया जाता है? (HP Naib Tehsildar (Main)-2013)

A. कच्चा नारियल

B. सफेद ऊनी शॉल

C. चाँदी से बनी घोड़े की मूर्ति

D. सोने का छत्र

336. हिमाचल में भक्ति पंथ को आगे बढ़ाने में अग्रदूत कौन रहा है? (HP Naib Tehsildar (Main)-2011)

A. राजा साहिल वर्मन

B. राजा मारु वर्मन

C. राजा प्रताप वर्मन

D. राजा बलभद्र वर्मन

337. हाटकोटी, निचार और सराहन के बीच क्या समानता पाई जाती है? (HP Naib Tehsildar (Main)-2011)

A. फलों के बगीचे

B. चरागाह

C. देवी की पूजा का स्थान

D. शिव पूजा का स्थान

338. पांडवमहिषी द्रोपदी का अंत्येष्टि स्थल किसे माना जाता है?

(Naib Tehsildar (Pre)-2008)

A. जास्कर   B. टाण्डी
C. रोहतांग   D. गोंदला

339. भूरी सिंह संग्रहालय कहाँ स्थित है?

(HP Drawing Master-2014),
(HP ETI-2013), (HP TET (Med)-2013)

A. चंबा   B. कांगड़ा
C. मंडी   D. कुल्लू

340. रौरिक आर्ट गैलरी स्थित है–

(HP ETI-2012), (HP TET (Art)-2012),
(HP, JBT 2012), (HP Non-Med TET-2013)

A. शिमला   B. पालमपुर
C. नग्गर (कुल्लू)   D. रामपुर

341. गेयटी थियेटर किस वर्ष खोला गया था– *(HP Clerk-2013)*

A. 1884   B. 1886
C. 1887   D. 1889

342. शोभा सिंह आर्ट गैलरी कहाँ स्थित है?

(Clerk Exam-2009),
(Naib Tehsildar(Pre)-2008)

A. पालमपुर   B. चम्बा
C. अन्द्रेटा   D. हरिपुर

अर्थव्यवस्था

343. बहार, मल्हार और बागेश्वरी किसकी किस्में हैं? *(HP Clerk-2015)*

A. चाय   B. आलू बुखारा
C. आलू   D. मशरूम

344. हिमाचल प्रदेश अदरक उत्पादन में देश का .... सबसे बड़ा उत्पादक है।

(HP Election Kanoongo-2013)

A. पहला   B. दूसरा
C. तीसरा   D. चौथा

345. कुफरी चन्द्रमुखी किस्म है–

(HP Election Kanoongo-2013)

A. मशरूम की   B. बीज आलू की
C. टमाटर की   D. सेबी की

346. हिमाचल प्रदेश को 'भारत का बागवानी राज्य' किसके उत्पादन की वजह से कहते हैं। *(HP TGT (Arts)-2016)*

A. आम के
B. सेब के
C. निम्बूवंशी फल
D. होप्स

347. क्षेत्रफल के आधार पर हिमाचल प्रदेश की कौन-सी फसल सभी फसलों में प्रथम स्थान पर है?

(HP Naib Tehsildar (Main)-2013)

A. मक्की   B. चावल
C. गेहूँ   D. जौ

348. रौंगटौंग परियोजना किस जिले में है?

(HP Head Master-2012),
(HP PGT (Pol. Sci. 2010)

A. किन्नौर   B. लाहौल-स्पीति
C. चम्बा   D. सिरमौर

349. हिमाचल प्रदेश में सबसे बड़ी जल विद्युत परियोजना कौन-सी है?

(HP JBT-2012)

A. नाथपा झापड़ी   B. चमेरा
C. पार्वती   D. बनेर

350. हिमाचल प्रदेश में जलविद्युत क्षमता है— *(HP Stat. Asst. (Pre)-2012)*
A. 15,000 MW
B. 20,000 MW
C. 30,000 MW
D. 35,000 MW

351. बिनवा जल-विद्युत परियोजना हिमाचल प्रदेश के किस जिले में है? *(HP (Drawing Master-2011)*
A. चम्बा
B. काँगड़ा
C. मंडी
D. इनमें से कोई नहीं

352. सैंज (100 मेगावाट) जल विद्युत परियोजना किस जिले में स्थित है? *(Lect College (Zoology)-2009)*
A. शिमला   B. सिरमौर
C. किन्नौर   D. कुल्लू

353. कौन-सी जल विद्युत परियोजना हिमाचल प्रदेश सरकार के अन्तर्गत (कब्जे में) नहीं है? *(Lect College (Zoology)-2009)*
A. बनेर   B. गज
C. लारजी   D. शानन

354. कोल बाँध जल विद्युत संयंत्र किस नदी पर निर्मित किया जा रहा है? *(HAP (Pre)-2007)*
A. रावी   B. चिनाब
C. व्यास   D. सतलुज

355. हिमाचल प्रदेश में विद्युतीकृत गाँव का अनुपात किस जिले में सबसे कम है? *(HAS (Pre)-2009)*
A. लाहौल-स्पीति   B. किन्नौर
C. शिमला   D. ऊना

356. हिमाचल प्रदेश की किस नदी में सर्वाधिक विद्युत उत्पादन क्षमता है? *(PGT (English)-2010)*
A. चिनाब   B. रावी
C. सतलुज   D. व्यास

357. हिमाचल प्रदेश में मीठे चुकन्दर की खेती कहाँ होती है? *(HPHRTC JOA-2016)*
A. हमीरपुर   B. ऊना
C. किन्नौर   D. सिरमौर

358. कोल बाँध जल विद्युत परियोजना का निर्माण किया जा रहा है? *(Clerk Exam-April, 2010)*
A. HPSEB द्वारा
B. NHPC द्वारा
C. NTPC द्वारा
D. रिलायंस पॉवर द्वारा

359. हिमाचल प्रदेश की नाथपा-झाखड़ी जल विद्युत परियोजना किस नदी पर स्थित है? *(Clerk Exam-Nov.,-2009)*
A. व्यास   B. सतलुज
C. चिनाब   D. झेलम

360. सोलन से कौन-सा राष्ट्रीय राजमार्ग गुजरता है? *(HP Computer Operator-2015)*
A. NH-7   B. NH-22
C. NH-11   D. NH-12

361. हिमाचल प्रदेश की सबसे पुरानी जल विद्युत परियोजना कौन-सी है? *(Tehsil Welfare Officer-2007)*
A. बनेड़ (काँगड़ा)
B. शानन (जोगिन्द्र नगर)
C. भाखड़ा (बिलासपुर)
D. थरोट (स्पीति)

362. काले जीरे की पैदावार किस जिले में होती है? (HPHRTC JOA-2016)
A. लाहौल-स्पीति   B. मण्डी
C. किन्नौर   D. कुल्लू

363. ''संजय विद्युत परियोजना'' किस जिले में है? (Tehsil Welfare Officer-2009)
A. किन्नौर   B. शिमला
C. लाहौल-स्पीति   D. चम्बा

364. ''हिमाचल प्रदेश राज्य विद्युत बोर्ड' की स्थापना किस वर्ष में की गई? (Tehsil Welfare Officer-2009)
A. 1970 में   B. 1971 में
C. 1974 में   D. 1968 में

365. पौंग बाँध किन राज्यों का संयुक्त उपक्रम है? (HAS (Pre)-2004)
A. हरियाणा, पंजाब व राजस्थान
B. राजस्थान, गुजरात व महाराष्ट्र
C. मध्य प्रदेश, गुजरात व उड़ीसा
D. आंध्र प्रदेश, मध्य प्रदेश व उड़ीसा

366. आंध्र जल विद्युत परियोजना कहाँ है? (HAS (Pre)-2005)
A. जिला किन्नौर   B. जिला शिमला
C. जिला चम्बा   D. जिला कुल्लू

367. निम्नलिखित प्रस्तावित रज्जुमार्गों का सही मिलान कीजिए तथा नीचे दिये कूट से सही उत्तर चुनिये : (HAS (Pre)-2013)

कॉलम-I	कॉलम-II
(a) धर्मशाला	(i) बिजली महादेव
(b) भुन्तर	(ii) रोहतांग
(c) पलचान	(iii) टरयूंड
(d) जिया गाँव	(iv) आदि हिमानी चामुण्डा

कूट :

	(a)	(b)	(c)	(d)
A.	(ii)	(i)	(iii)	(iv)
B.	(i)	(ii)	(iii)	(iv)
C.	(iii)	(ii)	(iv)	(i)
D.	(iii)	(i)	(ii)	(iv)

368. 'गगल' इसके लिए प्रसिद्ध है– (HP ETI-2013)
A. औद्योगिक क्षेत्र   B. प्राचीन मंदिर
C. हवाई अड्डा   D. रेलवे स्टेशन

369. कालका से शिमला रेलवे लाइन का निर्माण 1903 में हुआ था। पहली ट्रेन-शिमला कब पहुँची? (HP Clerk-2012)
A. ई. सन् 1904   B. ई. सन् 1905
C. ई. सन् 1906   D. ई. सन् 1903

370. हथकरघा क्षेत्रफल की प्रसिद्ध सहकारी संस्था "The Bhutti Weavers Co-operative Society" के संस्थापक कौन हैं? (HP Clerk-2016)
A. पाधा बंसीलाल
B. बेदराम ठाकुर
C. एम.आर. ठाकुर
D. प्रिथीचंद

371. कौन-सा राष्ट्रीय राजमार्ग केलांग से गुजरता है? (HP Election Kanoongo-2013)
A. NH 19 (एन.एच. 19)
B. NH 20 (एन.एच. 20)
C. NH 21 (एन.एच. 21)
D. NH 22 (एन.एच. 22)

372. राज्य सरकार का प्रथम समाचार पत्र कौन-सा है? (HP (JBT-2014)
A. गिरिराज   B. हिम-संवाहक
C. हिम रक्षक   D. चंबा न्यूज

373. काँगड़ा शिमला राष्ट्रीय उच्च मार्ग चिह्नित है– *(HP JBT-2012)*

A. एन.एच-21   B. एन.एच-22
C. एन.एच-88   D. एन.एच-8

374. कौन-सा हवाई अड्डा/हवाई अड्डे भारतीय हवाई पत्तन प्राधिकरण (AAI) और हिमाचल प्रदेश सरकार के आर्थिक सहयोग से विकसित हुआ है/हुए हैं?
(HP Allied Services-2010)

A. काँगड़ा (गग्गल)
B. कुल्लू (भुंतर)
C. (A) और (B) दोनों
D. इनमें से कोई नहीं

375. पठानकोट से जोगिन्दर नगर तक रेल लाइन का निर्माण .... वर्ष में किया गया। *(HP Female Health Worker-2012)*

A. 1903   B. 1926
C. 1905   D. 1909

376. मण्डी का विक्टोरिया ब्रिज किस वर्ष बनाया गया?
(Lect. College (Physics)-2005)

A. 1877 में   B. 1820 में
C. 1920 में   D. 1987 में

377. निम्नलिखित कथनों पर विचार कीजिए–
1. राष्ट्रीय राजमार्ग-1A जालंधर-श्रीनगर-उड़ी को जोड़ता है।
2. राष्ट्रीय राजमार्ग-1A हिमाचल प्रदेश में से नहीं गुजरता है।
निम्नलिखित में से कौन-सा सही है?
(Clerk Exam-April, 2010)

A. केवल 1
B. 1 व 2 दोनों
C. केवल 2
D. इनमें से कोई नहीं

378. हिमाचल प्रदेश में कितनी रेलवे लाइनें हैं? *(Treasury Officer (Main)-2006)*

A. 3   B. 2
C. 4   D. 1

379. निम्नलिखित में से कौन-सा शहर नैरो गेज रेल लाइन से जुड़ा हुआ है?
(Tehsil Welfare Officer-2007)

A. मण्डी   B. धर्मशाला
C. शिमला   D. ज्वालामुखी

380. कालका से 'हिन्दुस्तान तिब्बत सड़क' का निर्माण किस वर्ष शुरू हुआ?
(Lect. College (Zoology)-2009)

A. 1901 में   B. 1840 में
C. 1850 में   D. 1870 में

381. कालका-शिमला रेलवे लाइन का मुख्य इंजीनियर कौन था? *(PGT (Eco)-2010)*

A. एच.एस. हेरिंगटन
B. कार्ल लेविस
C. जे. कैनेडी
D. आर. लॉरेंस

382. हिमाचल प्रदेश में एशिया का सबसे बड़ा प्रसिद्ध मत्स्य प्रजनन केन्द्र स्थित है। *(HP Election Kannongo-2013),*
(HP ETI-2012, HP PTI-2012)

A. बिलासपुर   B. रोहरु
C. दियोली   D. बर्माना

383. हमीरपुर जिला का ताल प्रसिद्ध है–
(HP Clerk-2013)

A. भेड़ प्रजनन फार्म के लिए
B. मत्स्य प्रजनन फार्म के लिए
C. अंगोरा खरगोश प्रजनन के लिए
D. इनमें से कोई नहीं

384. चम्बा जिले का सरोल किसलिए प्रसिद्ध है? *(HP Clerk-2014, HP PTI-2014)*

A. अंगोरा खेती
B. भेड़ प्रजनन
C. मछली पालन
D. मधुमक्खी पालन

385. कहाँ पर अंगोरा खरगोश प्रजनन केन्द्र है? (Clerk Exam-Nov.,-2009)
A. ज्योरी, शिमला   B. नगवांई, मण्डी
C. ताल, हमीरपुर   D. कमाण्ड, मण्डी

386. हिमाचल प्रदेश में प्राप्त महाशेर और मिरर कार्प किसकी प्रसिद्ध किस्में हैं? (Naib Tehsildar (Pre)-2008)
A. हल्दी   B. मशरूम
C. मछली   D. भेड़

387. प्रथम पंचवर्षीय योजना में 50% से अधिक खर्च किया? (HP Stat. Asst (Pre)-2012)
A. सड़क निर्माण पर
B. कृषि पर
C. उद्योग पर
D. स्वास्थ्य पर

388. हिमाचल प्रदेश में कुल राज्य योजना का कितना प्रतिशत जनजाति उप योजना (Tribal sub-Plan) के लिए अलग से रखा गया है? (Election Kanoongo-2010)
A. 6%   B. 7.5%
C. 9%   D. 10.5%

389. हिमाचल प्रदेश में ''सूत्र'' (सोशल अपलिफ्टमेन्ट थ्रू रूरल ऐक्शन) की स्थापना कब हुई थी? (HAS (Pre)-2009)
A. 1975 में   B. 1977 में
C. 1978 में   D. 1979 में

390. हिमाचल प्रदेश में राजस्व का मुख्य स्रोत क्या है? (Clerk Exam April-2009)
A. उत्पादन शुल्क और विक्रय कर
B. मनोरंजन कर
C. स्टाम्प ड्यूटी
D. प्रवेश कर और वाहनों पर कर

391. हिमाचल प्रदेश व कुछ अन्य राज्यों में प्रचलित 'बेगार प्रथा' से क्या तात्पर्य था? (HAS (Pre)-2004)
A. बेरोजगारी
B. मजदूरी दिए बिना जबरन कार्य करवाना
C. बँधुआ मजदूरी
D. हल चलाने वाले का भूमि पर स्वामित्व

392. हिमाचल प्रदेश में बड़े भूमि स्वामित्वों के उन्मूलन का अधिनियम किस वर्ष लागू हुआ? (HAS (Pre)-2006)
A. 1951   B. 1960
C. 1956   D. 1954

393. हिमाचल प्रदेश में बड़े भूभागों और भूमि सूधार कानून कब पारित हुआ? (HAS (Pre)-2007)
A. 1954 में   B. 1972 में
C. 1956 में   D. 1960 में

394. हिमाचल प्रदेश का एकमात्र बाँस उद्योग, निम्नलिखित में से किस स्थान पर स्थित है? (HP Clerk-2013) (HP Drawing Master-2014)
A. ऊना   B. काँगड़ा
C. सरकाघाट   D. हमीरपुर

395. ए.सी.सी. फैक्टरी यहाँ स्थित है– (HP Clerk-2013)

A. राजबन   B. दरलाघाट
C. बरमाणा   D. अलसिन्दी

396. सीमेंट कॉर्पोरेशन ऑफ इंडिया द्वारा सिरमौर जिलों में स्थापित सीमेंट फैक्टरी स्थित है–
(HP Election Kanoongo-2013)
A. बाता मंडी में   B. काला अरब में
C. धौलाकुआँ में   D. राजबन में

397. मंडी के अलावा 'बंदूक' निर्माण उद्योग कहाँ पाया जाता है?
(HP (Clerk)-2014)
A. अम्ब   B. मेहतपुर
C. नाहन   D. डलहौजी

398. निम्न में कहाँ पर सीमेंट की फैक्टरी नहीं है?   *(HP (Clerk)-2014)*
A. दाड़लाघाट   B. गागल
C. बरमाणा   D. राजबन

399. तेल एवं प्राकृतिक गैस आयोग (ओ. एन.जी.सी.) एवं आई.बी.पी. द्वारा हिमाचल में किस स्थान पर प्राकृतिक गैस की उपलब्धता चिह्नित की गई है?
(HP Naib Tehsildar (Pre)-2011)
A. ज्वालामुखी   B. खारली
C. भागसू   D. धरमकोट

400. किस जिले में नमक की खानें हैं?
(HP (Clerk)-2010)
A. चम्बा   B. कुल्लू
C. मण्डी   D. हमीरपुर

401. कौन-सा शहर ऐतिहासिक संधानशाला (Foundary) से सम्बन्धित है?
(HP (Clerk)-2014)
A. सोलन   B. नाहन
C. मेहतपुर   D. काँगड़ा

402. हिमाचल प्रदेश के किस जिले में सर्वाधिक औद्योगिक इकाइयाँ हैं? *(J.B.T.-2010)*
A. शिमला   B. ऊना
C. काँगड़ा   D. सोलन

403. मण्डी जिले में नमक की खान किस स्थान पर है? *(Clerk Exam Nov.-2009)*
A. सन्धोल   B. गुम्मा व द्रंग
C. सुंदरनगर   D. पण्डोह

404. सिरमौर जिले में राजबन सीमेंट फैक्टरी की स्थापना कब हुई?
(HAS (Pre)-2005)
A. 1905 में   B. 1963 में
C. 1971 में   D. 1980 में

405. जनगणना-2011 के अनुसार हिमाचल प्रदेश में जनसंख्या का घनत्व प्रति वर्ग किमी. कितना है?   *(HP PTI-2014)*
A. 120   B. 122
C. 123   D. 125

406. मोहन मीकिन्स ब्रूवरीज हिमाचल प्रदेश में किस स्थान पर स्थित है?
(HAS (Pre)-2007)
A. नाहन   B. सोलन
C. परवानू   D. बिलासपुर

407. मण्डी नमक की खानों को सर्वप्रथम किस वर्ष खोजा गया?
(PGT (Commerce)-2010)
A. 1941 में
B. 1841 में
C. 1891 में
D. इनमें से कोई नहीं

408. हिमाचल प्रदेश में पहला सीमेन्ट संयंत्र (कारखाना) किसने स्थापित किया?
(PGT (Commerce)-2010)

A. ए.सी.सी.

B. अम्बुजा

C. सी.सी.आई.

D. इनमें से कोई नहीं

409. आवश्यक वस्तुओं के वितरण के लिए हिमाचल प्रदेश के सभी परिवारों को चार श्रेणियों में बाँटा गया है। उनमें से दो हैं–गरीबी रेखा से नीचे वाले (बी.पी.एल) और गरीबी रेखा से ऊपर वाले (ए.पी.एल)। अन्य दो कौन-से हैं?   (HAS (Pre)-2012)

A. अन्त्योदय और अनुसूचित जाति परिवार

B. अनुसूचित जाति व अनुसूचित जनजाति परिवार

C. अन्नपूर्णा और अनुसूचित जाति परिवार

D. अन्नपूर्णा और अन्त्योदय परिवार

410. स्किल डिवेलपमेंट भत्ता जिसकी घोषणा हिमाचल प्रदेश सरकार ने 2013-14 के बजट में की है, की पात्रता के लिए किस आयु वर्ग के नवयुवक पात्र हैं?   (HAS (Pre)-2013)

A. 18-25 वर्ष

B. 20-25 वर्ष

C. 20-30 वर्ष

D. 25-35 वर्ष

विविध

411. 'कुनाल पथरी' मंदिर किस जिले में स्थित है?   (HP Clerk-2015)

A. कुल्लू   B. मण्डी

C. शिमला   D. कांगड़ा

412. IGMC शिमला की स्थापना कब हुई थी?   (HP ARO-2015)

A. 1966   B. 1971

C. 1976   D. 1977

413. हिमाचल प्रदेश के विजय कुमार को ओलंपिक खेलों में शूटिंग प्रतिस्पर्धा में कौन-सा पदक प्राप्त हुआ?   (HP Computer Operator-2013)

A. कांस्य

B. रजत

C. स्वर्ण

D. संयुक्त रूप से कांस्य

414. हैंगग्लाइडिंग के लिए प्रसिद्ध बिलिंग घाटी किस तहसील में स्थित है?   (HP PTI-2014)

A. जोगिन्दरनगर   B. बैजनाथ

C. पालमपुर   D. धर्मशाला

415. इंदिरा गांधी खेल परिसर हिमाचल प्रदेश के किस जिले में स्थित है?   (HP PTI-2014)

A. सोलन   B. शिमला

C. धर्मशाला   D. ऊना

416. ऐतिहासिक दृष्टि से यह मैदान फुटबॉल के डूरंड कप (Durand Cup) का जन्मदाता माना जाता है–   (HP PTI-2014)

A. पड्डल मैदान, मंडी

B. फुटबॉल मैदान, ककीरा चंबा

C. अन्नाडेल मैदान, शिमला

D. सुजानपुर का मुख्य मैदान

417. आजाद हिंद फौज के गीत का श्रेय किसे जाता है? *(HP Clerk-2016)*
A. रामसिंह ठाकुर
B. मोहन सिंह
C. लालचंद
D. सुनील दत्त शर्मा

418. विश्व का सबसे ऊँचाई पर स्थित चायल क्रिकेट मैदान किस जिले में स्थित है? *(HP PTI-2014)*
A. शिमला   B. सोलन
C. बिलासपुर   D. किन्नौर

419. शिमला जिला के किस स्थान पर गोल्फ कोर्स है? *(HP Patwari (Pre)-2013), (HP Clerk-2009)*
A. कुफरी   B. रोहडू
C. नालदेरा   D. रामपुर

420. काँगड़ा जिला में 'विलिंग' किसके लिए प्रसिद्ध है– *(HP TET (Art-2012)*
A. स्कीइंग   B. पैरा-ग्लाइडिंग
C. आइस-स्केटिंग   D. वाटर स्पोर्ट्स

421. 'दि ग्रेट खली' हिमाचल प्रदेश के किस जिले से संबंधित हैं। (मूल रूप से) *(HP PTI-2014)*
A. किन्नौर   B. सिरमौर
C. सोलन   D. शिमला

422. हिमाचल प्रदेश में कितने प्रशासनिक संभाग (मंडल) हैं– *(HP Patwari-2015)*
A. 12   B. 3
C. 4   D. 7

423. समरेश जंग किस खेल से संबंधित है? *(HP PTI-2014)*
A. मुक्केबाजी   B. एथलेटिक्स
C. निशानेबाजी   D. पर्वतारोहण

424. चरणजीत सिंह, जो 1964 में भारतीय हॉकी टीम के कप्तान थे, निवासी थे– *(HP Stat. Asst. (Pre)-2012)*
A. काँगड़ा के   B. बिलासपुर के
C. ऊना के   D. मण्डी के

425. दीपक ठाकुर कौन-सा खेल खेलते हैं? *(Election Kanoongo-2009)*
A. बैडमिंटन   B. फुटबॉल
C. क्रिकेट   D. हॉकी

426. कौन-सा हिमालयन बुद्धिस्ट त्योहार तीन अलग-अलग माह में मनाया जाता है? *(HP ARO-2015)*
A. फागली   B. सिस्सु
C. पौरी   D. लादरेच

427. 'महिमा पुस्तकालय' स्थित है– *(HP ETI-2012), (HP Clerk-2013), (HP PTI-2012), (HP Stat Asst. (Pre)-2012)*
A. नाहन में   B. शिमला में
C. मंडी में   D. चम्बा में

428. हिमाचल प्रदेश का स्टेट काउन्सिल ऑफ एजूकेशन रिसर्च एण्ड ट्रेनिंग (SCERT) कहाँ स्थित है? *(HP TET (Med)-2013)*
A. शिमला   B. सोलन
C. मंडी   D. कुल्लू

429. हिमाचल प्रदेश तकनीकी शिक्षा मंडल .... में स्थित है? *(HP Female Health Worker-2012)*
A. धर्मशाला   B. सुन्दरनगर
C. शिमला   D. नाहन

430. लोकप्रिय होली का त्योहार अतुलनीय रूप से किस स्थान पर मनाया जाता है? *(HP JOA-2017)*
A. सुजानपुर   B. मंडी
C. कुल्लू   D. शिमला

431. शिमला जिले के किस स्थान पर दूध पाउडर प्लांट स्थित है?

(HP ARO-2015)

A. हीरानगर   B. दत्तनगर

C. बराल   D. फागू

432. हिमाचल प्रदेश में कृषि विश्वविद्यालय कहाँ है? (HP Clerk-2010)

A. समरहिल (शिमला)

B. पालमपुर (काँगड़ा)

C. नौणी (सोलन)

D. कसौली (सोलन)

433. हिमाचल प्रदेश में सैनिक स्कूल कहाँ पर स्थित है? (Clerk Exam Nov. 2009)

A. शिमला   B. डलहौजी

C. सुजानपुर   D. टिहरा

434. हिमाचल प्रदेश बागवानी व वानिकी विश्वविद्यालय किस स्थान पर स्थित है?

(HAS (Pre)-2004)

A. नाहन

B. पालमपुर

C. नौणी (सोलन)

D. काँगड़ा

435. निम्न में से कौन-सा जिला सबसे पहले बनाया गया? (HP JOA-2017)

A. सोलन   B. चम्बा

C. मंडी   D. किन्नौर

उत्तरमाला

1	2	3	4	5	6	7	8	9	10
B	B	B	C	C	D	A	B	D	C

11	12	13	14	15	16	17	18	19	20
D	A	D	C	A	B	B	B	A	B

21	22	23	24	25	26	27	28	29	30
B	D	B	A	C	A	D	B	D	C

31	32	33	34	35	36	37	38	39	40
A	A	C	C	B	B	A	D	A	A

41	42	43	44	45	46	47	48	49	50
B	C	B	B	B	C	C	B	D	C

51	52	53	54	55	56	57	58	59	60
B	B	B	D	D	A	B	A	A	A

61	62	63	64	65	66	67	68	69	70
C	D	D	C	C	A	A	D	B	C

71	72	73	74	75	76	77	78	79	80
A	D	C	A	B	B	C	B	B	B

81	82	83	84	85	86	87	88	89	90
D	B	D	B	D	A	D	B	C	A

91	92	93	94	95	96	97	98	99	100
C	D	C	A	C	A	A	C	C	C

101	102	103	104	105	106	107	108	109	110
C	C	B	D	C	C	B	C	C	A

111	112	113	114	115	116	117	118	119	120
C	A	A	B	B	D	B	B	B	A

121	122	123	124	125	126	127	128	129	130
C	B	B	D	C	C	B	A	D	B

131	132	133	134	135	136	137	138	139	140
B	C	A	A	A	D	D	A	C	B

141	142	143	144	145	146	147	148	149	150
B	C	C	B	C	A	C	D	D	A

151	152	153	154	155	156	157	158	159	160
A	B	C	B	B	C	D	C	C	D

161	162	163	164	165	166	167	168	169	170
C	C	A	C	A	C	C	C	D	B

171	172	173	174	175	176	177	178	179	180
D	C	C	A	A	C	A	C	D	C

181	182	183	184	185	186	187	188	189	190
A	B	B	D	B	A	C	C	A	B

191	192	193	194	195	196	197	198	199	200
C	A	B	C	C	C	D	D	C	D

201	202	203	204	205	206	207	208	209	210
C	D	D	C	C	A	B	C	A	B

211	212	213	214	215	216	217	218	219	220
C	B	B	B	D	A	D	B	B	D

221	222	223	224	225	226	227	228	229	230
A	B	A	C	A	B	B	C	B	B

231	232	233	234	235	236	237	238	239	240
B	C	B	D	C	A	C	B	B	D

241	242	243	244	245	246	247	248	249	250
B	B	D	C	B	A	B	C	B	B

251	252	253	254	255	256	257	258	259	260
A	D	A	D	C	B	D	B	A	A

261	262	263	264	265	266	267	268	269	270
B	D	A	C	D	D	C	A	C	D

271	**272**	**273**	**274**	**275**	**276**	**277**	**278**	**279**	**280**
C	C	C	D	D	D	D	C	B	B
281	**282**	**283**	**284**	**285**	**286**	**287**	**288**	**289**	**290**
A	A	C	C	C	B	B	A	B	C
291	**292**	**293**	**294**	**295**	**296**	**297**	**298**	**299**	**300**
A	A	C	B	A	A	B	A	A	C
301	**302**	**303**	**304**	**305**	**306**	**307**	**308**	**309**	**310**
C	D	B	A	A	C	D	B	C	B
311	**312**	**313**	**314**	**315**	**316**	**317**	**318**	**319**	**320**
B	A	A	D	D	D	A	D	B	D
321	**322**	**323**	**324**	**325**	**326**	**327**	**328**	**329**	**330**
B	D	D	B	B	D	D	B	C	D
331	**332**	**333**	**334**	**335**	**336**	**337**	**338**	**339**	**340**
A	A	C	C	C	A	C	B	A	C
341	**342**	**343**	**344**	**345**	**346**	**347**	**348**	**349**	**350**
C	C	A	B	B	B	C	B	C	B
351	**352**	**353**	**354**	**355**	**356**	**357**	**358**	**359**	**360**
B	D	D	D	A	C	C	C	B	B
361	**362**	**363**	**364**	**365**	**366**	**367**	**368**	**369**	**370**
B	C	A	B	A	B	D	C	C	B
371	**372**	**373**	**374**	**375**	**376**	**377**	**378**	**379**	**380**
C	A	C	C	B	A	A	A	C	C
381	**382**	**383**	**384**	**385**	**386**	**387**	**388**	**389**	**390**
A	C	A	B	B	C	A	C	B	A
391	**392**	**393**	**394**	**395**	**396**	**397**	**398**	**399**	**400**
B	D	A	B	C	D	C	B	A	C
401	**402**	**403**	**404**	**405**	**406**	**407**	**408**	**409**	**410**
B	D	B	D	C	B	B	C	D	D
411	**412**	**413**	**414**	**415**	**416**	**417**	**418**	**419**	**420**
D	A	B	B	B	C	A	B	C	B
421	**422**	**423**	**424**	**425**	**426**	**427**	**428**	**429**	**430**
B	B	C	C	D	B	A	B	A	A
431	**432**	**433**	**434**	**435**					
B	B	C	C	B					